O Trabalho Infantil na Jurisprudência dos Tribunais Superiores

Felipe Caetano da Cunha

Servidor efetivo do Tribunal de Justiça do Estado do Ceará (TJCE). Graduado em Direito pela Universidade Federal do Ceará (UFC). Membro acadêmico da Comissão de Direito do Trabalho da OAB/CE. Cofundador dos comitês de adolescentes pela prevenção e erradicação do trabalho infantil. Membro do Grupo de Estudos Aplicados Direito, Infância e Justiça (Nudijus) e do Grupo de Estudos e Defesa do Direito e do Processo do Trabalho (GRUPE). Foi conselheiro do UNICEF Brasil (2019-2022) e representante dos adolescentes no CONANDA (2017-2019).

O Trabalho Infantil na Jurisprudência dos Tribunais Superiores

LACIER

LACIER
Lacier Livraria e Editora
www.livrarialacier.com.br

Rua Doutor Quirino, 808 – Centro
CEP 13015-081 – Campinas, SP – Brasil

Janeiro, 2025

Diretor: *Lacier José de Rezende*
Coordenação editorial: *Peter Fritz Strotbek*
Projeto de capa: *Fabio Giglio*
Projeto gráfico e editoração eletrônica: *The Best Page*

Ficha Catalográfica

Dados Internacionais de Catalogação na Publicação (CIP)
(Câmara Brasileira do Livro, SP, Brasil)

C972t Cunha, Felipe Caetano da.
O trabalho infantil na jurisprudência dos tribunais superiores / Felipe Caetano da Cunha. — 1. ed. — Campinas, SP : Lacier Editora, 2025.
232 p. ; 16 x 23 cm.

ISBN 978-85-64412-59-0

1. Trabalho infantil — Legislação — Brasil. 2. Direito do trabalho — Brasil. 3. Trabalho infantil — Jurisprudências. I. Título.

CDU 342.7-055.2

Índices para catálogo sistemático:
Trabalho infantil — Jurisprudências
Angela Schmidt da Rosa – Bibliotecária – CRB-14/1171

Dedico este trabalho a cada criança que sofreu
ou que ainda sofre com a exploração do trabalho infantil,
na esperança de que um dia possam viver sua infância
na plenitude da dignidade e de direitos.

Agradecimentos

Sou convicto de que nenhum ser humano consegue se fazer ou se realizar sozinho neste mundo, eis então o momento de agradecer às pessoas que contribuíram para que eu pudesse não apenas me fazer, mas também me realizar.

Primeiramente, a Deus, pai bondoso e generoso, minha fonte inesgotável de forças e de esperança em dias melhores para as crianças e os adolescentes deste país.

À minha família, minha base, especialmente à minha mãe Fabiana Caetano, que apesar de todo o sofrimento, abandono e desafio que passamos, sempre esteve comigo, sendo o primeiro e mais valioso amor da minha vida.

Às doutoras Maria Zuíla Lima Dutra e Viviane Martins, principais apoiadoras deste projeto, que prestaram todo o auxílio necessário para que este livro fosse publicado. Sem vocês isso não seria possível.

Aos Professores Doutores William Paiva Marques Júnior e Kátia Magalhães Arruda, integrantes da minha banca de monografia, que fizeram valorosas contribuições para que o conteúdo desta obra tivesse ainda mais completude.

Aos procuradores do trabalho Antonio de Oliveira Lime e Ana Maria Villa Real, minhas inspirações na luta contra o trabalho infantil.

A todos os meus amigos da comunidade, da faculdade, de ativismo e de tantos outros lugares pelos quais passei, que se tornaram reais incentivadores de meus projetos pessoais e profissionais, cujos apoios foram fundamentais para que eu pudesse avançar em busca dos meus objetivos.

À minha amada Faculdade de Direito da Universidade Federal do Ceará, casa que me educou e me permitiu sonhar com o Direito como fonte de transformação e de Justiça Social.

Por fim, agradeço a todos que direta ou indiretamente contribuíram para a publicação deste livro, tornando possível o nascimento deste projeto que visa ampliar o debate sobre o papel do Sistema de Justiça, em especial do Poder Judiciário, no processo de prevenção e de erradicação do labor infantil no Brasil.

A todos, muito obrigado!

Sumário

Agradecimentos 7

Lista de Siglas 13

Nota do Autor 17

Apresentação — *Prof. Dr. William Paiva Marques Júnior* 19

Prefácio — *Kátia Magalhães Arruda* 23

Capítulo 1 — Introdução 27

Capítulo 2 — Trabalho Infantil: Delimitação Conceitual, História e Evolução no Brasil 33

2.1. A escravidão no Brasil e a situação das crianças desumanizadas 36

2.2. A abolição que não veio: A situação das crianças negras no Brasil após a Lei Áurea 40

2.3. Do menor à criança: O reconhecimento do sujeito de Direitos pelo Brasil 42

2.4. O trabalho infantil no Brasil contemporâneo: Números e a realidade social de um país em desenvolvimento 51

2.4.1. Definição de trabalho infantil na contemporaneidade 54

2.3.2. Sobre as piores formas de trabalho infantil 55

2.4.3. A situação do trabalho infantil no Brasil contemporâneo 60

2.4.4. Mitos contemporâneos sobre o trabalho infantil 63

Capítulo 3 — Das Ordenações à Emenda Constitucional n. 20, de 1998: A Evolução Normativa de Proibição Laboral de Crianças e Adolescentes no Brasil e nas Normas Internacionais 68

3.1. A evolução da legislação brasileira no combate ao trabalho infantil desde 1824 69

3.2. A proibição da exploração do trabalho das crianças nas normas internacionais de Direitos Humanos 77

3.2.1. Declaração de Genebra, de 1924: O marco do reconhecimento dos direitos das crianças 80

3.2.2. Declaração Universal dos Direitos Humanos, de 1948, e a sua importância no reconhecimento dos Direitos Humanos das Crianças 82

3.2.3. Declaração sobre os Direitos das Crianças, de 1959 83

3.2.4. Pacto de San José da Costa Rica, de 1969 85

3.2.5. Convenção sobre os Direitos das Crianças, de 1989 87

3.3. As Convenções da Organização Internacional do Trabalho e o combate ao trabalho infantil ao longo dos anos 89

3.3.1. Convenções da OIT em matéria de trabalho de crianças e adolescentes ratificadas pelo Brasil desde 1919 91

3.3.2. Das Convenções sobre a idade mínima laboral não ratificadas pelo Brasil 97

3.4. Espécies de trabalho infantil que configuram ilícitos penais no Brasil 102

3.4.1. Exploração sexual de crianças e adolescentes como uma das piores formas de trabalho infantil 104

3.4.2. Trabalho infantil em condições análogas à escravidão 107

3.4.3. Trabalho infantil com o emprego de maus-tratos 112

3.4.4. Trabalho infantil em contato com bebidas alcoólicas 113

3.5. Trabalhos executados por menores de dezoito anos e a legislação brasileira 115

3.5.1. Trabalhos permitidos pela legislação brasileira 116

3.5.2. Exceções à idade laboral de dezesseis anos 121

Capítulo 4 — Análise Jurídica do Trabalho Infantil sob o Prisma da Sistemática Civil-Laboral: Capacidade, Nulidades e Contrato de Trabalho 126

4.1. Normas gerais de proteção ao trabalho do adolescente 127

4.1.1. Prescrição laboral contra os menores de dezoito anos no Direito do Trabalho brasileiro 130

4.1.2. Jornada de trabalho dos adolescentes 131

4.1.3. Férias do trabalhador adolescente 134

4.1.4. Fiscalização do contrato de trabalho de empregado menor de dezoito anos 135

4.1.5. Extinção do contrato de trabalho do adolescente 139

4.2. Capacidade civil *versus* capacidade trabalhista e o trabalho infantil 141

4.2.1. A capacidade civil e o contrato de trabalho 142

4.2.2. Sobre as espécies de capacidades trabalhistas 146

4.2.3. A nulidade do contrato de trabalho nos casos de trabalho infantil 148

4.3. Trabalho infantil: Entre o trabalho ilícito, o trabalho proibido e a conduta ilícita do empregador 153

4.4. A necessidade do reconhecimento do princípio da hiperproteção em contraposição à hipervulnerabilidade de crianças e adolescentes no mundo do trabalho 157

Capítulo 5 — O Reconhecimento dos Direitos Trabalhistas de Crianças e Adolescentes em Situação de Trabalho Infantil pelos Tribunais Superiores: Análise de Casos do Supremo Tribunal Federal e do Tribunal Superior do Trabalho 164

5.1. O papel do Poder Judiciário brasileiro no combate ao trabalho infantil 165

5.2. O Direito ao recebimento das verbas contratuais e rescisórias em contratos declarados nulos pela exploração do trabalho de crianças ou adolescentes 170

5.3. O reconhecimento de danos morais coletivos oriundos do trabalho infantil pela Justiça do Trabalho 175

5.4. Da extensão do auxílio-doença acidentário previsto na Lei n. 8.213/91 às crianças e aos adolescentes vítimas de acidente de trabalho 181

5.5. O reconhecimento do tempo de trabalho precoce para fins de aposentadoria e demais fins previdenciários 189

5.6. A competência da Justiça do Trabalho para julgar demandas de políticas públicas sobre o trabalho infantil 195

Capítulo 6 — Considerações Finais 200

Referências 209

Posfácio — *Maria Zuíla Lima Dutra* 227

Sobre o Autor 229

Lista de Siglas

AC................ Apelação Cível
ACP............. Ação Civil Pública
ADI.............. Ação Direta de inconstitucionalidade
AgRAI........... Agravo Regimental em Agravo de Instrumento
AI................. Agravo de Instrumento
AIRR............ Agravo de Instrumento em Recurso de Revista
CADH.......... Convenção Americana de Direitos Humanos
CAT............. Comunicação de Acidente de Trabalho
CC................ Código Civil
CDC............. Convenção sobre os Direitos das Crianças
CF................ Constituição Federal
CGJT............ Corregedoria-Geral da Justiça do Trabalho
CLT.............. Consolidação das Leis do Trabalho
CNTI............ Confederação Nacional dos Trabalhadores da Indústria
CONANDA. Conselho Nacional dos Direitos das Crianças e dos Adolescentes
CP................ Código Penal
CRFB/88....... Constituição da República Federativa do Brasil de 1988
CSJT............ Conselho Superior da Justiça do Trabalho
CTPS............ Carteira de Trabalho e Previdência Social
DL................ Decreto-Lei
DSN............. Doutrina da Segurança Nacional
DUDH.......... Declaração Universal dos Direitos Humanos
EC................ Emenda Constitucional
ECA............. Estatuto da Criança e do Adolescente

FAT .... Fundo de Amparo ao Trabalhador
FGTS .... Fundo de Garantia do Tempo de Serviço
Fiocruz .... Fundação Oswaldo Cruz
IBGE .... Instituto Brasileiro de Geografia e Estatística
IN .... Instrução Normativa
INSS............. Instituto Nacional da Seguridade Social
MPT .... Ministério Público do Trabalho
MTE .... Ministério do Trabalho e Emprego
NT................ Nota Técnica
ODS............. Objetivo de Desenvolvimento Sustentável
OEA............. Organização dos Estados Americanos
OIT .... Organização Internacional do Trabalho
OJ .... Orientação Jurisprudencial
ONU .... Organização das Nações Unidas
PNAD........... Pesquisa Nacional por Amostra de Domicílios
RE .... Recurso Extraordinário
Resp.............. Recurso Especial
RO................. Recurso Ordinário
RR................. Recurso de Revista
RRAg .... Recurso de Revista com Agravo
SAM............. Serviço de Atendimento ao Menor
SDI-1 .... Subseção I Especializada em Dissídios Individuais
SGDCA .... Sistema de Garantia de Direitos da Criança e do Adolescente
SIAIT............ Sindicato Nacional dos Auditores-Fiscais do Trabalho
SIT .... Subsecretaria de Inspeção do Trabalho
STC.............. Save The Children
STF .... Supremo Tribunal Federal
STJ .... Superior Tribunal de Justiça
TNU............. Turma Nacional de Uniformização
TRF.............. Tribunal Regional Federal
TST .... Tribunal Superior do Trabalho

Pode-se chamar de criança a uma criatura
que lavra a terra, corta a lenha, carrega água e,
no fim do dia, já não tem alma para brincar?
(COUTO, 2016, p. 101).

Nota do Autor

Desde que decidi sair da situação de trabalho infantil, busquei atuar no sentido de permitir que mais crianças, assim como eu, também pudessem daixar a referida condição para se dedicarem apenas aos estudos e à ludicidade inerente à fase da infância.

Com esse propósito, diversas foram as ações e movimentos visando libertar meninos e meninas, pobres, de periferia, negros, em situação de vulnerabilidade, que, assim como eu, precisaram, desde muito cedo, enfrentar os desafios no mundo do trabalho.

No âmbito dos comitês de adolescentes pela prevenção e erradicação do trabalho infantil, movimento criado em parceria com a Procuradoria Regional do Trabalho da 7ª Região (CE), foram realizadas conferências e encontros de adolescentes visando ao combate ao trabalho precoce, buscando engajar o referido público no movimento de combate à exploração laboral infantojuvenil.

Quando ingressei nos bancos da Faculdade de Direito da Universidade Federal do Ceará (UFC), busquei levar para dentro dos muros de nossa amada centenária a pauta do combate ao labor infantil. Por esse motivo, criamos, no âmbito do Projeto de Extensão Nudijus, o Grupo de Estudos sobre trabalho infantil, assim como promovemos diversos debates sobre o assunto, visando atrair os olhares da comunidade acadêmica para a pauta. Destaque-se ainda que a presente obra é fruto de minha monografia jurídica defendida no âmbito da Graduação em Direito na UFC.

O trabalho que ora apresento à comunidade jurídica, com alterações e incorporação de contribuições dos Professores Doutores William Paiva Marques Júnior, Kátia Magalhães Arruda, Emmanuel Teófilo Furtado,

Lívia Mendes Moreira Miraglia, e da Professora Mestra Maria Zuíla Lima Dutra, busca fazer um debate jurídico sobre a nefasta chaga social do trabalho infantil, por meio da análise de jurisprudência dos Tribunais Superiores brasileiros, com o intuito de que o Direito e o Sistema de Justiça sejam instrumentos de combate às violações de Direitos Humanos de crianças e adolescentes.

Finalmente, o objetivo principal deste livro é fortalecer a atuação do Sistema de Justiça no combate ao labor precoce, possibilitando uma maior intervenção de todos nós, operadores do Direito, com vistas a efetivar o mandamento constitucional de proteção integral às crianças e aos adolescentes. Boa leitura!

Fortaleza, setembro de 2024.

Felipe Caetano da Cunha

Apresentação

A presente obra é fruto das pesquisas desenvolvidas no âmbito da Faculdade de Direito da Universidade Federal do Ceará, em Trabalho de Conclusão de Curso, por meio de exitosa pesquisa que muito deve ao empenho despendido por Felipe Caetano da Cunha, que foi meu orientando, buscando aquilatar a proibição do trabalho desenvolvido pelas crianças, bem como de alguns tipos desenvolvidos por adolescentes, com *status* de Direito Fundamental Social, sob o prisma da orientação jurisprudencial dos tribunais superiores.

O pendor acadêmico do autor, servidor público (Tribunal de Justiça do Estado do Ceará) e pesquisador Felipe Caetano da Cunha, esteve presente em toda a sua trajetória. Tive a oportunidade de escrever em parceria com ele o artigo: "De EIRELI à Sociedade Limitada Unipessoal: o reconhecimento da figura da sociedade limitada individual no Direito Empresarial Brasileiro", publicado em 2021 na Revista da Faculdade de Direito da UFC; e de orientá-lo em 2022 no trabalho intitulado: "O Controle de Convencionalidade pelas Cortes Superiores do Brasil: a necessidade de uma aplicação constante no controle normativo brasileiro", apresentado com êxito nos Encontros Universitários da UFC, e desde que o conheci, pude comprovar o seu espírito propositivo, pós-crítico, engajado e vanguardista.

Na contemporaneidade, tema bastante tormentoso é a análise de acórdãos do Supremo Tribunal Federal (STF), do Tribunal Superior do Trabalho (TST) e do Superior Tribunal de Justiça (STJ) sobre matérias que, direta ou indiretamente, são conexas ao tema do trabalho precoce, abordando questões relativas ao reconhecimento de vínculo empregatício e os direitos trabalhistas oriundos dos mencionados contratos, bem como o reconhecimento da violação da moral coletiva pela exploração do trabalho de crianças, a concessão de auxílio-doença acidentário, auxílio-maternidade e o reconhecimento do tempo de trabalho proibido para fins de aposentadoria. Por fim, aborda-se a competência da Justiça Laboral para julgar as demandas relativas às políticas públicas de combate ao trabalho infantil em face da Administração Pública.

Um grande contributo da obra ora apresentada é a sensibilidade e abertura à realidade contemporânea, reconhecendo, à luz dos tratados e convenções internacionais, bem como dos direitos e garantias fundamentais, a existência de efeitos reflexos da exploração do trabalho de crianças, a exemplo dos danos morais e materiais advindos dessa prática aviltante.

O trabalho ora apresentado revela a conduta de explorar crianças e adolescentes, prejudicando o seu desenvolvimento educacional, social e psíquico, bem como roubando o período fundamental de sua infância, não afeta apenas o sujeito explorado, mas a toda a sociedade, pois impede o pleno desenvolvimento coletivo, e fere diversas normas de direitos humanos e direitos sociais. O debate sobre a possibilidade de condenação por danos coletivos chegou à apreciação do Judiciário por diversas vezes, em especial na Justiça do Trabalho.

O tema é apreciado sob a técnica de que existe a possibilidade de reconhecimento dos efeitos previdenciários, a exemplo da redução do tempo de contribuição para fins de aposentadoria e da concessão de auxílios dessa natureza para pessoas que se encontram na condição mencionada.

Dentre as constatações da obra, podem ser delimitados os seguintes elementos sobre a existência de três espécies de capacidades trabalhistas no ordenamento trabalhista brasileiro, quais sejam a capacidade trabalhista plena, a capacidade trabalhista contida e a capacidade trabalhista restrita. Aquela primeira forma de capacidade diz respeito aos trabalhos executados por pessoas maiores dos dezoito anos de idade, aquela segunda diz respeito aos trabalhos realizados por pessoas entre dezesseis e dezoito anos de idade, e esta última diz respeito aos trabalhos realizados por pessoas entre quatorze e dezesseis anos de idade. Ademais, abaixo dos quatorze anos de idade teríamos a incapacidade trabalhista absoluta propriamente dita, visto que, após a promulgação da EC n. 20/98, ficaram proibidos todos os trabalhos abaixo dos quatorze anos.

Reflete o autor que o Poder Judiciário pode atuar no combate ao trabalho precoce, de forma endógena (internamente) e exógena (externamente), sendo aquela primeira as ações do Judiciário para si, enquanto esta segunda diz respeito às ações dele para a sociedade, como são os casos das próprias sentenças que extinguem a exploração ou que declara o vínculo de emprego e da promoção de campanhas relativas ao tema.

Conforme a hermenêutica devidamente analisada, pondera o autor que, a bem da verdade, os Tribunais Superiores, ao apreciarem demandas relativas ao trabalho infantil, reconheceram a reverberação de seus efeitos nas esferas trabalhista e previdenciária, garantindo os direitos oriundos da relação jurídica viciada e determinando o afastamento de criança ou adolescente do exercício do trabalho que lhe prejudique social, física ou moralmente.

Em nível prospectivo, clama o autor que, para a superação do quadro de exploração laboral infantojuvenil no Brasil, acredita-se que o Poder Judiciário pode ser sujeito ativo nesse sentido, podendo instituir políticas públicas judiciárias, dentre as quais se destaca: I) a criação de um protocolo para julgamento com perspectiva da infância nos diversos âmbitos do Judiciário, principalmente da Justiça do Trabalho, em relação aos casos que versem sobre trabalho infantil; II) a implementação dos Juizados Especiais da Infância e Adolescência no âmbito da Justiça do Trabalho; III) a exigência, nos concursos para ingresso na magistratura, de conhecimentos relativos à matéria de Direito da Criança e do Adolescente; e IV) a prioridade de tramitação de processos de que tratem de interesses das crianças e dos adolescentes, em especial daquelas que se encontram em situação de vulnerabilidade.

Ante o exposto, observa-se que a obra ora analisada é extremamente rica e instigante na discussão que envolve a perspectiva de pertinência da análise do labor na perspectiva da jurisprudência dos tribunais brasileiros, considerando as peculiaridades do universo das relações assimétricas entre empregadores e trabalhadores. É importante o estabelecimento de critérios que orientem os julgamentos que não venham a revitimizar crianças e adolescentes sujeitos a condições de indignidade e indiferença sociais.

No mais, desejo ao Felipe Caetano da Cunha que siga com sensibilidade na jornada de luta pelo rompimento dos ciclos expostos por Itamar

Viera Junior:[1] "Se desse tudo certo, voltaríamos para dar melhores condições de vida aos nossos pais e irmãos. Voltaríamos para retirá-los de lá. Aquela fazenda sempre teria donos, e nós éramos meros trabalhadores, sem qualquer direito sobre ela".

Assim, o livro ora apresentado é um instrumento de luta e um mecanismo de transformações. Boa leitura e que venham novas lutas, sonhos renovados e outros livros inspiradores escritos pelo nosso querido Felipe Caê!

Prof. Dr. William Paiva Marques Júnior

Especialista em Direito Processual Penal pela ESMEC/UFC (2003). Mestre (2009) e Doutor (2016) em Direito Constitucional pela Universidade Federal do Ceará. Foi advogado da Empresa Brasileira de Correios e Telégrafos de 2008 a 2011. Professor adjunto do Departamento de Direito Privado da UFC das disciplinas de Direito Civil II (Obrigações) e Direito Civil V (Coisas). Ex-coordenador da Graduação da Faculdade de Direito da UFC (2014-2017). Professor e vice-coordenador do Programa de Pós-Graduação em Direito da UFC. E-mail: williamarques.jr@gmail.com.

(1) VIEIRA JUNIOR, Itamar. *Torto Arado*. São Paulo: Todavia, 2019, p.

Prefácio

Hoje me foi dada a honra de prefaciar o livro "O Trabalho Infantil na Jurisprudência dos Tribunais Superiores", do jovem ativista, estudioso e já grande jurista Felipe Caetano da Cunha, cujo sorriso aberto e destemido é a prova viva da nossa capacidade de superação de obstáculos quando somos estimulados a acreditar, de forma consciente e construtiva, em nossos sonhos.

E como seria bom se todas as crianças pudessem sonhar...

Sonhar sem o peso da miséria e da subjugação, das correntes da fome e da necessidade.

Sonhar com brincadeiras, alegrias e a criação de um mundo novo, sem a ameaça de exploração física e mental do trabalho precoce, sem o medo da violência das ruas, sem a tristeza que a falta de esperança é capaz de nos causar.

Este livro fala do martírio do trabalho infantil e o faz sob o olhar, as mãos e a voz de quem já foi um trabalhador infantil. Este é o seu grande ponto demarcatório: a constatação de uma história vivida em si, mas não desejada para os outros!

De vendedor de comida na praia de Aquiraz até ser o primeiro membro de sua família a ter nível superior e receber homenagem nos 75 anos do Fundo das Nações Unidas para a Infância (UNICEF) e do projeto "Gente que Inspira", no Tribunal Superior do Trabalho, o caminho foi difícil e perigoso.

Por outro lado, para todos que lutam pela dignidade da infância e pelo fim do trabalho infantil, saber que essa luta dá frutos, se reproduz na juventude é muito gratificante, pois se constrói uma nova geração que não está disposta a aceitar esse tipo de exploração.

O livro que se apresenta ao leitor divide-se em quatro capítulos centrais, que iniciam com uma delimitação histórica sobre o trabalho infantil, caminha pelas bases constitucionais e internacionais da proibição laboral, passa pelas diversas análises jurídicas que o tema permite, tais como capacidade, nulidades e o contrato de trabalho até chegar ao seu ápice, com o reconhecimento dos direitos das crianças e dos adolescentes, no último capítulo, concomitante com a análise de casos julgados pelo Tribunal Superior do Trabalho e pelo Supremo Tribunal Federal.

O percurso definido pelo autor nos permite uma ampla e profunda compreensão sobre o tema, mesmo para as pessoas que não militam ou estudam os aspectos do trabalho infantil, mostrando o quanto o processo de escravidão de meninos e meninas ainda é vivenciado no tempo atual, onde crianças pobres são segregadas e, até pouco tempo, sequer eram chamadas de crianças e sim de "menores", em alusão ao código de menores de 1927, que possuía um caráter punitivo e disciplinador muito mais acentuado do que seu papel protetivo e garantidor de direitos.

Não passa despercebido em toda a escrita o quão nefasto é o trabalho infantil para as gerações presentes e futuras, pois, como afirma Felipe Caetano, "é uma chaga secular brasileira, que faz com que as famílias sejam mantidas na linha da pobreza extrema e na miséria em razão da falta de oportunidades educacionais e profissionais, ocasionadas pela condição em que vivem, fazendo com que os mais diversos membros de uma mesma família recebam essa cruel herança e a transmita aos seus descendentes."

Ademais, nosso autor, como já demonstrado no curso de sua própria vida, também demonstra firmeza e coragem ao assumir a defesa inequívoca da competência de Justiça do Trabalho para o arenoso tema das políticas públicas na prevenção e na erradicação do trabalho infantil. Concluindo pelo reconhecimento de justiça especializada, sobretudo diante da omissão do Poder Público em cumprir com seu papel de erradicar o trabalho de crianças, cabendo ao Ministério Público do Trabalho (MPT) "ou qualquer outro agente social legitimado a acionar o Judiciário Trabalhista pleiteando a efetivação do direito fundamental ao não trabalho, prescrito no art. 7º, XXXIII da Constituição Federal".

Como dizem os povos originários, Felipe Caetano, filho de Fabiana, honra sua juventude, sua família e seus amigos ao pregar a solidariedade que liberta meninos e meninas, fazendo o que nos propõe o ganhador do prêmio Nobel da Paz, Kailash Sathyarthi: "As mãos podem estar vazias, mas o coração está sempre cheio de soluções".

Meu coração também se enche de esperança quando vejo jovens como o filho de Fabiana, quando vejo que nossa caminhada nunca foi em vão... Os mesmos olhos tristes por ver que infâncias são roubadas pelo trabalho precoce são também capazes de ver que os frutos dessa terra germinam. Um dia, seremos capazes de olhar para crianças brincando e sorrindo sem o fardo da exploração e veremos que essas flores crescerão para o futuro.

Que esse futuro seja breve, porque a vida urge!

Kátia Magalhães Arruda
Ministra do Tribunal Superior do Trabalho

Capítulo 1

Introdução

A Organização das Nações Unidas (ONU), por meio do item 8.7 de seus Objetivos de Desenvolvimento Sustentável (ODS), estabeleceu 2025 como a data global para a eliminação das consideradas piores formas de trabalho infantil (ONU, 2019), formas estas que no Brasil são descritas no Decreto n. 6.481, de 12 de junho de 2008. O mesmo documento definiu 2021 como o Ano Internacional para a Eliminação do Trabalho Infantil (ONU, 2019), ressaltando a importância de se efetivarem as Convenções 138 e 182 da Organização Internacional do Trabalho (OIT).

Não obstante o estabelecido como um dos principais objetivos dos países-membros da ONU, a meta de se erradicar o trabalho infantil ainda se apresenta como algo distante da nossa realidade, principalmente em razão dos efeitos da pandemia da Covid-19, fator que contribuiu para o aumento dos casos de exploração laboral de crianças e adolescentes (IBGE, 2023).

No Brasil, é na Constituição Federal de 1988 que se encontra o núcleo fundamental de proibição do trabalho infantil, ao estabelecer uma idade mínima geral, bem como restringir a execução de determinados serviços por parte dos menores de dezoito anos, sujeitos que, no mesmo texto constitucional, foram considerados como prioridades absolutas e detentores de direito à proteção integral por parte de sua família, sociedade e do próprio Estado.

A proibição positivada no art. 7º, XXXIII do Texto Constitucional (BRASIL, 1988) foi replicada na legislação infraconstitucional, em especial no art. 60 do Estatuto da Criança e do Adolescente (ECA) (BRASIL, 1990) e no art. 403 da Consolidação das Leis do Trabalho (CLT) (Brasil, 1943), sendo que estes últimos ampliaram as restrições previstas na Carta Magna, com o intuito de dar maior proteção aos sujeitos de direitos.

No plano internacional, o Estado brasileiro também se comprometeu a proibir e erradicar todas as formas de trabalho infantil ao ratificar as Convenções ns. 138 (1973) e 182 (1999) da Organização Internacional do Trabalho (OIT), que tratam da idade mínima para o trabalho e da eliminação das consideradas piores formas de trabalho infantil, respectivamente.

Não obstante a vasta proibição da exploração do trabalho infantil, bem como a existência de políticas públicas que visam combater o problema social estudado, dados do Instituto Brasileiro de Geografia e Estatística (IBGE) apontam que o Brasil ainda possui considerável número de crianças e adolescentes, sendo mais de 1,9 milhão de pessoas com idade entre 5 e 17 anos em situação de trabalho infantil, sendo que mais de 700 mil se encontram naquelas consideradas como piores formas (IBGE, 2023).

O trabalho infantil é uma chaga social histórica, presente em todas as civilizações, das mais antigas às atuais e mais tecnológicas, sendo uma problemática que, apenas nas últimas décadas, ganhou atenção por parte dos governos e da sociedade como um todo, quando organizações internacionais e movimentos da sociedade civil pressionaram tais atores sociais com o intuito de intensificar e tornar as políticas públicas então existentes verdadeiramente efetivas no combate ao problema.

No Brasil, a chaga se origina com a chegada dos portugueses no país, onde estes, além de explorar o trabalho das próprias crianças vindas de Portugal, iniciaram um processo de utilização da mão de obra indígena — incluindo a infantil —, que posteriormente desencadeou na escravidão da população negra — o que também incluía as crianças dessa população.

Com a proibição e posteriormente a criminalização do trabalho escravo, os obreiros remunerados, não satisfeitos com a baixa remuneração, jornadas exaustivas de labor e o desenvolvimento de atividades em locais sem nenhuma higiene ou segurança, eles iniciaram diversos processos de mobilização classistas, buscando melhorias nas condições de trabalho, que resultaram em uma série de normas e garantias aos trabalhadores e às trabalhadoras. Consequentemente, as crianças e as mulheres, como categoria de laboral à época, também foram incluídas nesses processos.

Sem dúvida, as normas que proibiam a execução de determinadas atividades por crianças foram resultado desse processo de lutas, com o intuito de proteger as crianças e os adolescentes de executarem trabalhos que lhes prejudicariam o desenvolvimento pessoal e social.

No âmbito internacional, como se observa no capítulo 3 deste trabalho, a vanguarda na proibição do trabalho das crianças é da OIT, que já em 1919, ano de sua fundação, editou diversas Convenções específicas ou que faziam determinadas restrições em razão da idade do trabalhador. A Organização, desde então, editou uma série de Convenções e Recomendações em relação ao assunto, sendo que, atualmente, estabeleceu as Convenções ns. 138 (1973) e 182 (1999) como suas normas centrais em relação ao trabalho infantil, incluindo-se, nesse processo, a proibição ao trabalho infantil e o direito à profissionalização dos adolescentes, sendo a Constituição de 1934 a primeira a positivar tais comandos no Brasil.

Posteriormente, diversos acontecimentos políticos, sociais e econômicos ocorreram no Brasil, principalmente com a instalação do golpe civil-militar em março de 1964, havendo grande retrocesso de direitos fundamentais, sejam individuais ou coletivos, principalmente após a publicação da Constituição Federal de 1967. Durante o regime militar, a idade para o trabalho foi reduzida para os doze anos, havendo, por parte do próprio governo, incentivo ao trabalho de crianças vulneráveis como uma suposta forma de salvá-las da delinquência.

Com o avanço do movimento democrático, a prevalência da dignidade humana, além de princípio, adquiriu *status* de fundamento da República, responsável por orientar as normas do ordenamento brasileiro como um todo.

Ao abordar o assunto, Marques Júnior (2019, p. 31) menciona que a referida prevalência serviu não apenas para buscar a integração desses valores jurídicos ao ordenamento brasileiro, mas também para que o país adotasse posição política aos Estados violadores de tais direitos:

> [...] Essa prevalência dos direitos humanos e da dignidade da pessoa humana, como postulados norteadores regentes do engajamento do Brasil no processo de elaboração de normas vinculadas ao Direito Internacional dos Direitos Humanos,

> mas, inclusive na busca da plena integração das aludidas regras à ordem jurídica interna brasileira, além de adotar uma posição política contrária aos Estados em que os direitos humanos sejam gravemente desrespeitados, servindo de fundamento axiológico da hermenêutica constitucional.

No âmbito dos Direitos das Crianças e dos Adolescentes isso também ocorreu. Dentre as principais mudanças ocasionadas pelo movimento, podemos citar o reconhecimento das crianças e dos adolescentes como sujeitos detentores de direitos e de dignidade, sendo a sua proteção e a efetivação desses direitos um mandamento constitucional.

Assim, atualmente, a proibição do trabalho desenvolvido pelas crianças, bem como de alguns tipos desenvolvidos por adolescentes, ganha *status* de Direito Fundamental Social, visto que a própria Constituição afirma ser direito dos trabalhadores urbanos e rurais a "proibição de trabalho noturno, perigoso ou insalubre a menores de dezoito e de qualquer trabalho a menores de dezesseis anos, salvo na condição de aprendiz, a partir de quatorze anos" (BRASIL, 1988).

Desta forma, o combate a essa chaga social demanda uma atuação conjunta e intersetorial, em especial dos Poderes Públicos, com vistas a erradicar a exploração do trabalho infantil, sendo o foco da presente obra as possibilidades de atuação do Judiciário, por meio de suas jurisprudências, visto que essas devem ser consideradas como meio de considerável eficiência no combate ao trabalho precoce.

No âmbito dos Tribunais Trabalhistas, que são responsáveis por julgar as lides oriundas das relações de trabalho (BRASIL, 1988), por exemplo, nota-se a evolução jurisprudencial em relação às lides originadas pelo trabalho infantil, com causas que vão desde a decretação de nulidade de determinado contrato laboral até mesmo ao reconhecimento de dano moral presumido à criança vítima da mencionada exploração, jurisprudências que, além de penalizar quem efetivamente explora a mão de obra infantil, indeniza os sujeitos de direitos e coíbe novas explorações.

Assim, buscando compreender as consequências jurídicas, bem como analisar o entendimento dos Tribunais Superiores pátrios sobre o tema, a presente obra é dividida em cinco partes.

A primeira delas se ocupa de fazer uma análise histórica do problema estudado, desde a chegada dos portugueses na costa brasileira até a situação do trabalho infantil no Brasil contemporâneo.

No capítulo seguinte, analisa-se a evolução das normas proibitivas do trabalho infantil editadas no decorrer das décadas, tanto no âmbito do Direito interno, verificando as normas que, desde 1824, tratam do tema, bem como nas normas internacionais, estas últimas, analisadas pela ótica das normas de Direitos Humanos, da ONU, e das normas internacionais do trabalho, da OIT.

Ademais, reflete-se sobre a exploração do trabalho precoce como um problema de ordem jurídica, com a produção de efeitos no mundo do Direito, especialmente ao se analisarem questões como capacidades civil e laboral, nulidades do contrato de trabalho e as normas de proteção ao trabalho do adolescente empregado.

No último capítulo, foram selecionados os principais julgados que se conectam com a temática do labor infantil, principalmente aqueles que demonstravam caráter inovador, bem como os considerados mais pertinentes, a exemplo do acórdão que reconheceu a existência de dano *in re ipsa* oriundo da exploração do trabalho da criança, ou mesmo o que reconheceu efeitos previdenciários oriundos da relação laboral proibida.

O último capítulo analisa acórdãos do Supremo Tribunal Federal (STF), do Tribunal Superior do Trabalho (TST) e do Superior Tribunal de Justiça (STJ) sobre matérias que, direta ou indiretamente, são conexas ao tema do trabalho precoce, abordando questões relativas ao reconhecimento de vínculo empregatício e os direitos trabalhistas oriundos dos mencionados contratos, bem como o reconhecimento da violação da moral coletiva pela exploração do trabalho de crianças, a concessão de auxílio-doença acidentário, auxílio-maternidade e o reconhecimento do tempo de trabalho proibido para fins de aposentadoria. Por fim, aborda-se a competência da Justiça Laboral para julgar as demandas relativas às políticas públicas de combate ao trabalho infantil em face da Administração Pública.

Desse modo, possibilita-se a compreensão e a análise de como os Tribunais Superiores do Brasil, com destaque para o Supremo Tribunal

Federal e o Tribunal Superior do Trabalho, por meio de seus julgados, se posicionam ao apreciar processos relativos à proibição do trabalho prevista no art. 7º, XXXIII, da Constituição, com vista à repercussão em esferas diversas com destaque para a trabalhista e a previdenciária.

Capítulo 2

Trabalho Infantil: Delimitação Conceitual, História e Evolução no Brasil

"E ecoa noite e dia É ensurdecedor
Ai, mas que agonia
O canto do trabalhador
Esse canto que devia
Ser um canto de alegria
Soa apenas como um soluçar de dor."

"Canto das três raças", de Paulo César Pinheiro.

A exploração laboral de crianças e adolescentes é uma chaga milenar, existente com a própria noção de trabalho. No decorrer da historiografia da humanidade, verifica-se a presença do labor das crianças no contexto familiar, e posteriormente nos próprios feudos — também no contexto de suas famílias. Com a queda do feudalismo e o surgimento da economia capitalista, mais especificamente no contexto das grandes revoluções industriais europeias, a exploração laboral desses sujeitos teve um grande aumento, por diversas razões de ordem econômica e social.

Na Europa, principalmente na Inglaterra, a exploração dos trabalhadores foi agravada principalmente no contexto das revoluções industriais, onde mulheres e crianças eram submetidas a jornadas de trabalho exaustivas e percebiam remunerações baixíssimas.

Naquele país, a primeira norma a tratar da proibição do labor infantil foi o *Moral and Health Act*, de 1802, que proibia o trabalho noturno e superior a dez horas diárias (KÜMMEL, 2012, p. 72). Outras normas inglesas foram essenciais para a redução dos índices de trabalho infantil, a exemplo do *Althorps Act* (1833), que proibiu qualquer trabalho aos menores de nove anos de idade, bem como limitou o trabalho a doze horas diárias para todos os menores de dezoito anos.

Na França do século XIX, o cenário não era muito diferente, conforme aponta Domenico de Masi (*apud* KÜMMEL, 2012, p. 73), os escravizados pelos franceses trabalhavam nove horas por dia, enquanto os condenados ao trabalho forçado laboravam dez horas, e os operários livres, por seu turno, dezesseis horas. De Masi aponta que era mais economicamente vantajoso para um industrial contratar operários livres — o que incluía as crianças —, em razão da quantidade de horas que laboravam e da baixa remuneração que lhes era paga, do que possuir qualquer das outras modalidades de trabalho. Somente em 1841 que, naquele país, se proibiu o trabalho para os menores de oito anos, sendo estabelecida a jornada de oito horas diárias para as crianças com idade entre oito e doze anos, e de doze horas por dia para aqueles com idade entre doze e dezesseis anos (MINHARRO, 2003).

No continente europeu houve considerável exploração da mão de obra de crianças, pois, conforme leciona Minharro (2003, p. 15), "... a mão de obra [*sic*] de mulheres, crianças e adolescentes ('meias forças') passaram a ser preferidas pelos industriais da época, pois se sujeitavam a perceber salários inferiores aos dos homens", bem como se sujeitavam a jornadas extenuantes de labor, e eram facilmente dominadas pelos seus empregadores, não ocorrendo a mesma submissão aos homens adultos, por exemplo.

Nesse sentido, observou Karl Marx (1987, p. 53 *apud* ARRUDA, 2010, p. 9), ao escrever em sua obra "Trabalho assalariado e capital", que a concorrência entre os próprios trabalhadores os prejudica, bem como acaba por impulsionar a substituição dos trabalhadores adultos por crianças:

> Mas em lugar do homem despedido pela máquina, a fábrica emprega talvez três crianças e uma mulher! E como fica o salário do homem? Não tinha de chegar para as três crianças e uma mulheer? [*sic*] Não tinha o salário mínimo de bastar para manter e multiplicar a raça? O que prova, portanto, esta apreciada

expressão burguesa? Nada mais nada menos do que isso: agora são consumidas quatro vezes mais vidas operárias do que anteriormente para ganhar o sustento de uma só família operária.

A exploração de crianças na Europa industrial era tamanha que fazia até mesmo os detentores de escravos nas Índias Ocidentais se espantarem com o que ali ocorria, como é possível observar no relato de um detentor de escravizados que se surpreendeu ao deparar com as exaustivas jornadas de trabalho a que as crianças eram submetidas (HUBERMAN, 1986, p. 180 *apud* ARRUDA, 2008, p. 33):

> Sempre me considerei infeliz pelo fato de ser dono de escravos, mas nunca nas Índias Ocidentais, pensamos ser possível haver humano tão cruel que exigisse de uma criança de 9 anos trabalhar 12 horas e meia por dia, e isso, como os senhores reconhecem, como regra normal.

No Brasil, os primeiros relatos do que posteriomente viria a ser identificado como trabalho infantil ocorreu com a chegada dos colonizadores portugueses, no início do século XVI, em que as crianças judias eram responsáveis por realizar a limpeza e os serviços de pajem naquelas embarcações (SANTOS, 2020).

Posteriormente, os portugueses tentaram escravizar a população indígena, o que, por óbvio, incluíam os meninos e as meninas pertencentes a esse grupo, entretanto, a tentativa foi sem sucesso, pois contava com forte pressão dos jesuítas para acabarem com a escravidão indígena. Com o insucesso da escravização indígena, os colonizadores começaram a substituir a mão de obra indígena pela africana, o que, obviamente, também incluía crianças e idosos, estes, por sua vez, realizavam os serviços considerados "mais leves" nas fazendas.

Conforme observado, mesmo após a abolição formal da escravidão, em 13 de maio de 1888, as crianças negras continuavam a ser vítimas de diversas mazelas sociais, bem como continuavam a exercer trabalhos semelhantes àqueles que anteriormente realizavam nas fazendas e nas plantações.

Finalmente, após verificar a presença do trabalho infantil nas grandes metrópoles da Europa durante as revoluções industriais, faz-se necessário verificar o surgimento dessa problemática social que permanece na atualidade e sobrevive no cotidiano da sociedade brasileira, fazendo com que milhões de meninos e meninas percam sua infância e sejam vulnerabilizados.

2.1. A escravidão no Brasil e a situação das crianças desumanizadas

Não seria exagero afirmar, conforme destacado, que o trabalho infantil existente no Brasil atual foi uma importação portuguesa, chegada com os próprios colonizadores no início do século XVI.

Após o desembarque no Brasil, apenas as crianças trazidas de Portugal não eram mais suficientes para suprir a necessidade de mão de obra que o processo de colonização das terras brasileiras carecia, razão pela qual os tripulantes necessitavam utilizar do trabalho dos próprios indígenas para a satisfação de seus interesses.

Assim sendo, com o avanço do processo de colonização do país pelos portugueses, os indígenas, inclusive crianças, foram as primeiras vítimas dos colonizadores, sendo seu trabalho primeiramente explorado na extração do pau-brasil e na construção dos primeiros vilarejos (SANTOS, 2017, p. 29). Posteriormente, por intermédio da força e da violência, os portugueses tentaram escravizar tal população, o que mais tarde se mostraria um absoluto fracasso.

Destaque-se que, até meados do século XVII, a escravização dos indígenas foi o principal meio de fornecimento de mão de obra no Brasil, sendo sua força de trabalho utilizada principalmente na extração de matérias-primas brasileiras, com grande destaque para o pau-brasil, que posteriormente eram enviadas para Portugal e para o resto da Europa.

Ainda sobre a exploração das crianças indígenas pelos portugueses, destacam Nascimento e Costa (2016, p. 129):

> Nota-se que a prática de explorar a infância e sua mão de obra atravessou o oceano e aqui aportou juntamente com os colonizadores. Estes aqui chegando não tardaram em explorar a

mão de obra das crianças indígenas, consoante destaca Ferreira (2001, p. 61) ao asseverar que o primeiro trabalho infantil em nosso país "*aconteceu entre os indígenas do litoral, que, no início do século XVI, em troca de quinquilharias como espelhos e contas coloridas distribuídas pelos colonizadores portugueses, ajudaram os adultos a extrair o pau-brasil e a erguer as primeiras vilas*". (Grifos no original)

Como visto, da mesma forma que ocorria com os indígenas adultos, o trabalho das crianças também era trocado por quinquilharias trazidas de Portugal, sendo vastamente utilizado na extração de pau-brasil e dos demais recursos naturais do Brasil.

Posteriormente, alguns entraves jurídicos à colonização indígena foram surgindo, tornando a exploração desse público cada vez mais difícil, a exemplo dos alvarás régios de 1º de abril de 1680, de 6 de junho de 1755, e de 1758, ambos visando frear a escravidão indígena e garantir-lhes condições básicas, ainda que os objetificando.

Dessa força, com a proibição da escravização dos índios no território brasileiro, bem como pelo crescimento do tráfico negreiro, a então Colônia de Portugal presenciou um processo gigantesco de migração da mão de obra indígena para a africana, tendência que, à época, ocorria em toda a América.

Com a enorme dificuldade que os portugueses encontraram para escravizar os indígenas, iniciou-se o processo do tráfico da população negra africana, em que famílias inteiras foram trazidas nos porões dos navios para trabalhar nas fazendas e nas produções do Brasil colônia. Todavia, a escravidão não era limitada à exploração dos adultos, pois até as crianças eram vítimas.

Grande parte das crianças escravizadas, desde os quatro anos de idade, já iniciavam os trabalhos domésticos nas fazendas. Aos oito anos eram enviadas para cuidar do gado, dos cavalos e demais funções pastoris. Aos onze anos de idade, as meninas costuravam e desempenhavam atividades domésticas mais leves, enquanto que, aos quatorze anos, tanto meninos como meninas eram explorados das mesmas formas que os adultos (PRIORE, 2000 *apud* MINHARRO, 2003, p. 22).

Em mesmo sentido aduz Morr (1989, p. 5-6), ao afirmar que, na divisão do trabalho à época, as meninas eram enviadas para verdadeiras "... 'escolas de mucamas', onde aprendiam a realizar serviços mais domésticos, como bordar, cozinhar, pentear etc., e até a escrever. Já os meninos eram obrigados a aprender os trabalhos mecânicos, como o ofício de sapateiro, marceneiro, barbeiro etc.".

Assevera Morr (1989, p. 8) que a única função desempenhada apenas pelas crianças escravizadas mais novas era a de gerar e preservar o leite de sua mãe, dando-lhe o qualificativo de ama de leite. Assim, o leite das mulheres lactantes era utilizado para amamentar os filhos dos senhores de engenho.

Com a resistência da população negra, realizada por meio da fuga das senzalas, da criação de quilombos, rebeliões e revoltas, dentre outras, diversos outros empecilhos foram criados em face da escravidão, sendo aludida resistência um fator fundamental no processo do abolicionismo brasileiro.

O movimento de abolição da escravidão no Brasil foi processo longo e lento que durou séculos, sendo resultado de diversos fatores como a resistência das populações escravizadas, o crescimento do número de abolicionistas na sociedade brasileira, bem como a manifestação política destes, assim como a pressão externa dos países que mantinham relação comercial com o nosso país, a exemplo das exigências feitas pela Inglaterra, resultando em uma série de ações por parte da coroa brasileira — algumas delas sem eficácia —, como a publicação da Lei Feijó, de 7 de novembro de 1831, e a Lei Eusébio de Queirós (Lei n. 581), de 4 de setembro de 1850.

Não obstante a proibição do tráfico de pessoas escravizadas para o Brasil apresentar grande importância para a posterior abolição do regime escravista vigente, o comércio interno dessas pessoas ainda era considerável, visto que, com as normas acima descritas, apenas se proibiu o ingresso de novos escravos no nosso país, nada mencionando sobre os escravizados que aqui permaneciam.

Progressivamente, algumas normas, como as já mencionadas, foram publicadas com o intuito de abolir de vez a escravidão no Brasil. Uma das normas com a maior importância foi a "Lei do Ventre Livre", impedindo a única forma de aquisição de novos escravos que os senhores de fazenda tinham após a edição da Lei Eusébio de Queirós: o nascimento. Assim, as crianças nascidas após a publicação da mencionada lei não eram, pelo menos em tese, propriedade dos donos de seus pais.

A Lei n. 2.040, de 28 de setembro de 1871, que ficou conhecida como Lei do Ventre Livre, estabeleceu, em seu artigo primeiro, que os filhos das mulheres escravizadas nascidos após a sua publicação seriam considerados "de condição livre". Todavia, o parágrafo primeiro do referido artigo positivou que "os ditos filhos menores ficarão em poder e sob a autoridade dos senhores de suas mães, as quais terão a obrigação de criá-los até a idade de oito annos completos", mostrando que a mencionada lei não tinha eficácia prática (BRASIL, 1871).

Ariza (2018, p. 174) esclarece sobre essa condição:

> O quadro da infância escrava é realmente desolador. De volta ao ponto de partida, resta a pergunta: algo mudou na vida desses meninos e meninas com a aprovação da Lei do Ventre Livre? Na prática, apesar de assinalar o fim inescapável da escravidão que perdia definitivamente seus meios de reprodução, a lei teve o efeito de prolongá- lo até o limite das possibilidades. Os senhores das mães dos "ingênuos" procuravam a todo o custo fraudar os registros obrigatórios de nascimento que comprovavam sua condição de pessoas livres, omitindo ou falseando datas. Além disso, a liberdade prometida era, no mínimo, duvidosa: até os oito anos de idade, eles deveriam permanecer sob a tutela dos proprietários de suas mães; estes poderiam, então, optar por oferecê-los a asilos públicos em troca de indenizações de 600 mil-réis, ou por mantê-los consigo e usufruir de seus serviços até os 21 anos. Raros foram aqueles que escolheram as indenizações e entregaram os pequenos ao Estado — a maioria preferiu conservar a mão de obra de crianças que em poucos anos desempenhariam serviços de adultos. Nas décadas de 1870 e 1880, momento em que os índices de alforria cresciam, a lei criava obstáculos para a emancipação das famílias dos ingênuos", especialmente para suas mães. Mesmo que pudessem

comprar suas cartas de liberdade, essas mulheres viam-se forçadas a permanecer sob o domínio de seus senhores caso quisessem continuar perto dos filhos.

Finalmente, em 1888, após diversas revoltas internas, crescentes movimentos abolicionistas e pressão internacional de diversos países, principalmente daqueles que possuíam estrita relação comercial com o Brasil, especialmente a Inglaterra, foi assinada, em 13 de maio, a Lei n. 3.353 (popularmente conhecida como Lei Áurea), que assim dispõe em seu art. 1º: "É declarada extincta desde a data desta lei a escravidão no Brazil" (BRASIL, 1888).

Porém, a mera abolição formal da escravidão, sem nenhum amparo econômico ou social aos recém-libertos, não foi capaz de frear a continuidade da exploração do corpo dessas pessoas durante as décadas posteriores, colocando-os à mercê das mais diversas violações, e sem acesso a cuidados básicos, resultando, consequentemente, em sua exclusão social, que ainda reflete no cotidiano nacional.

2.2. A abolição que não veio: A situação das crianças negras no Brasil após a Lei Áurea

Com a abolição formal da escravatura, em maio de 1888, o Brasil passou por um processo de substituição da mão de obra escravizada nas fazendas pela mão de obra remunerada. Todavia, grande parte das pessoas que assumiam tais trabalhos remunerados era trazida de outros países para aqui se fixarem, a exemplo dos imigrantes alemães e italianos.

Sem nenhuma indenização, os recém-libertos ficaram à própria sorte, sem a possibilidade de realizarem trabalhos bem remunerados. Essa população foi obrigada a submeter-se a realização de trabalhos mal remunerados, bem como a migrar para o que hoje conhecemos como periferias.

Com as crianças e os adolescentes, filhos dessa população, a situação não era muito diferente, pois à medida que os seus pais se inseriam em trabalhos degradantes quanto àqueles que executavam como escravos, com remunerações baixíssimas ou inexistentes, os filhos necessitavam trabalhar para ajudar na renda de suas famílias.

Destaque-se ainda que, "com a abolição formal da escravidão, em 1888, as crianças ficaram à própria sorte nas ruas, lutando pela sobrevivência, cenário que não destoa muito da realidade que encontramos no Brasil dos dias atuais" (SANTOS, 2020, p. 142), haja vista que o trabalho nas fazendas foi substituído pelos trabalhos nas ruas e nas praças.

Conjuntamente com o nascimento da República, houve o crescimento do discurso da ressocialização pelo trabalho, que visava inserir cada vez mais os filhos das classes mais pobres em trabalhos indignos. Irma Rizzini (2004, p. 376), ao investigar o cotidiano desses pequenos trabalhadores, afirmou:

> A extinção da escravatura foi um divisor de águas no que diz respeito ao debate sobre o trabalho infantil; multiplicam-se, a partir de então, iniciativas privadas e públicas dirigidas ao preparo da criança e do adolescente para o trabalho, na indústria e na agricultura. O debate sobre a teoria de que o trabalho seria a solução para o problema do "menor abandonado" e/ou "delinquente" começava, na mesma época, a ganhar visibilidade. A experiência da escravidão havia demonstrado que a criança e o jovem trabalhador constituíam-se em mão de obra mais dócil, mais barata e com mais facilidade de adaptar-se ao trabalho. Nessa perspectiva, muitas crianças e jovens eram recrutadas nos asilos de caridade, algumas a partir dos 5 anos de idade, sob a alegação de propiciar-lhes uma ocupação considerada mais útil, capaz de combater a vagabundagem e a criminalidade.

Eram diversas as barreiras que as crianças recém-libertas da escravidão possuíam, a exemplo do positivado no Decreto n. 1.331-A, de 1854, que, em seu art. 69, estabelecia que "não serão admitidos, nem poderão frequentar a escola: os meninos que padecerem moléstias contagiosas; os que não tiverem sido vacinados, e os escravos", impossibilitando que as crianças escravizadas ou as descendentes de pessoas escravizadas tivessem acesso à educação, visto que não possuíam acesso à saúde (SANTOS, 2017, p. 34).

Dessa forma, sendo as crianças negras e pobres impedidas de acessar os serviços básicos de saúde e de educação, restava-lhes a exploração de sua mão de obra nas indústrias, visto que o trabalho das crianças negras nas ruas era criminalizado, conforme observa Santos (2020, p. 143):

> A infância no Brasil foi brutalmente violentada, assim, tanto pela exploração do trabalho na indústria, quanto pela criminalização do trabalho nas ruas, esse último realizado pelas crianças negras, filhas dos escravizados libertos. Essa realidade marca a base de sustentação da sociedade brasileira, ancorada no não acesso da população negra a direitos básicos, especialmente moradia, trabalho e educação. Penaliza e estigmatiza diferentes gerações de famílias e crianças negras, que continuam sem acesso a esses direitos.

Por conseguinte, é evidente que a própria legislação brasileira à época excluía as crianças pobres de qualquer proteção no mundo do trabalho, a exemplo da disposição contida no art. 403, § 2º, da CLT, que, na sua redação original permitia o trabalho de crianças em ruas e praças, quando autorizada pelo "juiz de menores" nos casos de necessidade familiar de subsistência (BRASIL, 1943). Por derradeiro, visto como as crianças recém-libertas da escravidão eram tratadas no Brasil República, bem como analisado o impacto migratório ocorrido no início do século XX, mostra-se fundamental verificar como esse processo de garantia dos direitos das crianças, e o seu reconhecimento como sujeitos de direitos, ocorreu no Brasil do século XX, em razão das diversas mudanças política, social e econômica ocorridas no período.

2.3. Do menor à criança: O reconhecimento do sujeito de Direitos pelo Brasil

Na Revolução Industrial interna, ocorrida em meados da década de 1930, também houve considerável participação de crianças nas atividades laborais, visto que o seu trabalho era consideravelmente inferior ao dos trabalhadores adultos. Por vezes, as crianças ocupavam o lugar de trabalhadores adultos no processo industrial brasileiro, pois como já relatado, cumpriam carga horária superior à dos adultos, com remuneração menor e sem quaisquer direitos trabalhistas assegurados, enquanto os seus pais executavam serviços estranhos à atividade industrial, como destaca Rizzini (2010, p. 337-338):

> Era comum as famílias levarem crianças agregadas para "completar a cota e conseguir uma casa melhor na vila. A indústria visava o trabalho das crianças e jovens, que depois de um período de aprendizado, obtinham uma ocupação definitiva. Os pais camponeses eram geralmente empregados em serviços periféricos ao processo industrial, como, por exemplo, o cultivo de roças. Quando membros da família ficavam doentes, procuravam substituí-los por filhos de parentes ou conhecidos (os agregados), para não perderem a casa, já que o seu tamanho dependia do número de pessoas trabalhando na fábrica. Recorrendo a estratégias como pagamento de baixos salários — para forçar as famílias a utilizarem o máximo de seus membros no trabalho — e a prática de induzir/consentir na falsificação da idade das crianças, burlando a legislação da época que permitia o trabalho somente a partir dos 12 anos, a fábrica facilitava a utilização do trabalho infantil. As condições de trabalho não diferiam daquelas observadas no final do século XIX: má alimentação, ambiente insalubre, autoritarismo nas relações do trabalho, longas jornadas (dois turnos de 12 horas cada) e alta incidência de doenças como a tuberculose.

Em outubro de 1927, foi publicado o primeiro Código de Menores, chamado de Código Mello Mattos, em homenagem ao seu idealizador e primeiro juiz de menores do Brasil, o jurista José Cândido de Albuquerque Mello Mattos.

A norma representou o processo que configura a positivação do menorismo do Brasil, objetificando os sujeitos que, até então, eram invisíveis aos olhos de suas famílias, da sociedade e do Estado. Eles saíram da condição de invisibilidade para a condição de objetos do Direito, colocando-os sob a tutela extrema de suas famílias e do Estado, com o intuito de inibir futuras delinquências por parte destes. Referida política foi posteriormente intensificada com a ditadura ocorrida na década de 1960 e a instalação da Doutrina da Segurança Nacional (DSN) pelos militares.

No mesmo sentido nos ensina Miranda (2016, p. 63):

> O Código de Menores representou o marco legal que procurou codificar as ações punitivas frente aos atos considerados "desviantes" praticados contra os meninos e as meninas que viviam no mundo das ruas. O Código possuía um forte caráter policialesco e buscava efetivamente controlar o cotidiano das crianças e dos adolescentes e de suas famílias.

O Código foi a primeira norma brasileira a estabelecer uma idade mínima nacional para o trabalho de crianças, fixando, em seu art. 101, que era "prohibido em todo o território da Republica o trabalho dos menores de 12 annos (BRASIL, 1927), pois a Organização Internacional do Trabalho, desde 1919, começava a se movimentar no sentido de coibir a exploração do trabalho de meninas e meninos (OIT, 1919).

Para Elisiane Santos (2020, p. 58-61), uma das principais características do Código Mello de Mattos era seu lado higienista e repressivo para com as crianças que se encontravam em situação de rua, bem como aquelas que ali laboravam, positivando até mesmo a possibilidade de sua apreensão pelo Estado e seu depósito, conforme é possível observar nos arts. 55, 61 e 62 da norma (BRASIL, 1927):

> Art. 55. A autoridade, a quem incumbir a assistencia e pprotecção aos menores, ordenará a apprehensão daqulles de que houver noticia, ou lhe forem presentes, como abandonados os depositará em logar conveniente, o providenciará sobre sua guarda, educação e vigilancia, podendo, conforme, a idade, instrucção, profissão, saude, abandono ou perversão do menor e a situação social, moral e economica dos paes ou tutor, ou pessoa encarregada de sua guarda, adoptar uma das seguintes decisões: entregal-o aos paes ou tutor ou pessoa encarregada de sua guarda, sem condição alguma ou sob as condições qe julgar uteis á saude, segurança e moralidade do menor; b) entregal-o a pessoa idonea, ou internal-o em hospital, asylo, instituto de educação, officina escola do preservação ou de reforma; c) ordenar as medidas convenientes aos que necessitem de tratamento especial, por soffrerem de qualquer doença physica ou

mental; d) decretar a suspensão ou a perda do patrio poder ou a destituição da tutela; e) regular de maneira differente das estabelecidas nos dispositivos deste artigo a situação do menor, si houver para isso motivo grave, e fôr do interesse do menor.

[...]

Art. 61. Si menores de idade inferior a 18 annos forem achados vadiando ou mendigando, serão apprehedidos a apresentados á autoridade judicial, a qual poderá.

Si a vadiagem ou mendicidade não fôr habitual:

a) reprehendol-os o os entregar ás pessoas que os tinham sob sua guarda, intimando estas a velar melhor por elles; b) confial-os até A idade de 18 annos a uma pessoa idonea, uma sociedade em uma instituição de caridade ou de ensino publico ou privada.

Si a vadiagem ou mendicidade fôr habitual internal-os até á maioridade em escola de preservação.

Paragrapho único. Entende-se que o menor vadio ou mendigo habitual quando aprrehendido em estado de vadiagem ou mendicidade mais de duas vezes.

Art. 62. Si menores de idade inferior a 18 annos se entregam á libertinagem, ou procuram seus recursos no (ilegível) ou em traficos ou occupações que os expõem á prostituição, á vadiagem, á mendicidade ou á, criminalidade, a autoridade policiai pode tornar uma das medidas especificadas no artigo antecedente, conforme a circumstancia de se dar ou não habitualidade.

O Código de Menores de 1927 positivou, definitivamente, a política menorista no Brasil, reconhecendo os aludidos sujeitos de direitos como objetos de tutela — ainda que o código mencionasse assistência e proteção pelo Estado — da família e do próprio Poder Público, permitindo até mesmo que os encontrados em situação de vulnerabilidade fossem apreendidos e levados aos juízes de menores (BRASIL, 1927). Não obstante as suas características adultocêntrica e menorista, a norma foi um importante marco para o que décadas depois viria a se consolidar como sistema de proteção à infância e à adolescência.

Em 1941, com as mudanças que ocorreram no Brasil, o Governo de Getúlio Vargas editou a Lei de Emergência, responsável por instituir o Serviço de Atendimento ao Menor (SAM), vinculado ao Ministério da

Justiça, por meio da Lei n. 3.799, bem como para sistematizar, fiscalizar e regulamentar as verbas destinadas a assistências aos menores, para abrigar e recolher esses mesmos menores, orientar os serviços de assistência aos delinquentes dentre outras atribuições (BRASIL, 1941).

Após a instauração do golpe militar que depôs o Governo de João Goulart, em março de 1964, houve a instauração de uma nova perspectiva para a vida civil no Brasil, a política higienista então vigente foi substituída pela Doutrina da Segurança Nacional (DSN), responsável por consolidar a doutrina da situação irregular em nosso ordenamento jurídico.

A Lei n. 4.513, publicada em 1º de dezembro de 1964, que tinha como objetivo de formular e implantar a Política Nacional do Bem-Estar do Menor, representava a política da segurança nacional que posteriormente viria a ser fixada no Decreto-lei n. 314, de 1967. Dentre as diretrizes para a política nacional de assistência, esta que ficou a cargo da Funabem, o legislador incluiu: I) a prioridade aos programas que visassem integrar o "menor na comunidade; II) incrementar a criação de instituições para "menores que possuíam características aprimoradas das que informam a vida familiar; e III) o respeito no atendimento às necessidades de cada região do país, de forma a incentivar as iniciativas locais, sejam elas públicas ou privadas (BRASIL, 1964).

A própria Funabem, em suas campanhas oficiais, também reproduzia a ideia de regeneração dos menores delinquentes pelo trabalho, utilizando desse discurso para reforçar, perante a sociedade, que a fundação possuía caráter educacional e não penitenciário, conforme aponta Miranda (2016, p. 67):

> Nos anos de atuação da Funabem/Febem o trabalho era visto como "medida terapêutica para regeneração" dos meninos e das meninas que vivenciavam a experiência da pobreza e que eram considerados "menores delinquentes". Para Violante, a Febem sempre se colocou como uma instituição educacional, e não como uma prisão; como uma unidade de reeducação, e não como um sistema prisional.

Desse modo, era comum encontrar no discurso oficial a reprodução de uma ideia construída pelo senso comum de que "o trabalho dignifica o homem e não o roubo".

Posteriormente, em razão das mudanças políticas e sociais ocorridas no Brasil, bem como pela mudança de realidade social das crianças e dos adolescentes, foi publicada a Lei n. 6.697, de 1979, considerado o novo Código de Menores, visando modernizar aquele primeiro de 1927, adequando e incorporando a política da situação irregular com o viés da DSN.

O Código de 1979 foi responsável por instaurar a doutrina da situação irregular no Brasil, destinado aos menores de dezoito anos que eram considerados na referida situação irregular, de acordo com os tipos previstos na norma. Era o art. 2º do Código responsável por dispor sobre quem seriam tais "menores em situação irregular" (BRASIL, 1979):

> Art. 2º Para os efeitos deste Código, considera-se em situação irregular o menor:
>
> — privado de condições essenciais à subsistência, saúde e instrução obrigatória, ainda que eventualmente, em razão de: falta, ação ou omissão dos pais ou responsáveis;
>
> manifesta impossibilidade dos pais ou responsáveis para provê-los;
>
> — vítima de maus tratos ou castigos imoderados impostos pelos pais ou responsável;
>
> — em perigo moral devido a:
>
> encontrar-se, de modo habitual, em ambiente contrário aos bons costumes;
>
> exploração em atividade contrária aos bons costumes;
>
> — privado de representação ou assistência legal, pela falta eventual dos pais ou responsável;
>
> — com desvio de conduta, em virtude de grave estado de inadaptação familiar ou comunitária;
>
> — autor de infração penal.

Conforme é possível observar nas disposições trazidas pelo Código menorista, a situação irregular incluía casos de delinquência, pobreza, vitimação e vulnerabilidades dos até então considerados menores, além disso, estabelecia diversas situações vagas, os chamados tipos abertos, que ficariam a critério do juiz de menores de forma discricionária, como era o caso dos que se encontravam em situação de "perigo moral" ou com "desvio de conduta".

Dornelles (1992, p. 127), sobre a aludida condição de situação irregular, assevera:

> Os menores em situação irregular seriam aqueles que se encontrassem em condições de privação no que se refere à subsistência, saúde, instrução, etc.; vítimas de maus- tratos impostos pelos pais ou responsável; se encontrassem em ambientes que ferem os bons costumes; que apresentassem condutas desviantes, incluindo-se os autores de infrações penais. A utilização da expressão "menor em situação irregular" pressupunha uma anormalidade que passava a identificar a criança e o adolescente com categorias de indivíduos estranhos, problemáticos ou perigosos.

Posteriormente, em cinco de outubro de 1988, houve a promulgação da Constituição Cidadã, responsável por marcar a ruptura com o regime ditatorial vigente desde março de 1964, que trouxe uma nova roupagem aos direitos fundamentais da população brasileira, especialmente dos grupos minoritários, a exemplo das crianças e dos adolescentes e da população indígena (BRASIL, 1988).

A nova Constituição representou, ainda, um marco fundamental para os direitos das crianças e dos adolescentes, visto que atribui a esses sujeitos o *status* de prioridade absoluta nos termos de seu art. 227, devendo a família, a sociedade e o Estado garantir:

> "[...] o direito à vida, à saúde, à alimentação, à educação, ao lazer, à profissionalização, à cultura, à dignidade, ao respeito, à liberdade e à convivência familiar e comunitária, devendo, ainda, [...] colocá-los a salvo de toda forma de negligência, discriminação, exploração, violência, crueldade e opressão (BRASIL, 1988).

Sobre a competência tripartite de proteção estabelecida pela Constituição Federal, destacam Cunha *et al.* (2019, p. 47):

> Pretende, pois, que a família se responsabilize pela manutenção da integridade física e psíquica, a sociedade pela convivência coletiva harmônica, e o Estado pelo constante incentivo à criação de políticas públicas. Trata-se de uma responsabilidade que, para ser realizada, necessita de uma integração, de um conjunto devidamente articulado de políticas públicas. Essa competência difusa, que responsabiliza uma diversidade de agentes pela promoção da política de atendimento à criança e ao adolescente, tem por objetivo ampliar o próprio alcance da proteção dos direitos infantojuvenis.

Posteriormente, em julho de 1990, houve a publicação do Estatuto da Criança e do Adolescente (Lei n. 8.069, de 13 de julho de 1990), que é responsável por dispor sobre todo o ordenamento de proteção integral da criança e do adolescente do nosso país, bem como revogou o Código de Menores de 1979 (Lei n. 6.697, de 10 de outubro de 1979) e a Lei n. 4.513, de 1º de dezembro de 1964 (Lei de criação da Funabem), pondo oficialmente fim à doutrina da situação irregular, bem como toda a política menorista que esse código representou (BRASIL, 1990).

O ECA, ao revogar o segundo Código de Menores, contribuiu para regimentar as disposições constitucionais relativas à infância e à adolescência contidas no art. 227 da CF/88, prevendo os direitos fundamentais desse público, bem como a política de atendimento, as medidas de proteção e socioeducativas. Previu ainda a criação de alguns órgãos de proteção à infância e à adolescência, a exemplo do Conselho Tutelar. O Estatuto também favoreceu a positivação de diversos tipos penais que têm como sujeitos passivos (vítimas) as crianças e os adolescentes (BRASIL, 1990).

É salutar o reconhecimento das crianças e dos adolescentes como sujeitos de direitos e de dignidade feito pela norma, ao positivar, em seu art. 3º, que: "a criança e o adolescente gozam de todos os direitos fundamentais inerentes ao ser humano, sem prejuízo da proteção integral de que trata esta Lei [...]" (BRASIL, 1990). Assim, além de possuírem os mesmos direitos que a população adulta, as crianças possuem outros que lhes são próprios em razão de sua condição de desenvolvimento.

Como mencionado, a proteção integral demanda uma atuação conjunta da família, da sociedade e do Estado em prol dos direitos e das garantias fundamentais do público considerado prioridade absoluta, quer seja no sentido de efetivar tais direitos e garantias, quer seja no sentido de protegê-los de violações, negligência e discriminações. Em suma, é dizer que as crianças, em razão de sua condição especial de desenvolvimento, demanda que os adultos ajam em defesa de seus direitos por, em razão dessa mesma condição, não serem plenamente capazes de o fazerem sozinhos.

Cunha *et al.* (2019, p. 49), sobre a proteção integral, destacam:

> A proteção integral revela, pois, que crianças e adolescentes são "titulares de interesses subordinantes frente à família, à sociedade e ao Estado", indicando-se um "conjunto de normas jurídicas concebidas como direitos e garantias frente ao mundo adulto". Nesse sentido, as pessoas em desenvolvimento têm o direito de que os adultos façam coisas em favor delas, isso porque "trata-se de uma situação real baseada em uma condição existencial ineliminável: o filhote humano [...] é incapaz de crescer por si; durante um tempo muito mais longo do que aquele de outras espécies não humanas, ele precisa de adultos que o alimentem, o criem, o eduquem, e estes adultos, inevitavelmente, têm instrumentos de poder, de autoridade, em relação aos pequenos.

É salutar a definição de criança e de adolescente feita pela Lei n. 8.069, de 1990, e a sua importância quando comparada ao ordenamento jurídico internacional de direitos humanos das crianças.

A legislação pátria, mais especificamente o Estatuto da Criança e do Adolescente, define como criança a pessoa até doze anos incompletos de idade e adolescente a pessoa entre doze anos de idade e dezoito anos incompletos (ECA, art. 2º).

Dessa forma, particularizar as fases da infância e da adolescência, distinguindo-as do termo menor é importante, visto que são sujeitos diferentes e, em alguns casos, recebem tratamento diferenciado pela legislação, a exemplo da aplicação das medidas aplicadas em razão da prática de ato infracional, que às crianças são aplicadas medidas de proteção (ECA, art. 105) e aos adolescentes serão aplicadas as medidas socioeducativas (ECA, art. 112). Além disso, os adolescentes têm o direito à profissionalização (ECA, art. 69) enquanto as crianças têm o direito fundamental ao não trabalho, o direito de ser protegido da exploração de seu labor (ECA, art. 60), dentre outras (BRASIL, 1990).

Vale mencionar que, no âmbito do Direito Internacional, não existe a figura dos adolescentes, apenas a da criança, que abrange as pessoas até dezoito anos incompletos, sendo expressamente definidos como tais pela Organização das Nações Unidas, em sua Convenção Sobre os Direitos das Crianças (1989), e pela Organização Internacional do Trabalho, na Convenção de n. 182 (1999).

Releva registrar, ainda, que meninas e meninos são sujeitos de direitos de forma igualitária, não podendo as políticas públicas discriminá-los em razão do sexo, motivo pelo qual o Conselho Nacional dos Direitos das Crianças e dos Adolescentes (CONANDA) editou a resolução de número 180, que "dispõe sobre a igualdade de direitos entre meninas e meninos, visando superar as situações que desfavoreçam o pleno desenvolvimento das meninas, bem como as violações e violências que as acometem devido a questões de gênero" (BRASIL, 2016).

Diante da definição feita pelo Estatuto, bem como a diferença destas entre si, resta verificar os novos paradigmas dos direitos das crianças trazidos pelo processo de redemocratização no Brasil, qual seja, o reconhecimento de tais sujeitos como prioridades absolutas detentoras do direito à proteção integral.

2.4. O trabalho infantil no Brasil contemporâneo: Números e a realidade social de um país em desenvolvimento

Conforme destacado, nas décadas de 1980 e 1990, o Brasil passou por grandes mudanças econômicas, políticas e sociais, ocasionadas, principalmente, pela ruptura do regime ditatorial que vigia no país desde março de 1964, ocasionando, referida ruptura, mudanças nas próprias políticas públicas para crianças e adolescentes.

A promulgação da nova Constituição Federal, em outubro de 1988, trouxe uma nova roupagem aos direitos fundamentais da população brasileira, principalmente dos grupos mais vulneráveis, a exemplo das mulheres e crianças.

A Constituição, assim como as dos países vizinhos Equador, de 2008, e Bolívia, de 2009, incluíram reivindicações e pautas encampadas pelos movimentos sociais, implicando, como aponta Marques Júnior (2016, p. 204), em "[...] uma redefinição das relações travadas entre os cidadãos e os Estados, reorganizando-os institucional e politicamente [...]", o que culminou no reconhecimento de tais sujeitos como prioridades absolutas, na forma do art. 227 (BRASIL, 1988):

> Art. 227. É dever da família, da sociedade e do Estado assegurar à criança, ao adolescente e ao jovem, com absoluta prioridade, o direito à vida, à saúde, à alimentação, à educação, ao lazer, à profissionalização, à cultura, à dignidade, ao respeito, à liberdade e à convivência familiar e comunitária, além de colocá-los a salvo de toda forma de negligência, discriminação, exploração, violência, crueldade e opressão.

Ademais, é o Estatuto da Criança e do Adolescente a norma responsável por regulamentar o conteúdo da prioridade absoluta prevista na Lei Maior, estabelecendo, em seu art. 4º, parágrafo único, que a prioridade prevista no art. 227 da CRFB/88 compreende:

I) a primazia de receber proteção e socorro; II) a precedência de atendimento nos serviços públicos ou de relevância pública; III) a preferência na formulação e na execução das políticas públicas; e IV) a destinação privilegiada de recursos públicos (BRASIL, 1990).

Como se pode observar, a primazia de receber proteção contra as violações de seus direitos, o que nitidamente inclui a proteção contra a exploração do trabalho precoce, constitui manifestação da prioridade absoluta. Dessa forma, combater o trabalho infantil é não só cumprir o dever de proteção integral, mas efetivar a própria noção de prioridade absoluta de crianças e adolescentes esculpida na Constituição da República.

O trabalho infantil existente na contemporaneidade brasileira é diferente daquele explorado pela colonização portuguesa, ou mesmo daquele que ocorria durante a escravidão, visto que há, na atualidade, todo um ordenamento, bem como políticas públicas próprias voltadas à proteção e ao desenvolvimento pleno das crianças.

Todavia, não obstante o avanço secular que o Brasil teve, é evidente que a mera positivação de normas que proíbem o labor precoce não são suficientes para barrar a continuidade da mencionada chaga no cotidiano nacional, pois é como se os direitos sociais fossem de aplicação facultativa ou mesmo algo prescindível, podendo qualquer pessoa o descumprir sem que haja qualquer penalidade, reduzindo-o a algo previsto apenas na esfera da moralidade, assim como as regras de "não devemos jogar lixo no chão", por exemplo (ARRUDA, 2008, p. 58).

Arruda (2010, p. 3-5) faz um comparativo daquilo que é garantido na Constituição em face da realidade do nosso país, analisando dispositivos da norma em comparação ao descrito no texto "Crianças de Fibra", de Iolanda Huzak e Jô Azevedo, que aborda a realidade de crianças e adolescentes em situação de trabalho infantil.

A autora baseia a sua reflexão em seis incisos do art. 7º da Constituição, quais sejam os incisos I, IV, XIII, XXII, XXVIII e XXX, tratando relação de emprego protegida contra a dispensa arbitrária, a garantia do salário-mínimo, duração de trabalho não superior a 8 horas por dia e 44 horas por semana, do seguro contra acidentes de trabalho e a proibição de diferença salarial, respectivamente, demonstrando como a realidade em nosso país diverge absurdamente com o positivado no ordenamento jurídico.

Ao apontar a violação do art. 7º, XXX, a autora menciona o relato de crianças que laboravam na plantação do sisal, concluindo que "Nove em cada dez habitantes de Valente vivem do sisal. Homens ganham em média 15 dólares por semana. Mulheres, menos da metade. As crianças não sabem quanto ganham: o apontador anota a produção infantil junto com a da mãe" (Huzak; Azevedo *apud* ARRUDA, 2010, p. 5)

Resta verificar como a doutrina contemporânea classifica sociojuridicamente o fenômeno do trabalho infantil, visto que, para além de uma violação de direitos, trata-se verdadeira violação do corpo, da alma e dos sonhos das meninas e dos meninos que são exploradas.

2.4.1. Definição de trabalho infantil na contemporaneidade

Dutra (2007, p. 28) define o trabalho infantil contemporâneo como sendo:

> [...] qualquer trabalho desenvolvido por integrantes dessa camada da população, que provoque estresse físico ou psicológico, a exemplo das atividades nas ruas ou em lugares inadequados, ou em situação de perigo físico ou mental, ou ainda na realização de serviços domésticos ou qualquer outra atividade que lhe retire o tempo para brincar e estudar [...].

Em mesmo sentido lecionam Minayo-Gomez e Meirelles (1997) ao definirem o trabalho infantil como uma violência, já que, segundo as autoras, a aludida chaga acarreta danos de diversas naturezas às crianças e aos adolescentes, além de transformar esses mesmo sujeitos em adultos precocemente, podendo até mesmo acarretar em uma exposição de doenças, de atraso em sua formação educacional ou mesmo lhes causando sequelas irreversíveis.

Elisiane Santos (2020, p. 85) contribui para o debate ao construir a definição teleológica do trabalho infantil:

> O conjunto dessas normas nos permite defender que a melhor definição para o trabalho infantil na sociedade contemporânea deveria ser a consideração do trabalho realizado por pessoas com menos de 18 anos (crianças ou adolescentes) indistintamente. Tal interpretação leva em consideração o princípio da proteção integral da criança e do adolescente, bem como as normas internacionais de direitos humanos que consideram como criança pessoas com menos de 18 anos.

Posto isso, pode-se definir o trabalho infantil como toda e qualquer forma de trabalho exercido por crianças ou adolescentes fora das hipóteses legalmente previstas, ou extrapolando estas, resultando em violação dos direitos fundamentais ou trabalhistas desse público. Dessa forma, ainda que iniciado de uma maneira legal, o trabalho pode se tornar uma das hipóteses de labor proibido para o referido público, a exemplo de um adolescente que é contratado como aprendiz e, no decorrer do contrato de trabalho, passa a laborar executando atividades insalubres.

Finalmente, após a definição do trabalho infantil contemporâneo, é importante verificar aquelas condições que são chamadas de piores formas, em razão de seu grau de periculosidade ou de ameaça à vida, à saúde, à segurança ou a moralidade da criança, demandando, assim, um esforço maior para que haja a sua erradicação.

2.3.2. Sobre as piores formas de trabalho infantil

Após a promulgação da Convenção sobre a idade mínima no trabalho, publicada em 1973 pela OIT, a comunidade internacional viu a necessidade de intensificar o combate às formas de exploração contra as crianças, principalmente os tipos de trabalho que feriam a saúde, a segurança e a moralidade (OIT, 1973), razão por que, em 1999, a Conferência Internacional do Trabalho da OIT aprovou a 182ª Convenção do órgão, ficando conhecida como a "Convenção das piores formas de trabalho infantil".

Essa Convenção desempenhou papel fundamental no processo de combate ao trabalho infantil ao redor do mundo, visto que deu aos países a possibilidade de combater a exploração econômica de crianças em suas formas mais severas, estabelecendo o seu enfrentamento como uma prioridade.

Nos termos do art. 3º da Convenção supracitada, são consideradas como piores formas de trabalho infantil (BRASIL, 1999):

> a) todas as formas de escravidão ou práticas análogas à escravidão, como venda e tráfico de crianças, sujeição por dívida, servidão, trabalho forçado ou compulsório, inclusive recrutamento forçado ou obrigatório de crianças para serem utilizadas em conflitos armados;
>
> b) utilização, demanda e oferta de criança para fins de prostituição, produção de pornografia ou atuações pornográficas;
>
> c) utilização, recrutamento e oferta de criança para atividades ilícitas, particularmente para a produção e tráfico de entorpecentes conforme definidos nos tratados internacionais pertinentes;

> d) trabalhos que, por sua natureza ou pelas circunstâncias em que são executados, são suscetíveis de prejudicar a saúde, a segurança e a moral da criança.

Dessa forma, cada país-membro da Convenção de n. 182 da OIT comprometeu-se a criar uma lista, adaptada à própria realidade, com as formas de trabalho infantil que eram mais prejudiciais à saúde, à segurança e à moralidade da criança, conforme disposto no próprio art. 4º, 1, da Convenção (OIT, 1999).

O Brasil apenas ratificou a Convenção em 2008, internalizando-a por meio do Decreto n. 6.481, listando 93 piores formas, que foram divididas em dois grupos: o primeiro relativo aos trabalhos que são considerados prejudiciais à saúde e à segurança; enquanto que o segundo trata dos trabalhos prejudiciais à moralidade. O primeiro grupo, por sua vez, foi dividido em onze categorias de trabalhos (BRASIL, 2008):

> 1) Agricultura, Pecuária, Silvicultura e Exploração Florestal; 2) Pesca; 3) Indústria Extrativa; 4) Indústria de Transformação; 5) Produção e Distribuição de Eletricidade, Gás e Água; 6) Construção; 7) Comércio (Reparação de Veículos Automotores Objetos Pessoais e Domésticos; 8) Transporte e Armazenagem; 9) Saúde e Serviços Sociais; 10) Serviços Coletivos, Sociais, Pessoais e Outros; 11) Serviço Doméstico.

Ademais, o grupo das piores formas que são prejudiciais à moralidade das crianças contém uma lista mais reduzida, considerando (BRASIL, 2008):

> 1) Aqueles prestados de qualquer modo em prostíbulos, boates, bares, cabarés, danceterias, casas de massagem, saunas, motéis, salas ou lugares de espetáculos obscenos, salas de jogos de azar e estabelecimentos análogos; 2) De produção, composição, distribuição, impressão ou comércio de objetos sexuais, livros, revistas, fitas de vídeo ou cinema e cds pornográficos, de escritos, cartazes, desenhos, gravuras, pinturas, emblemas, imagens e quaisquer outros objetos pornográficos que possam prejudicar a formação moral; 3) De venda, a varejo, de bebidas alcoólicas; e 4) Com exposição a abusos físicos, psicológicos ou sexuais.

Dados do IBGE apontam que, atualmente, 756 mil crianças e adolescentes estão nas consideradas piores formas de trabalho infantil, sendo que, na faixa entre 5 e 13 anos de idade, 65,1% das crianças trabalhadoras estavam nessa situação, enquanto que na faixa entre 14 e 15 anos esse número cai para 54,4% (IBGE, 2023).

Cabe destacar algumas das consideradas piores formas de exploração do trabalho que possuem peculiaridades em razão do ambiente em que ocorrem ou das funções exercidas, a exemplo do trabalho doméstico, trabalho rural e trabalho nas ruas.

Em relação ao trabalho infantil doméstico, a legislação brasileira, diante dos diversos compromissos internacionais assumidos pelo país, passou a prever uma série de restrições ao exercício do referido tipo de labor, ao mesmo tempo em que passou a positivar diversas garantias a essa categoria até então invisibilizada pelo Direito brasileiro.

Em 1º de junho de 2015, foi editada a Lei Complementar n. 150, responsável por regulamentar o trabalho doméstico no país, dispondo, em seu art. 1º, ser vedada a contratação de menores de dezoito anos de idade como empregados domésticos, em razão da Convenção 182 da OIT (BRASIL, 2015). Assim, é possível deduzir que qualquer trabalho na condição de doméstico que for executado por menor de dezoito anos de idade se trata de trabalho infantil.

Maria Zuila Lima Dutra (2007, p. 28) define o trabalho infantil doméstico como:

> O trabalho doméstico de crianças e adolescentes é aquele que se realiza no domicílio de terceiros, remunerado ou não, e consiste, em geral, em lavar e passar roupas, cozinhar, promover a limpeza da casa, tratar de animais e até cuidar dos filhos dos empregadores (na condição babá).

A autora segue destacando (DUTRA, 2007, p. 74) que o trabalho doméstico não se resume àqueles que ocorrem dentro das residências, sendo a expressão "no âmbito residencial" meramente técnica, visto que os aplicadores do Direito entendem tal expressão não apenas para aqueles trabalhos realizados no interior da casa, mas também aqueles trabalhos realizados ao seu redor, como é o caso da jardinagem, limpeza de quintal etc.

Ademais, entende-se que devam ser incluídos no rol de trabalhos domésticos todos àqueles equiparados, como é o caso dos chamados caseiros, enfermeiros, motoristas, jardineiros etc.

Há de se observar, ainda, que o próprio Estatuto da Criança e do Adolescente, em seu art. 248, possui uma considerável atecnia sobre o labor infantil doméstico, visto que autoriza a guarda de adolescentes para fins de trabalho, permitindo que adolescentes sejam trazidos de suas cidades para prestar serviço (BRASIL, 1990):

> (ECA) Art. 248. Deixar de apresentar à autoridade judiciária de seu domicílio, no prazo de cinco dias, com o fim de regularizar a guarda, adolescente trazido de outra comarca para a prestação de serviço, mesmo que autorizado pelos pais ou responsável:
>
> Pena – multa de três a vinte salários de referência, aplicando-se o dobro em caso de reincidência, independentemente das despesas de retorno do adolescente, se for o caso.

É evidente que, desde a publicação do Estatuto, o dispositivo não possuía eficácia em razão de afrontar diretamente diversas outras normas e princípios relativos à proteção à infância presentes no próprio ECA, e em normas correlatas, a exemplo da Lei Complementar n. 150, que proíbe expressamente o trabalho doméstico aos menores de dezoito anos (BRASIL, 2015).

Contudo, em 2017, esse artigo foi revogado pela Lei n. 13.431, que foi responsável por estabelecer o sistema de garantia de direitos da criança e do adolescente vítima ou testemunha de violência (BRASIL, 2017).

Por conseguinte, outra forma completamente prejudicial ao desenvolvimento dos sujeitos de direitos, bem como uma das mais comuns no cotidiano nacional, é o trabalho infantil que ocorre no meio agrícola/rural, visto que há uma superexposição da criança/adolescente a fatores prejudiciais ao desenvolvimento dos sujeitos de direitos.

Estimativas globais da Organização Internacional do Trabalho (OIT, 2020) apontam que o trabalho agrícola ainda é a maior dentre todas as outras demais formas de trabalho infantil:

> A maior parte do trabalho infantil — tanto para meninos quanto para meninas — continua a ocorrer na agricultura.

> De fato, *70% de todas as crianças e os(as) adolescentes em trabalho infantil (112 milhões) estão na agricultura*. Muitas são crianças mais novas, o que destaca a agricultura como ponto de ingresso para o trabalho infantil. Mais de três quartos de todas as crianças entre 5 e 11 anos em trabalho infantil se encontram na agricultura. (Grifou-se)

O IBGE ainda aponta que 21,6% das crianças e adolescentes que realizavam atividades econômicas desempenhavam trabalho agrícola, sendo que esse percentual mais que dobra quando se trata das piores formas de trabalho infantil, subindo para 41,9% do total de trabalho nas consideradas piores formas (IBGE, 2023).

O trabalho rural recebe tratamento diferenciado da própria legislação trabalhista, que amplia o período de trabalho noturno rural, compreendendo tal período como aquele realizado entre as vinte e uma horas da noite e às cinco horas da manhã de outro, nos termos da Lei n. 5.889, de 8 de junho de 1973. No mesmo sentido é o trabalho na pecuária, que é compreendido como aquele realizado entre as 20 horas de um dia e as 4 da manhã de outro dia (BRASIL, 1973).

Verifica-se, portanto, que tal forma de trabalho infantil é altamente prejudicial ao desenvolvimento físico, psíquico e social da criança e do adolescente, em razão do ambiente em que é desenvolvido, que os vulnerabiliza e os expõe a diversos riscos.

Finalmente, outra forma de labor precoce que muito prejudica o desenvolvimento da criança, sem dúvida, é aquele realizado nas ruas, quer seja pela constante exposição de tais sujeitos de direitos a situações humilhantes e vexatórias, quer seja pelo ambiente em que estas se encontram.

Os tipos de trabalhos realizados nas ruas e nas praças merecem destaque não apenas pelas condições em que são realizados, mas principalmente pelas situações a que tais meninas e meninos são expostos, visto que, além do próprio trabalho, enfrentam fatores naturais, como o sol e a chuva, ou mesmo problemas de segurança, como o risco de assaltos e a violência propriamente dita, e a própria facilidade no aliciamento destes para o consumo de drogas, sejam elas lícitas ou ilícitas.

Santos (2020, p. 131) entende que existem três categorias de atividades desenvolvidas por crianças e adolescentes em situação de rua:

> Podemos, então, distinguir três categorias principais de atividades nas ruas, com o objetivo de rendimento: (a) trabalho por conta própria ou explorado por terceiros (em atividades lícitas ou ilícitas); (b) mendicância; (c) crimes contra o patrimônio. Em relação ao último, importante destacar que o índice atinge apenas 8,1% da população entrevistada, desmistificando, portanto, a propalada visão de criminalização da população infantil de rua, notadamente crianças e adolescentes negros.

Nesse contexto, vistas as formas e as consideradas piores formas de trabalho infantil no Brasil, mostra-se importante analisar a forma como a chaga social ora estudada se apresenta na atualidade, assim como se apresenta igualmente importante refletir sobre o público efetivamente afetado pela problemática.

2.4.3. A situação do trabalho infantil no Brasil contemporâneo

Conforme apontado ao longo do capítulo, a figura do trabalho infantil nasce com a própria História do Brasil, passando pelos períodos colonial, imperial e republicano. Apesar de toda a evolução sociojurídica apontada, existe um longo caminho a percorrer até que haja a erradicação plena dessa mazela social.

O perfil das crianças e dos adolescentes vítimas da exploração laboral ora estudada também merece destaque, visto que uma série de vulnerabilidades se interseccionam, fazendo com que esses sujeitos e as suas famílias sejam mantidos no ciclo da pobreza e da miséria.

Nas últimas décadas, o Brasil passou por um processo de redução constante dos índices de trabalho precoce, devido aos diversos pactos internacionais que assumiu, saindo de 2,1 milhões de crianças e adolescentes em tais condições, no ano de 2016, para 1,8 milhão, no ano de 2019 (IBGE, 2023).

Com a pandemia do vírus Sarscovid-19, houve considerável aumento dos índices de desemprego e o aumento da desigualdade social no país, sendo um dos fatores que contribuiu para o aumento dos casos de trabalho infantil no ano de 2022, regredindo em um aumento de cerca de 100 (cem) mil novos casos, resultando em 1,9 milhão no ano de 2022 (IBGE, 2023).

No que tange à faixa de idade, destes, 23,9% possuíam idade entre 5 e 13 anos, 23,6% com idade entre 14 e 15 anos, e 52,5% idade entre 16 e 17 anos (IBGE, 2023), como se pode observar, 76,1% das vítimas de trabalho infantil — pessoas entre 14 e 17 anos — poderiam estar inseridas regularmente no mercado de trabalho (IBGE, 2023).

Em relação ao fator gênero, a PNAD contínua (IBGE, 2023) aponta que, entre a faixa de 16 e 17 anos, 66,4% dos que estavam nessa condição eram do sexo masculino, enquanto que 33,6% eram do sexo feminino, na faixa de 14 e 15 anos crescia para 67,8% do público de meninos e 32,3% de meninas, e por fim, no grupo de idade entre 5 e 13 anos, 65,1% era composto por meninos e 34,9% por meninas (IBGE, 2023).

A pesquisa constata ainda a considerável desigualdade monetária que as meninas enfrentam no trabalho infantil, ganhando menos por executar tarefas por vezes idênticas às desenvolvidas por meninos (IBGE, 2023):

> Em 2022, o rendimento médio real das pessoas de 5 a 17 anos que realizavam atividade econômica em situação de trabalho infantil foi estimado em R$ 716. Entre as crianças e adolescentes em situação de trabalho infantil, os meninos tinham rendimento de R$ 757, enquanto as meninas recebiam 84,4% desse valor (R$ 639).

O fator racial é outro ponto que se deve avaliar, sendo que do grupo 1 – pessoas entre 5 e 13 anos – 66,7% eram considerados pretos ou pardos, no grupo 2 – pessoas com idade entre 14 e 15 anos — 65,9% também se declaravam da mesma forma, não se diferenciando muito do grupo 3 — idade entre 16 e 17 anos —, que possuía 65,5% de vítimas pretos e pardos (BRASIL, 2023).

Cabe destacar que, da mesma forma em que ocorre a desigualdade remuneratória em razão do gênero, verifica-se que a mesma coisa ocorre quando comparada ao fator racial, visto que a PNAD contínua aponta que "entre as crianças e adolescentes em trabalho infantil com remuneração, as pretas ou pardas recebiam, em média, R$ 660 e as brancas, R$ 817" (IBGE, 2023).

Destaque-se, ainda, que cerca de 32,4% daqueles com idade entre 16 e 17 anos cumpriam jornada de mais de 40 horas semanais, o que demonstra o caráter de superexploratório do trabalho infantil, já que um adolescente que cumpre tal jornada semanal dificilmente consegue se dedicar aos estudos ou à realização de outras atividades essenciais ao seu desenvolvimento pessoal e profissional (IBGE, 2023).

Na perspectiva regional, a Região Nordeste é a com a maior incidência de labor precoce, concentrando 33% do total de casos no Brasil, seguido pela Região Sudeste, que concentra cerca de 28% dos casos (IBGE, 2023).

No que tange às consideradas piores formas de trabalho infantil, cerca de 756 mil crianças e adolescentes com idade entre 5 e 17 anos, prestavam tais tipos de serviços (IBGE, 2023), o que representa 46,2% do grupo total que daqueles que realizavam atividades econômicas:

> Mais de dois terços (69,4% ou 158 mil) das crianças e adolescentes de 5 a 13 anos de idade ocupadas em atividades econômicas exerciam as piores formas de trabalho. Essa proporção recuou frente a 2016 (71,7%), embora tenha crescido em relação a 2019 (64,8%). Também eram significativos os percentuais dos grupos de 14 e 15 anos (51,4%) e de 16 e 17 anos (39,5%).

Finalmente, releva destacar que o triste cenário brasileiro de exploração do trabalho, que conta com quase dois milhões de meninas e meninos, com idade entre 5 e 17 anos em tal condição, ainda se sustenta por diversas razões, de natureza não só econômica, mas social, dentre as quais se incluem os chamados mitos do trabalho infantil, que são utilizados para dar validade social à exploração do trabalho de crianças.

2.4.4. Mitos contemporâneos sobre o trabalho infantil

Por fim, verificada a situação atual do trabalho infantil no Brasil, cabe verificar os fatores que sustentam a chaga secular como a exploração da mão de obra de meninas e meninos. Em resumo, podemos destacar que fatores econômicos, sociais e culturais são responsáveis por sustentar o *apartheid* social das infâncias.

Os fatores econômicos, nitidamente, possuem intrínseca relação com trabalho infantil, visto que, assim como os demais problemas sociais, tal exploração se origina da desigualdade socioeconômica, o que faz com que as famílias mais pobres, em razão da insuficiência econômica oriunda da baixa remuneração percebida pelos adultos membros dessas famílias, necessitem do trabalho de suas crianças para que se consiga viver com o mínimo necessário a subsistência de seus membros.

Não obstante se tratar de uma necessidade financeira, os membros do grupo familiar de uma criança ou adolescente que está no trabalho infantil, acostumados a ver meninas e meninos pertencentes a esse grupo familiar laborando desde tenra idade, passou a observar a referida situação como algo natural. Acreditam até mesmo que seja o ciclo natural desse grupo familiar, transmitindo-se, de geração para geração, não conhecimento, mas miséria.

Por conseguinte, os fatores sociais se originam justamente daqueles fatores econômicos, bem como podem ser classificados como a própria validação da violação de direitos por parte da sociedade. Assim, visto que há diversos entraves para combater tal chaga social, os sujeitos sociais validam e vangloriam a miséria alheia, fazendo crer que a criança é explorada para que sua família não morra de fome, estando apenas no lugar onde naturalmente deveria estar, ou seja, passando pelo mesmo processo exploratório que seus descendentes passaram.

Enfim, os fatores culturais dizem respeito aos ciclos familiares, ou mesmo comunitários que tendem a repassar o trabalho infantil de geração para geração, servindo até mesmo como uma espécie de tradição nessas famílias. Como exemplo, podemos citar o pai que trabalha no processo da farinha da mandioca, que desde muito cedo ensina aos seus filhos aquilo que ele aprendera com o seu próprio pai. Com isso, a própria família, geração após geração, vem se marcando por tal processo, tornando-se até mesmo o ciclo natural, e em parte obrigatório, dos membros daquele grupo familiar aprender tal ofício.

Em suma, os chamados "mitos do trabalho infantil" podem ser resumidos a falácias, que, quando confrontadas com a realidade se mostram inconsistentes, bem como incapazes de superar a miséria e as vulnerabilidades que cercam as crianças e suas famílias.

Sobre o tema nos ensina Arruda (2008, p. 58):

> Muitos defendem ainda hoje que o trabalho infantil, antes de ser um prejuízo à saúde e crescimento saudável das crianças, é benéfico por dar-lhes "uma oportunidade de sobrevivência", sem lembrar que essa oportunidade estaria na escola e sem lembrar que o desenvolvimento de um país também é medido pelos bons resultados sociais, que são motivados pelo reconhecimento de direitos e cidadania.

Como dito, a exploração do trabalho infantil é uma chaga secular brasileira, que faz com que as famílias sejam mantidas na linha da pobreza extrema e na miséria em razão da falta de oportunidades educacionais e profissionais, ocasionadas pela condição em que vivem, fazendo com que os mais diversos membros de uma mesma família recebam essa cruel herança e a transmita a seus descendentes.

Os mitos do trabalho infantil consistem em afirmações falsas, embasadas no senso comum, de uma população que há séculos convive com diversos problemas como a pobreza, alta taxa de criminalidade, dentre outras problemáticas socioeconômicas, que as ultilizam contrapor a proibição legal do trabalho infantil ao defendê-lo como uma forma de saída para tais problemáticas.

Dentre tais mitos, podemos destacar "é melhor trabalhar do que roubar", ou "eu trabalhei e não morri", ou mesmo "tem que trabalhar para aprender uma profissão" e "o trabalho enobrece", que comumente são utilizados por aqueles que pretendem validar a exploração laboral de crianças por meio do senso comum.

Por primeiro, o mito de que "é melhor trabalhar do que roubar" oferece ao cidadão médio duas alternativas: ou a criança é inserida no trabalho infantil, ou consequentemente ele será o infrator do futuro, fornecendo apenas essas duas alternativas ao sujeito de direitos. Ocorre que o mito, além de uma inverdade, demonstra um preconceito social velado, que tende a oferecer para as crianças pobres e negras apenas as alternativas infelizes. Em suma, entre a criminalidade e o trabalho existem diversas alternativas, a exemplo da educação e da profissionalização.

Por conseguinte, ao se afirmar que o trabalho infantil não mata, como uma forma de incentivar o labor precoce, principalmente como um meio de dignificação do ser humano, há a desconsideração das inúmeras vítimas fatais e não fatais de acidente de trabalho quando em situação de trabalho infantil. Podemos citar a pesquisa realizada pela Fundação Oswaldo Cruz (Fiocruz), que apontou o trágico número de mortes e acidentes de trabalho envolvendo menores de dezoito anos, em que o número de mortos ultrapassa as 466 vítimas (HENNINGTON e REZENDE, 2023, p. 4).

Adiante, ao se dizer que o trabalho infantil oferece formação ao cidadão, com a ideia de que o que se aprende ao executar o trabalho infantil ajudará a criança em seu desenvolvimento profissional futuro, desconsidera completamente a real formação e profissionalização que aquele sujeito pode ter, deixando como única alternativa o mesmo trabalho para o resto de sua vida.

Por fim, sobre a afirmação de que o trabalho infantil enobrece a criança ou o adolescente, trata-se de um verdadeiro desconhecimento da realidade do trabalho precoce no país, bem como um reforço do próprio mito da criminalidade pobre, visando aplicar as crianças em situação de trabalho precoce a célebre ideia de Max Weber de que "o trabalho dignifica o homem".

O aludido mito também nos remete à frase "*Arbeit match frei*" (o trabalho liberta, em tradução livre), estampada na entrada dos campos de concentração nazistas, sendo usada para dar a sensação às vítimas dos campos de concentração de que o seu sacrifício pessoal lhes traria uma liberdade espiritual.

É certo que, para que um trabalho seja considerado digno ele deve conter a dignidade em sua própria essência, restando impossibilitada, dessa forma, que o trabalhador seja explorado, bem como não sofra nenhuma violação de sua integridade. Assim, como dizer que um trabalho que não remunera, que expõe a criança a diversos riscos, bem como afasta esse sujeito de ambientes que deveriam lhe ser próprios, como a escola e o lazer, traz dignidade para tais pessoas?

Em verdade, "o denominado mito da criminalidade pobre" ocorre quando parte da sociedade acredita que a população pobre de determinada comunidade está destinada ao cometimento de delitos, sendo a sua ocupação no trabalho a única forma de evitar tal caminho delituoso.

Sobre isso, Santos (2020, p. 148) ensina:

> Analisando-se a ideologia presente nos discursos que defendem ou naturalizam o trabalho de crianças e adolescentes, podemos identificar duas camuflagens: uma que encobre a dominação histórica da classe trabalhadora, ao incorporar o trabalho como valor de aprendizado desde a infância em detrimento da educação; outra que encobre o racismo estrutural, ao justificar o trabalho de crianças negras como alternativa à criminalidade em detrimento de políticas sociais. O pensamento dominante faz com que essas famílias (ou a cultura que reproduzem) sejam entendidas como causas concorrentes, principais ou determinantes do trabalho infantil, mantendo-se ocultas suas causas estruturantes.

Cabe mencionar, ainda, o caráter desleal de concorrência que o trabalho infantil possui, pois o empregador que explora o trabalho da criança e do adolescente não cumpre com as obrigações inerentes a um contrato regular de trabalho, a exemplo do pagamento de salário, férias, depósito de Fundo de Garantia do Tempo de Serviço (FGTS), entre outras obrigações, penalizando injustamente os empregadores que efetivamente cumprem a legislação trabalhista.

Finalmente, ante todo o contexto social abordado, é salutar que o ordenamento brasileiro, assim como o mundial, de proteção à infância, sofreu grande evolução ao longo das décadas, passando do incentivo ao trabalho infantil até à sua proibição total, o que se demonstra essencial para o processo de combate a esta chaga social.

Capítulo 3

Das Ordenações à Emenda Constitucional n. 20, de 1998: A Evolução Normativa de Proibição Laboral de Crianças e Adolescentes no Brasil e nas Normas Internacionais

Como destacado, a exploração laboral de crianças e adolescentes é uma chaga social existente desde o início da humanidade. A preocupação em proibir tal exploração se deu com o próprio advento do Direito do Trabalho, visto que, ao tentar trazer condições de dignidade para o ambiente laboral, verificou-se, também, a necessidade de melhorar o ambiente de trabalho para categorias específicas de trabalhadores, a exemplo de mulheres e crianças.

Para Kümmel (2012, p. 74), a história mostra que os adultos apenas se preocuparam em estabelecer uma restrição ao trabalho das crianças quando esse mesmo trabalho ameaçou a existência do trabalho dos próprios adultos, como ocorreu na grande depressão, quando crianças, por serem uma mão de obra mais barata, acabavam por ocupar os postos de trabalho que outrora pertenceram aos adultos.

Os EUA, por exemplo, tentaram estabelecer uma idade mínima para o trabalho em quatro ocasiões diferentes, ao aprovar Leis nos anos de 1916, 1918, 1933 e 1938, que instituíram idades mínimas para o trabalho. Todavia, a Suprema Corte Americana, em todos os casos, declarou as normas como inconstitucionais por afronta às liberdades individuais (KÜMMEL, 2012, p. 72). A Lei de 1938 (*Federal Wage and Hour Law*) tornou-se emenda à Constituição em 1949, o que impossibilitou a Suprema Corte declarar a inconstitucionalidade da idade mínima por outra vez (KÜMMEL, 2012, p. 72), já que o texto passou a constar na Constituição Americana.

Entre as Constituições, a mexicana, de 1917, foi a primeira a prever a proibição do trabalho infantil, fazendo-o em seu título sexto, que trata *del trabajo y de la previsión social*, mais especificamente em seu art. 123, 2 e 3, prevendo que:

> *Quedan prohibidas las labores insalubres y peligrosas para las mujeres en general y para los jóvenes menores de dieciséis años. Queda también prohibido a unas y otros el trabajo nocturno industrial, y enlos establecimientos comerciales no podrán trabajar después de las diez de la noche* [...] *Los jóvenes mayores de doce años y menores de dieciséis tendrán como jornada máxima* (México, 1917).

A evolução do mínimo existencial laboral[(2)] fez com que garantias, para além daquelas proporcionadas aos adultos, fossem criadas para crianças e adolescentes trabalhadores, outras com o intuito de assegurar a sua condição de desenvolvimento no ambiente de trabalho, de modo a enfrentar, como apontaremos mais adiante, a hipervulnerabilidade que tais sujeitos de direitos possuem. Conforme aduz Dutra (2007, p. 61): "A proibição e a limitação da idade para o trabalho infanto-juvenil têm, como base fundamental, a proteção necessária ao desenvolvimento pleno das crianças e dos adolescentes".

Dessa forma, o presente capítulo aborda a evolução normativa da idade mínima para o trabalho a partir da perspectiva das normas do próprio Direito brasileiro, das normas internacionais de Direitos Humanos e das normas internacionais do trabalho, especialmente as Convenções da Organização Internacional do Trabalho (OIT).

3.1. A evolução da legislação brasileira no combate ao trabalho infantil desde 1824

Inicialmente, é importante destacar que o ordenamento jurídico brasileiro esteve estritamente ligado ao sistema jurídico português até o início

(2) Por mínimo existencial laboral, entende-se como um conjunto basilar de direitos trabalhistas para que o trabalho seja considerado minimamente decente.

do século XX, quando ainda vigorava no Brasil, em matéria cível, as Ordenações Filipinas, de 1603. Entretanto, para os fins do presente capítulo, não se aborda o conteúdo de tais Ordenações, visto que se trata de uma importação do reino de Portugal. Posto isso, analisaremos as normas brasileiras que foram publicadas após a Independência do Brasil, em setembro de 1822.

No que tange às Constituições brasileiras, mencione-se que as cartas de 1824 e de 1891 nada dispuseram sobre o tema, sendo a Constituição de 1934 a primeira a tratar de normas laborais relativas ao trabalho das crianças e dos adolescentes, sendo as referidas normas replicadas pelas Constituições que a sucederam (DUTRA, 2007), conforme se aborda no presente capítulo.

A primeira Constituição do Brasil, de 1824, outorgada ainda no Brasil Império, por Dom Pedro I, não tratou de muitas normas relativas às crianças, bem como nada previu em matéria laboral, positivando apenas a liberdade do trabalho em seu art. 179, XXIV (BRASIL, 1824).

O Decreto n. 1.313, datado de 17 de janeiro de 1890, é considerado, por grande parte dos juslaboralistas, como sendo a primeira norma de proteção ao trabalho de crianças do Brasil. A norma estabeleceu diversas idades mínimas para diferentes espécies de trabalho, a exemplo da idade de doze anos para o trabalho em fábricas (art. 2º), de igual maneira previu a proibição de trabalho aos domingos, feriados e noturno[3] aos menores de quinze anos (art. 5º). Entretanto, o aludido Decreto não teve eficácia prática (GARCIA, 2021).

Em 1891, houve a promulgação da segunda Constituição brasileira, que foi a primeira da República. A aludida Carta, assim como a sua antecessora, também não previa nenhuma norma sobre o trabalho de crianças (BRASIL, 1891).

O Decreto n. 16.300, de 1923, foi outra importante norma de proteção aos trabalhadores menores de dezoito anos. No referido Decreto, o capítulo VII regulou o trabalho de menores de dezoito anos, prevendo a proibição do trabalho de menores de doze anos em fábricas (art. 351), e dos menores de

(3) A norma proibia o trabalho no período entre seis horas da noite e seis horas da manhã.

dezoito nas fábricas de tabaco (art. 353), além de proibir o trabalho destes últimos por mais de seis horas durante um período de 24 horas (art. 354).

Mais à frente, no ano de 1927, entrava em vigor o primeiro Código de Menores brasileiro, chamado de Código Mello Mattos, sendo a primeira norma interna a estabelecer uma idade mínima nacional para o trabalho dos adolescentes, positivando, em seu art. 101, a idade mínima de doze anos para qualquer trabalho, bem como proibia o trabalho aos menores de quatorze anos que não houvessem terminado a instrução primária (CM, art. 102), bem como proibia o trabalho noturno (CM, art. 109) e os trabalhos perigosos (CM, art. 104) aos menores de dezoito anos (BRASIL, 1927).

O Decreto n. 22.042, de 3 de novembro de 1932, foi responsável por proibir o trabalho aos menores de quatorze anos de idade nas atividades industriais, bem como proibiu a contratação, em quaisquer estabelecimentos, de pessoas entre 14 e 18 anos quando estes não estivessem com: I) documento oficial; II) autorização para o trabalho de pai, mãe, tutor ou juiz; III) atestado médico de vacinação e de capacidades física e mental; e IV) a prova de que fora alfabetizado (BRASIL, 1932).

Em 1934, houve a promulgação de uma nova Carta Magna, que foi considerada como a primeira Constituição Social do Brasil, bem como foi a primeira a estabelecer uma idade mínima laboral nacional. Inspirada nas Cartas do México (1917) e da Alemanha (1919), a norma previu uma série de Direitos Sociais, principalmente os que são inerentes aos trabalhadores (MENDES e BRANCO, 2021, p. 1.415), dentre os quais incluiu a primeira norma constitucional que visava combater a exploração laboral de crianças e adolescentes. No art. 121, *d*, da CF/34, estava positivada a "proibição de trabalho a menores de 14 anos; de trabalho noturno a menores de 16 e em indústrias insalubres, a menores de 18 anos e a mulheres" como preceito a ser observado pela legislação do trabalho brasileira (BRASIL, 1934).

No ano de 1937, com a instabilidade política e a instauração do Estado Novo por Getúlio Vargas, foi outorgada a Constituição Polaca,[4] que concentrou poderes na mão do Presidente e reduziu os direitos fundamentais

(4) A Constituição Federal de 1937 ficou conhecida como Constituição Polaca por haver sido inspirada no modelo normativo autoritário da Polônia, que além de ter suspendido direitos dos cidadãos daquele país, era completamente autoritária e concedia poderes quase ilimitados ao Governo.

proclamados na Constituição de 1934 (MENDES e BRANCO, 2021, p. 201). Em seu art. 137, "*k*", constou como um dos preceitos a serem observados pela legislação do trabalho a "proibição de trabalho a menores de catorze anos; de trabalho noturno a menores de dezesseis, e, em indústrias insalubres, a menores de dezoito anos e a mulheres" (BRASIL, 1937).

Outro grande avanço na proteção de crianças e adolescentes no ambiente laboral foi a edição da Consolidação das Leis do Trabalho (CLT), Decreto-lei n. 5.452, de 1º de maio de 1943. A CLT teve o Capítulo IV de seu Título III destinado a regular o "trabalho do menor", prevendo, em sua redação original, a proibição do trabalho aos menores de quatorze anos (art. 403), bem como a proibição dos trabalhos perigosos, insalubres e prejudiciais à moralidade aos menores de dezoito anos (art. 405, "*a*" e "*b*").

Já em 1946, após a deposição de Getúlio Vargas, foi promulgada a quinta Constituição brasileira, sendo a quarta do período republicano e o marco de nossa experiência democrática, que, em seu art. 157, IX, previa a idade mínima para o trabalho de quatorze anos, assim como proibia trabalhos noturnos e insalubres aos menores de dezoito (BRASIL, 1946).

Com o golpe civil-militar de 31 de março de 1964, as garantias fundamentais da Constituição então vigente já não eram mais compatíveis com as práticas ditatoriais realizadas pelo Estado brasileiro e nem com os atos institucionais editados. Dessa forma, no ano de 1967, foi outorgada a sexta Constituição do Brasil, fazendo diversas mudanças no ordenamento nacional, a exemplo do considerável aumento dos poderes da União Federal e do próprio Presidente da República, bem como a suspensão de direitos e garantias fundamentais dos cidadãos (BRASIL, 1967). A mudança também afetou a matéria ora estudada, visto que reduziu a idade laboral de quatorze para doze anos, positivando, em seu art. 158, X, a "proibição de trabalho a menores de doze anos e de trabalho noturno a menores de dezoito anos, em indústrias insalubres a estes e às mulheres" (BRASIL, 1967).

Em fevereiro de 1967, entrava em vigor o Decreto-lei n. 229, que incluiu o parágrafo único no art. 80 da CLT, reduzindo a idade da aprendizagem profissional, que passou quatorze para doze anos (BRASIL, 1967). Posteriormente, em abril daquele mesmo ano, a Lei n. 5.274 restabeleceu a idade mínima da aprendizagem para os quatorze anos (BRASIL, 1967).

Porém, em julho 1974, o General Ernesto Geisel editou a Lei n. 6.086, que em seu art. 2º restabeleceu a redação dada pelo DL n. 229/67 ao art. 80 da CLT, retornando a idade de doze anos para a aprendizagem profissional, bem como revogou o disposto na Lei n. 5.274, de 1967 (BRASIL, 1974).

Adiante, com a Constituição Cidadã, promulgada em 5 de outubro de 1988, um novo sentimento nacional nascia com a redemocratização do Brasil. Tendo como norte o valor da dignidade humana, as doutrinas sobre crianças e adolescentes vigentes outrora foram revogadas, dando lugar às doutrinas da proteção integral e da prioridade absoluta. O "menor" foi derrogado junto com a Constituição de 1967, dando lugar aos sujeitos de direitos, que, nos termos do art. 227 da Constituição Federal, são dotados de prioridade absoluta.

Segundo o magistério de Emmanuel Teófilo Furtado (2015, p. 299), o constituinte de 1988, ao positivar o princípio da dignidade humana, o fez com o intuito de maximizar a sua aplicação para todo o ordenamento jurídico:

> [...] ao elencar o Texto Maior o princípio da dignidade da pessoa humana, escora para os direitos e garantias fundamentais do indivíduo, e fundamento do Estado Democrático de Direito, não quis externar mera declaração de princípios, mas deixar claro que tal princípio é a fonte produtora de efeitos jurídicos na interpretação e na aplicação das leis e dos outros princípios constitucionais.

O texto original da Constituição de 1988 estabelecia a "proibição de trabalho noturno, perigoso ou insalubre aos menores de dezoito e de qualquer trabalho a menores de quatorze anos, salvo na condição de aprendiz" (BRASIL, 1988). Posteriormente, com a Emenda Constitucional (EC) n. 20, de 15 de dezembro de 1998, a idade foi elevada para os dezesseis anos, mesmo com a exigência, no plano internacional, que a referida idade fosse de, no mínimo, 15 anos (OIT, 1973).

É salutar que o Supremo Tribunal Federal, ao julgar o RE 600.616-AgR/RS (STF, 1ª Turma, rel. Min. Roberto Barroso, julgado em 26.8.2014), de relatoria do ministro Luís Roberto Barroso, entendeu que "O art. 7º, XXXIII, da Constituição não pode ser interpretado em prejuízo da criança ou adolescente que exerce atividade laboral, haja vista que a regra constitucional foi criada para a proteção e defesa dos trabalhadores, não podendo ser utilizada para privá-los dos seus direitos" (STF, 2014). Dessa forma, a interpretação da regra contida no art. 7º, XXXIII, da Constituição deve ser feita de modo que proteja as crianças e os adolescentes no mundo do trabalho, possibilitando, assim, que se amplie o rol de proibições contidas na norma, tornando-o de caráter meramente exemplificativo, conforme se abordará mais à frente.

Finalmente, em julho de 1990, houve a publicação do Estatuto da Criança e do Adolescente (ECA), inspirado na Convenção sobre os Direitos das Crianças (CDC) da ONU, de 1989, conforme apontado em linhas anteriores, que revogou, expressamente, o Código de Menores de 1979.

O Estatuto, na atualidade, é responsável por centralizar o ordenamento de proteção aos direitos da infância e da adolescência, prevendo desde direitos fundamentais à tipificação penal de crimes praticados contra o referido público.

O ECA, em seu Capítulo V, do Título II, estabeleceu as normas relativas ao direito à profissionalização e o direito à proteção no trabalho, reconhecendo, no art. 61, a sua subsidiariedade em matéria de proteção ao trabalho do adolescente, visto que a própria legislação trabalhista dispõe sobre o trabalho dos adolescentes (BRASIL, 1990).

No art. 67 do ECA há a expressa vedação de determinadas modalidades de trabalho quando praticadas por menores de dezoito anos de idade, especialmente aos adolescentes "[...] empregado, aprendiz, em regime familiar de trabalho, aluno de escola técnica, assistido em entidade governamental ou não governamental [...]" (BRASIL, 1990), quanto à prática de trabalhos noturno, perigoso, insalubre, penoso, aqueles que sejam realizados em locais prejudiciais à sua formação e ao seu desenvolvimento físico, psíquico, moral e social, ou mesmo aqueles que sejam realizados em locais e horários incompatíveis com a frequência escolar, ampliando, desta forma, o rol de proibições contidas na Constituição (BRASIL, 1990).

Apesar da evolução interna do ordenamento de combate ao labor infantil abordada, cabe destacar, todavia, que no âmbito do Poder Legislativo Federal tramitam algumas proposições que visam reduzir a idade laboral, a exemplo da Proposta de Emenda à Constituição n. 18/2011, que "dá nova redação ao inciso XXXIII do art. 7º da Constituição Federal, para autorizar o trabalho sob o regime de tempo parcial a partir dos quatorze anos de idade" (BRASIL, 2011).

Não obstante o posicionamento da Suprema Corte, firmado no âmbito da Ação Direta de inconstitucionalidade (ADI) n. 815/DF,[(5)] apreciada pelo Tribunal em 1996, ao entender que as normas contidas originariamente na Constituição Federal não poderiam ser objeto de controle de constitucionalidade (STF, 1996),[(6)] a inconstitucionalidade da proposta legislativa supracitada se dá em razão de afronta direta ao princípio constitucional da vedação ao retrocesso social, além de violar diversos Tratados e Convenções internacionais ratificados pelo Brasil. Assim, ao retornar à idade mínima laboral prevista no texto constitucional originário, o país estaria regredindo em matéria de proteção aos adolescentes no mundo do trabalho.

---

(5) Ação Direta de inconstitucionalidade. Parágrafos 1º e 2º do art. 45 da Constituição Federal. A tese de que há hierarquia entre normas constitucionais originárias dando azo à declaração de inconstitucionalidade de umas em face de outras é incompossível com o sistema de Constituição rígida. Na atual Carta Magna "compete ao Supremo Tribunal Federal, precipuamente, a guarda da Constituição (art. 102, *caput*), o que implica dizer que essa jurisdição lhe é atribuída para impedir que se desrespeite a Constituição como um todo, e não para, com relação a ela, exercer papel de fiscal do Poder Constituinte originário, a fim de verificar se este teria, ou não, violado os princípios de direito suprapositivo que ele próprio havia incluído no texto da mesma Constituição. Por outro lado, as cláusulas pétreas não podem ser invocadas para sustentação da tese da inconstitucionalidade de normas constitucionais inferiores em face de normas constitucionais superiores, porquanto a Constituição as prevê apenas como limites ao Poder Constituinte derivado ao rever ou ao emendar a Constituição elaborada pelo Poder Constituinte originário, e não como abarcando normas cuja observância se impôs ao próprio Poder Constituinte originária com relação às outras que não sejam consideradas como cláusulas pétreas, e, portanto, possam ser emendadas. Ação não conhecida por impossibilidade jurídica do pedido (STF – Rel. Min. Moreira Alves, julgado em 28.3.1996).

(6) Ao definir isto, o Supremo entendeu que a alteração da redação de uma norma constitucional para positivar no texto a redação original da Constituição de 1988 não poderia ser objeto de controle de constitucionalidade em razão da impossibilidade de uma norma constitucional originária ser inconstitucional.

Existem outras proposições, a exemplo do PLS 231, de 2015, que visava inserir expressamente, no art. 60 do Estatuto da Criança e do Adolescente, a autorização para a realização de trabalho infantil artístico (BRASIL, 2015). Porém, deve-se ressaltar que, em razão da idade para o trabalho ser estabelecida em norma da Constituição, não poderia tal disposição ser alterada via norma de *status* infraconstitucional (Lei Ordinária, Lei Complementar, Medida Provisória etc.), sob pena de flagrante inconstitucionalidade.

Por fim, o Supremo Tribunal Federal, nos autos da Ação Direta de Inconstitucionalidade n. 2.096/DF, assentou a constitucionalidade da redação atual do art. 7º, XXXIII, da CF, após a alteração feita pela Emenda Constitucional n. 20, de 15 de dezembro de 1998, que elevou a idade para o trabalho dos quatorze aos dezesseis anos de idade,[7] após ajuizamento de Ação pela Confederação Nacional dos Trabalhadores da Indústria (CNTI) que visava declaração de inconstitucionalidade da referida Emenda Constitucional, sob o argumento de que a elevação da idade mínima laboral violaria o direito fundamental ao trabalho dos adolescentes (STF, 2020).

Finalmente, após verificarmos como a proibição ao trabalho precoce se deu no decorrer das últimas décadas internamente, mostra-se importante verificar como esta mesma proibição se efetivou no campo internacional

(7) AÇÃO DIRETA DE INCONSTITUCIONALIDADE – ART. 7º, INCISO XXXIII, DA CONSTITUIÇÃO FEDERAL, NA REDAÇÃO DADA PELA EC N. 20/98 – PROIBIÇÃO DE QUALQUER TRABALHO A MENORES DE 16 (DEZESSEIS) ANOS, SALVO NA CONDIÇÃO DE APRENDIZ, A PARTIR DOS 14 (QUATORZE) ANOS – ALEGADA TRANSGRESSÃO AOS DIREITOS FUNDAMENTAIS DOS ADOLESCENTES SUPOSTAMENTE MOTIVADA PELA ELEVAÇÃO DO LIMITE ETÁRIO MÍNIMO (DE 14 PARA 16 ANOS) DE OBSERVÂNCIA NECESSÁRIA PARA EFEITO DE AQUISIÇÃO DA PLENA CAPACIDADE JURÍDICO-LABORAL – INOCORRÊNCIA DO ALEGADO VÍCIO DE INCONSTITUCIONALIDADE – A EVOLUÇÃO JURÍDICA DAS FORMAS DE TRATAMENTO LEGISLATIVO DISPENSADO À CRIANÇA E AO ADOLESCENTE: DA FASE DA ABSOLUTA INDIFERENÇA À DOUTRINA DA PROTEÇÃO INTEGRAL – ABOLIÇÃO DA EXPLORAÇÃO DO TRABALHO INFANTIL DE CARÁTER ESTRITAMENTE ECONÔMICO E ELEVAÇÃO PROGRESSIVA DA IDADE MÍNIMA DE ADMISSÃO PARA O TRABALHO E O EMPREGO – [...] DIREITOS CONSTITUCIONAIS, DE ÍNDOLE SOCIAL, TITULARIZADOS PELA CRIANÇA E PELO ADOLESCENTE (CF, ART. 227, *CAPUT*) – POSSIBILIDADE DE EXERCÍCIO DE ATIVIDADES PROFISSIONAIS INFANTOJUVENIS DE CARÁTER PREDOMINANTEMENTE SÓCIOEDUCATIVO, DESDE QUE OBSERVADO, SEMPRE, O RESPEITO À CONDIÇÃO PECULIAR DE PESSOA EM DESENVOLVIMENTO (CF, ART. 227, § 3º, V) – VOCAÇÃO PROTETIVA DO POSTULADO CONSTITUCIONAL QUE VEDA RETROCESSO SOCIAL – MAGISTÉRIO DA DOUTRINA – AÇÃO DIRETA JULGADA IMPROCEDENTE, COM O CONSEQUENTE RECONHECIMENTO DA PLENA VALIDADE CONSTITUCIONAL DO ART. 7º, INCISO XXXIII, DA CONSTITUIÇÃO DA REPÚBLICA, NA REDAÇÃO DADA PELA EC N. 20/98. (STF. ADI 2.096, julgada em 9.10.2020, rel. Min. Celso de Mello)

dos Direitos Humanos, até mesmo assumindo, como se analisa mais à frente, um direito humano propriamente dito.

3.2. A proibição da exploração do trabalho das crianças nas normas internacionais de Direitos Humanos

Após se verificar a evolução normativa de combate ao trabalho infantil ocorrida no Brasil, mostra-se importante analisar a legislação internacional de combate à exploração laboral de crianças no âmbito das regras internacionais de Direitos Humanos.

Nas palavras de Marques Júnior (2019, p. 28), o reconhecimento do Direito Internacional dos Direitos Humanos ocorreu após a Segunda Guerra Mundial, em razão das inimagináveis violações de direitos cometidas pelos regimes nazifascistas contra grupos minoritários, a exemplo dos judeus, negros, ciganos, homossexuais, pessoas com deficiência, entre outros.

As mencionadas normas internacionais de proteção aos Direitos Humanos desempenharam, e continuam a desempenhar, na atualidade, um importante papel no processo de proibição do trabalho infantil ao redor do planeta, visto que, ao buscar a universalização do valor da dignidade humana, atribuindo dignidade como elemento intrínseco a cada pessoa, reconhece as crianças como seres em fase especial de desenvolvimento, fase essa que não pode ser pulada ou suprimida, sob pena de violação da mencionada dignidade.

Direitos Humanos, segundo Peres Luño (1995, p. 48), "[...] é o conjunto de faculdades e instituições que, em cada momento histórico, concretizam as exigências de dignidade, liberdade e igualdade humanas, as quais devem ser reconhecidas positivamente pelos ordenamentos jurídicos em nível nacional e internacional".

Ramos (2018, p. 28), por seu turno, leciona que "[...] os direitos humanos consistem em um conjunto de direitos considerado indispensável para uma vida humana pautada na liberdade, igualdade e dignidade. Os direitos humanos são os direitos essenciais e indispensáveis à vida digna".

Piovesan (2018, p. 27-29) destaca que:

> Ao conjugar o valor da liberdade com o valor da igualdade, a Declaração demarca a concepção contemporânea de direitos humanos, pela qual os direitos humanos passam a ser concebidos como uma unidade interdependente, inter-relacionada e indivisível. Assim, partindo-se do critério metodológico, que classifica os direitos humanos em gerações, adota-se o entendimento de que uma geração de direitos não substitui a outra, mas com ela interage. Isto é, afasta a ideia da sucessão geracional de direitos, na medida em que se acolhe a ideia da expansão, cumulação e fortalecimento dos direitos humanos consagrados, todos essencialmente complementares e em constante dinâmica de interação. Logo, apresentando os direitos humanos uma unidade indivisível, revela-se esvaziado o direito à liberdade, quando não assegurado o direito à igualdade e, por sua vez, esvaziado revela-se o direito à igualdade, quando não assegurada a liberdade. Vale dizer, sem a efetividade dos direitos econômicos, sociais e culturais, os direitos civis e políticos se reduzem a meras categorias formais, enquanto que, sem a realização dos direitos civis e políticos, ou seja, sem a efetividade da liberdade em seu mais amplo sentido, os direitos econômicos e sociais carecem de verdadeira significação. Não há mais como cogitar da liberdade divorciada da justiça social, como também infrutífero pensar na justiça social divorciada da liberdade. Em suma, todos os direitos humanos constituem um complexo integral, único e indivisível, em que diferentes direitos estão necessariamente interrelacionados e interdependentes entre si.

Mazzuoli (2020, p. 1.175-1.178), com a genialidade que lhe é peculiar, diferencia os Direitos Humanos dos Direitos do homem e dos Direitos Fundamentais, afirmando que os Direitos do homem possuem cunho naturalista, e dizem respeito aos direitos que se sabe ter, mas a razão pela qual se tem é desconhecida, sendo a falta de positivação a maior das características, enquanto que os Direitos Fundamentais dizem respeito aos aspectos de cunho constitucional, sendo direitos limitados no tempo e no espaço, que devem vigorar em todos os instrumentos chamados de Constituição, sob pena de esvaziamento de seu sentido. Os Direitos Humanos, por fim, dizem respeito aos direitos positivados nos tratados e nas declarações internacionais, ascendendo ao patamar do Direito Internacional Público, fugindo da competência reservada exclusivamente aos Estados.

Essas normas foram fundamentais para a evolução da tutela de proteção à infância e à adolescência em todo o planeta, tirando-os da condição de objetos de tutela para efetivá-los como verdadeiros sujeitos de direitos, titulares de dignidade e de autonomia.

No ordenamento jurídico internacional, até mais do que no ordenamento interno, houve uma crescente pressão para que houvesse a regulação do trabalho dos menores de dezoito anos de idade. Dessa forma, diversas normas internacionais responsáveis por tratar dos Direitos Humanos abordaram o direito ao trabalho digno e o direito à não exploração das crianças, dentre tais documentos podemos destacar a Convenção de Genebra (1924), a Declaração Universal dos Direitos Humanos (1948), a Declaração Universal dos Direitos da Criança (1959), o Pacto de San José da Costa Rica (1969) e a Convenção sobre os Direitos das Crianças (1989).

Algumas dessas normas não necessitam de nenhuma ratificação por parte dos países, mas devem ser respeitadas por todos os Estados e por outros órgãos e organismos internacionais, com um verdadeiro caráter de universalidade, ou seja, uma pretensão de que suas garantias se apliquem a todas as pessoas, a exemplo da Declaração Universal dos Direitos Humanos (DUDH), de 1948, e a Declaração Universal dos Direitos das Crianças, de 1959.

As normas de Direitos Humanos podem ter *status* jurídicos diferentes em cada país, dependendo da forma com que cada país as internaliza. André de Carvalho Ramos (2018, p. 542-548) aponta que, dentro do debate sobre o *status* normativo dos tratados internacionais que versam sobre Direitos Humanos, existem quatro possíveis posições normativas para os tratados internacionais de Direitos Humanos, quais sejam: a) *status* supraconstitucional; b) *status* constitucional; c) *status* supralegal; e d) *status* de Lei ordinária federal.

A Constituição brasileira, em sua redação original, não tratou da incorporação de tratados internacionais ao ordenamento interno. Posteriormente, com a edição da Emenda Constitucional n. 45, de 2004, acrescentou o § 3º ao seu art. 5º, dispondo que "Os tratados e convenções internacionais sobre direitos humanos que forem aprovados, em cada Casa do Congresso Nacional, em dois turnos, por três quintos dos votos dos respectivos membros, serão equivalentes às emendas constitucionais" (BRASIL, 2004). Todavia, a disposição não incluía as normas de Direitos Humanos que não passassem pelo rito do art. 5º, § 3º, carência esta que levou o STF, ao julgar o RE 466.343-1/SP (STF, Rel. Min. Cezar Peluso, julgado em 3/12/2008), entender que as normas internacionais de Direitos Humanos que não forem aprovadas pelo rito de emenda constitucional possuem *status* normativo de supralegalidade (STF, 2008).

As mencionadas normas cumpriram um papel fundamental no combate ao trabalho infantil, visto que elevaram ao *status* de Direito Humano a proibição da exploração laboral de meninos e meninas. É dizer, então, que se trata de um direito humano da criança e do adolescente não ter sua mão de obra explorada e a sua infância roubada, fazendo surgir, dessa forma, o direito fundamental e humano da criança ao não trabalho.

3.2.1. Declaração de Genebra, de 1924: O marco do reconhecimento dos direitos das crianças

No âmbito internacional, a noção de "direitos da criança" só veio surgir em 1924, quando a Assembleia da Liga das Nações endossou a Declaração dos Direitos das Crianças, que fora promulgada pela organização da sociedade civil *Save The Children International Union*. Entretanto, outras normas anteriores já tratavam vagamente da referida proteção, a exemplo da Convenção n. 5 da OIT (1919), que tratou de estabelecer uma idade mínima para os trabalhos industriais, proibindo, dessa forma, que os menores de quatorze anos exercessem qualquer labor nesse sentido por lhes serem prejudiciais (OIT, 1919).

A organização da sociedade civil *Save The Children* (STC) publicou a Declaração contendo cinco princípios básicos a serem destinados a todas as crianças (STC, 1924):

> Pela presente Declaração dos Direitos da Criança, comumente conhecida como a Declaração de Genebra, homens e mulheres de todas as nações, reconhecendo que a Humanidade deve à criança o melhor que tem a dar, declara e aceita como sua obrigação que, acima e além de quaisquer considerações de raça, nacionalidade ou crença:
>
> — a criança deve receber os meios necessários para seu desenvolvimento normal, tanto material como espiritual;
>
> — a criança que estiver com fome deve ser alimentada; a criança que estiver doente precisa ser ajudada; a criança atrasada precisa ser ajudada; a criança delinquente precisa ser recuperada; o órfão e o abandonado precisam ser protegidos e socorridos;
>
> — a criança deverá ser a primeira a receber socorro em tempos de dificuldades;
>
> — a criança precisa ter possibilidade de ganhar seu sustento e deve ser protegida de toda forma de exploração;
>
> — a criança deverá ser educada com a consciência de que seus talentos devem ser dedicados ao serviço de seus semelhantes.

Conforme é possível observar, o princípio IV tratava da possibilidade das crianças trabalharem, não obstante a previsão de serem protegidas contra toda forma de exploração. Tratava-se, na verdade, do espírito da sociedade à época, que tinha um considerável número de crianças trabalhando nas fábricas, desconsiderando a condição peculiar em desenvolvimento e o mantendo como objeto do direito e de sua família.

Nesse mesmo sentido nos ensina Cunha *et al.* (2019, p. 37):

> Como característica da Declaração de 1924, refletindo o pensamento da época, tem-se que essa Declaração não tratava as crianças como autênticos sujeitos de direitos, mas como objeto de proteção, ou meros recipientes passivos, paradigma esse posteriormente modificado, em razão da aprovação da Declaração dos Direitos da Criança de 1959.

A Declaração de 1924, por ser uma norma declaratória e criada por uma instituição privada (*Save the Children Union*), ainda que tenha sido endossada pela Assembleia da Liga das Nações, não possuía valor vinculativo, sendo, em verdade, uma espécie de orientação que os países e as entidades privadas deveriam seguir em suas atuações com o referido público.

Assim, ainda que não apresentasse caráter normativo no âmbito do direito internacional, a Declaração dos Direitos das Crianças de 1924 cumpriu um importante papel para aquilo que, em 1959, se tornaria a real Declaração Universal dos Direitos das Crianças, que por sua vez, ao contrário de sua antecessora, reconhecia tal público como sujeitos detentores de direitos e de dignidade.

3.2.2. Declaração Universal dos Direitos Humanos, de 1948, e a sua importância no reconhecimento dos Direitos Humanos das Crianças

Após os horrores presenciados na Segunda Guerra Mundial, o Direito Internacional foi responsável pela mudança de paradigma presente nas legislações internas, buscando positivar como valor máximo dos ordenamentos jurídicos a dignidade dos seres humanos, a proteção dos vulneráveis e a defesa das minorias étnicas, raciais e sociais.

Sobre os valores trazidos pela DUDH, ensina Mazzuoli (2020, p. 1.234):

> [...] Tendo como fundamento a dignidade da pessoa humana, a Declaração Universal nasce como um código de conduta mundial para dizer a todo o planeta que os direitos humanos são universais, bastando a condição de ser pessoa para que se possa vindicar e exigir a proteção desses direitos em qualquer ocasião e em qualquer circunstância. Consubstancia-se na busca de um padrão mínimo para a proteção dos direitos humanos em âmbito mundial, servindo como paradigma ético e suporte axiológico desses mesmos direitos. [...].

As Declarações, diferentemente das outras normas internacionais, não necessitam que os países as ratifiquem para que possam produzir qualquer efeito, funcionando como uma norma de orientação aos países, conforme aponta Mazzuoli (2020, p. 1.238):

> Seria a Declaração, *a priori*, somente uma "recomendação" das Nações Unidas, adotada sob a forma de resolução da Assembleia-Geral, a consubstanciar uma ética universal em relação

> à conduta dos Estados no que tange à proteção internacional dos direitos humanos. Contudo, apesar de não ser um tratado *stricto sensu*, pois nascera de ato unilateral das Nações Unidas, como referido, não tendo também havido sequência à assinatura, certo é que a Declaração Universal há de ser entendida, primeiramente, como a interpretação mais autêntica da expressão "direitos humanos e liberdades fundamentais", constante daqueles dispositivos já vistos da Carta da ONU; depois, é possível (mais do que isso, é necessário) qualificar a Declaração Universal como norma de *jus cogens* internacional, por ser imperativa e inderrogável pela vontade dos Estados (*v.* infra).

A Declaração de 1948 não fez, pelo menos de forma expressa, nenhuma menção à proibição do trabalho de crianças e adolescentes, todavia, o conjunto de comandos lá positivados demonstra a mudança de paradigma pela qual os direitos das crianças estavam prestes a passar. Dentre tais comandos podemos citar o disposto no art. 25 da norma, que dispõe sobre o mínimo existencial de dignidade (ONU, 1948):

> Art. 25. Toda a pessoa tem direito a um nível de vida suficiente para lhe assegurar e à sua família a saúde e o bem-estar, principalmente quanto à alimentação, ao vestuário, ao alojamento, à assistência médica e ainda quanto aos serviços sociais necessários, e tem direito à segurança no desemprego, na doença, na invalidez, na viuvez, na velhice ou noutros casos de perda de meios de subsistência por circunstâncias independentes da sua vontade.

Assim, a Declaração, apesar de não ter tratado expressamente de proibição do trabalho infantil, representou a maior mudança de paradigma no Direito Internacional das minorias e dos vulneráveis, servindo como referência às legislações internas e internacionais de proteção à infância posteriores, dentre as quais podemos destacar a Declaração dos Direitos das Crianças, de 1959, e a Convenção sobre os Direitos das Crianças, de 1989, ambas da Organização das Nações Unidas.

3.2.3. Declaração sobre os Direitos das Crianças, de 1959

Em 1959, 35 anos após a promulgação da primeira Declaração dos Direitos das Crianças, da instituição *Save The Children*, de 1924, a Organização das Nações Unidas confeccionou sua própria Declaração, entretanto, diferentemente de sua antecessora, esta foi imbuída de um elemento fundamental: o reconhecimento das crianças como sujeitos de direitos (CUNHA *et al.*, 2019).

A Declaração dos Direitos das Crianças representou uma verdadeira mudança de paradigma no âmbito internacional, retirando a criança do papel de mero objeto do ordenamento nacional para torná-lo sujeito de diversos direitos, o que, internamente, só veio ocorrer com o advento do Estatuto da Criança e do Adolescente, de 1990.

Conforme aduz Cunha *et al.* (2019, p. 37), a Declaração representou verdadeira mudança de paradigma na forma como se via a criança:

> Consubstanciada na Resolução n. 1.386, e denominada Declaração dos Direitos da Criança, de 1959, foi responsável por uma verdadeira alteração de paradigma, pois a criança deixou de ser considerada objeto de proteção (recipiente passivo), para ser erigida a sujeito de direito, e, paralelamente, em sentido amplo, a infância passou a ser considerada um sujeito coletivo de direitos (CUNHA *et al.*, 2019, p. 37).

A Declaração possui dez princípios, que, assim como a DUDH, pretendem universalizar para que todas as crianças usufruam, ainda que minimamente, dos direitos e as garantias ali expostos, sendo tais princípios (ONU, 1959):

> Princípio I: Direito à igualdade, sem distinção de raça, religião ou nacionalidade; Princípio II: Direito a especial proteção para o seu desenvolvimento físico, mental e social; Princípio III: Direito a um nome e a uma nacionalidade; Princípio IV: Direito à alimentação, moradia e assistência médica adequadas para a criança e a mãe; Princípio V: Direito à educação e a cuidados especiais para a criança, física ou mentalmente deficiente; Princípio VI: Direito ao amor e à compreensão por parte dos pais e da sociedade; Princípio VII: Direito à educação gratuita e ao lazer infantil; Princípio VIII: direito a ser socorrido em primeiro lugar, em caso de catástrofes; Princípio IX: Direito a ser protegido contra o abandono e a exploração no trabalho; Princípio X: Direito a crescer dentro de um espírito de solidariedade, compreensão, amizade e justiça entre os povos.

No que tange à proteção da criança de sua exploração no ambiente de trabalho, podemos observar que os princípios II e IX, ao preverem o direito a especial proteção para o desenvolvimento saudável e a proteção contra a exploração no trabalho, respectivamente, direcionam os países a agirem no sentido de coibir a exploração laboral de crianças com o intuito de promover o pleno desenvolvimento dos sujeitos de direito.

Finalmente, observa-se que, da mesma forma que a Declaração de 1948 buscou universalizar seus direitos a todos os seres humanos, a Declaração dos Direitos das Crianças tem a pretensão de universalizar os princípios contidos, servindo de embrião para o que posteriormente viria a ser a Convenção dos Direitos das Crianças, de 1989.

3.2.4. Pacto de San José da Costa Rica, de 1969

A Convenção Americana de Direitos Humanos (CADH), conhecida como Pacto de San José da Costa Rica, foi adotada pela Organização dos Estados Americanos (OEA) em 22 de novembro de 1969, na capital da Costa Rica. Atualmente, a Convenção possui 23 Estados partes,(8) de um total de 35 Estados nas Américas.(9)

Apesar de estar em vigor no plano internacional desde novembro de 1969, a mencionada Convenção apenas foi internacionalizada e incorporada ao ordenamento jurídico brasileiro por meio do Decreto n. 678, de 6 de novembro de 1992, passando a ser um compromisso da República Federativa do Brasil respeitar as disposições ali contidas.

Como mencionado anteriormente, nos autos do RE 466.343-1/SP (STF, Rel. Min. Cezar Peluso, julgado em 3.12.2008), o Supremo Tribunal Federal firmou o entendimento de que a mencionada norma internacional possui *status* de supralegalidade, fazendo com que a Convenção Americana de Direitos Humanos se encontre, no ordenamento jurídico brasileiro, abaixo

(8) São os 23 Estados partes da Convenção: Argentina, Barbados, Bolívia, Brasil, Chile, Colômbia, Costa Rica, Dominica, Equador, El Salvador, Granada, Guatemala, Haiti, Honduras, Jamaica, México, Nicarágua, Panamá, Paraguai, Peru, República Dominicana, Suriname e Uruguai.

(9) A Convenção n. foi denunciada em razão da ratificação da Convenção n. 138 pelo Brasil, sendo o Decreto de promulgação (423, de 12 de novembro de 1935) revogado pelo Decreto n. 10.088, de 5 de novembro de 2019.

apenas da Constituição, devendo influenciar as demais normas infraconstitucionais e legais.

Relativamente aos direitos das crianças, a Convenção apenas o fez no art. 19, que dispõe sobre as medidas de proteção por parte da família, da sociedade e do Estado, dispondo que "toda criança terá direito às medidas de proteção que a sua condição de menor requer, por parte da sua família, da sociedade e do estado" (OEA, 1969), comando este que, décadas mais tarde, seria positivado na Constituição brasileira de 1988.

Assim, tem-se a previsão da proteção integral do sujeito de direitos por parte de sua família, da sociedade e do Estado, o que inclui, nitidamente, a proteção contra a exploração de sua mão de obra, visto que ela afeta diretamente o desenvolvimento físico, psíquico e social da criança — leia-se pessoa com idade até dezoito anos —, bem como atribui, ainda que indiretamente, a responsabilidade a tais sujeitos garantidores de protegerem contra a violação de seus direitos, inclusive contra o labor precoce.

A Convenção não fez, pelo menos de forma explícita, nenhuma referência à proibição do trabalho infantil, prevendo apenas a proibição de qualquer forma de trabalho forçado ou escravidão (art. 6º), que nitidamente se aplica às crianças e aos adolescentes (OEA, 1969).

Mazzuoli (2020, p. 1.262-1.263) destaca, ainda, que a Convenção Americana tem caráter suplementar ao ordenamento jurídico interno de proteção aos direitos, feito pelos Estados-membros:

> A proteção dos direitos humanos prevista na Convenção Americana é coadjuvante ou complementar da que oferece o Direito interno dos seus Estados-partes (v. o 2º considerando da Convenção). Não se trata de proteção supletória (essa expressão não é empregada pela Convenção) à do Direito interno; trata-se, repita-se, de proteção coadjuvante ou complementar da oferecida pela ordem doméstica dos Estados- partes. Tal significa que não se retira dos Estados a competência primária para amparar e proteger os direitos das pessoas sujeitas à sua jurisdição, mas que nos casos de falta de amparo ou proteção aquém da necessária, em desconformidade com os direitos e

> garantias previstos pela Convenção, pode o sistema interamericano atuar concorrendo (de modo coadjuvante, complementar) para o objetivo comum de proteger determinado direito que o Estado não garantiu ou preservou. Assim, o sistema protetivo previsto pela Convenção deve somente operar depois de se dar oportunidade de agir ao Estado; apenas em caso de inação deste — ou em caso de proteção aquém da que deveria ocorrer, em desacordo com o sistema protetivo convencional — é que então terá lugar a proteção prevista pela Convenção. Portanto, a característica coadjuvante ou complementar da Convenção não induz a pensar que ela seja supletória do Direito nacional, eis que não cabe a qualquer sistema internacional de proteção substituir a jurisdição estatal interna para fixar, *v.g.*, as modalidades específicas de investigação e julgamento em um caso concreto.

Dessa forma, as disposições da CADH de proteção à infância complementam as normas brasileiras de garantia e de promoção dos direitos desse público, incluindo as que tratam da proibição e do combate à exploração do trabalho.

3.2.5. Convenção sobre os Direitos das Crianças, de 1989

Adotada pela Assembleia Geral da Organização das Nações Unidas em 20 de novembro de 1989, a Convenção sobre os Direitos das Crianças é a norma das Nações Unidas com o maior número de ratificações, contando, em 2024, com 196 partes.

O Brasil ratificou a aludida norma em novembro de 1990, por meio do Decreto n. 99.710, de 21 de novembro. A Convenção foi internalizada via processo legislativo ordinário, visto que a disposição contida no § 3º, do art. 5º, da Constituição sequer existia. Todavia, com o entendimento do *status* de supralegalidade firmado pelo STF no ano de 2008, resta evidente que a norma estudada tem *status* normativo supralegal no ordenamento jurídico brasileiro por tratar de uma norma internacional de Direitos Humanos de Crianças.

No art. 32 da Convenção (ONU, 1989) é prevista aos Estados uma série de obrigações para com a eliminação do trabalho infantil, pois, ao ratificarem a norma, estes reconhecem:

> "[...] o direito da criança de ser protegida contra a exploração econômica e contra a realização de qualquer trabalho que possa ser perigoso ou interferir em sua educação, ou que seja prejudicial para sua saúde ou para seu desenvolvimento físico, mental, espiritual, moral ou social."

No mesmo sentido em que devem atuar para "[...] adotar medidas legislativas, sociais e educacionais para assegurar a aplicação deste artigo. Para tanto, e levando em consideração os dispositivos pertinentes de outros instrumentos internacionais [...]" (ONU, 1989).

Para cumprir as finalidades contidas no art. 32 da CDC, a própria Convenção estabelece ações a serem cumpridas, quais sejam: I) estabelecer uma idade mínima ou idades mínimas para a admissão no trabalho; II) estabelecer regulamentação apropriada relativa a horários e condições de trabalho; e III) estabelecer penalidades ou outras sanções apropriadas para assegurar o cumprimento efetivo deste artigo (ONU, 1989).

Sobre o mencionado artigo da CDC, aduz Ramos (2019, p. 256-257):

> Garante-se ainda o direito de a criança estar protegida contra a exploração econômica e contra o desempenho de qualquer trabalho que possa ser perigoso ou interferir em sua educação, ou que seja nocivo para sua saúde ou para o seu desenvolvimento físico, mental, espiritual, moral ou social.

A CDC contém, ainda, três protocolos facultativos, dentre os quais se inclui o protocolo referente à venda de crianças, à prostituição infantil e à pornografia infantil, adotado internacionalmente em 25 de maio de 2000, e com entrada em vigor no ordenamento jurídico brasileiro por meio do Decreto n. 5.007, de 8 de março de 2004 (BRASIL, 2004).

O protocolo, mais especificamente no que tange à exploração sexual e à venda de crianças, traz diversos deveres para os países que o ratificaram, dentre os quais se inferem a proibição das práticas abrangidas pelo protocolo (art. 1º), bem como o dever de criminalizar algumas condutas, incluindo a I) exploração sexual, II) o transplante de órgãos de crianças com fins lucrativos e o III) envolvimento de crianças em trabalho forçado (art. 3, I).

Finalmente, após a análise das normas internacionais que tratam da proibição do trabalho precoce com a perspectiva de Direitos Humanos, verifica-se a evolução do combate ao trabalho precoce nas normas internacionais do trabalho, mais especificamente as Convenções da Organização Internacional do Trabalho que se referem ao tema.

3.3. As Convenções da Organização Internacional do Trabalho e o combate ao trabalho infantil ao longo dos anos

É salutar que a citada proibição assume um caráter de Direito Fundamental Social, consubstanciando o entendimento do direito fundamental ao não trabalho das crianças, sendo positivado no art. 32 da Convenção sobre os Direitos das Crianças da ONU, de 1989, ao prever que "os Estados Partes reconhecem o direito da criança de ser protegida contra a exploração econômica e contra a realização de qualquer trabalho que possa ser perigoso ou interferir em sua educação, ou que seja prejudicial para sua saúde ou para seu desenvolvimento físico, mental, espiritual, moral ou social" (ONU, 1989).

No âmbito internacional, é da Organização Internacional do Trabalho (OIT) a vanguarda em estabelecer uma idade mínima para o labor. Fundada como o braço da Liga das Nações, em 1919, a organização foi prevista no anexo XIII do Tratado de Versalhes, que pôs fim à Primeira Guerra Mundial. A OIT foi incumbida de cuidar das questões laborais, principalmente dos tratados e das convenções, em nível global.

Mazzuoli (2020, p. 1.478) define as Convenções da OIT como "[...] tratados multilaterais abertos, de natureza normativa, elaborados sob os auspícios da Conferência Internacional do Trabalho, a fim de regulamentar o trabalho no âmbito internacional e também outras questões que lhe são conexas".

É importante dizer, ainda, que a Constituição da OIT, aprovada na 29ª reunião da Conferência Internacional do Trabalho, ocorrida no ano de 1946, em Montreal, é imbuída do espírito de justiça social no mundo do trabalho, fundamentando a própria existência da Constituição e da OIT na proteção às crianças e aos adolescentes no mundo do trabalho (OIT, 1946):

> Considerando que existem condições de trabalho que implicam, para grande número de indivíduos, miséria e privações, e que o descontentamento que daí decorre põe em perigo a paz e a harmonia universais, e considerando que é urgente melhorar essas condições no que se refere, por exemplo, [...] à proteção das crianças, dos adolescentes e das mulheres, às pensões de velhice e de invalidez, à defesa dos interesses dos trabalhadores empregados no estrangeiro, à afirmação do princípio "para igual trabalho, mesmo salário", à afirmação do princípio de liberdade sindical, à organização do ensino profissional e técnico, e outras medidas análogas.

Em mesmo sentido o fez em 1998, ao editar a Declaração sobre os princípios e direitos fundamentais no trabalho, positivando que todos os seus membros, mesmo aqueles que não tenham ratificado as Convenções, têm o compromisso derivado do fato de pertencer à OIT, de respeitar, promover e tornar realidade os princípios fundamentais do trabalho, dentre os quais se inclui a eliminação do trabalho infantil (OIT, 1998). Dessa forma, cada um dos 187 membros da OIT, ainda que não sejam parte das Convenções ns. 138 e 182, têm o dever de combater a exploração do trabalho de crianças e adolescentes.

Releva destacar a posição normativa que as Convenções da Organização Internacional do Trabalho ocupam no ordenamento jurídico pátrio, papel este que coube à Suprema Corte a difícil tarefa de definir tal valor normativo das normas da OIT no Brasil.

Até certo tempo, prevalecia o entendimento de que os referidos tratados internacionais assumiam a mesma forma que a legislação ordinária, conforme confirmado em julgado do STF. Contudo, no julgamento da ADI n. 3.357/RS,(10) o Supremo seguiu o entendimento do Ministro Ayres

(10) EMENTA: Ora bem, este Supremo Tribunal Federal já firmou a tese de que essa convenção da OIT, pelo menos quando dispõe sobre a proteção da saúde dos trabalhadores (direitos humanos), tem status de norma supralegal. Norma supralegal — é o que penso — não porque

Britto e reconheceu o *status* de supralegalidade das Convenções ns. 139 e 162 da OIT, visto que tratavam de proteção à saúde dos trabalhadores (STF, 2007).

De 1919 a 2022, a Organização Internacional do Trabalho já aprovou mais de 190 Convenções, que tratam dos mais diversos temas relacionados aos Direitos Humanos e ao Direito do Trabalho. Muitas dessas normas cuidaram de regulamentar o labor das crianças. Na presente obra, abordaremos as convenções ratificadas pelo Brasil relativas ao tema, quais sejam as Convenções de ns. 5 (1919); de n. 6 (1919); de n. 7 (1920); de n. 16 (1921); de n. 93 (1949); de n. 124 (1965); de n. 138 (1973); e de n. 182 (1999).

3.3.1. Convenções da OIT em matéria de trabalho de crianças e adolescentes ratificadas pelo Brasil desde 1919

Fundada em 1919, a OIT, ainda em suas primeiras normas, se preocupou com a questão da exploração laboral de crianças, principalmente na indústria, visto que as reivindicações por melhorias nas condições de trabalho partiam dali. A organização, desde então, se preocupou em regulamentar, por meio de suas Convenções e Recomendações, a questão laboral infantil no âmbito internacional.

A Convenção de n. 5[(11)] foi a primeira norma da Organização a tratar de proibição etária para o labor, ainda no ano de 1919, sendo aprovada e ratificada pelo Brasil apenas em 1934, e publicada por meio do Decreto

---

a lei retire dela mesma seu fundamento mais qualificado de validade, mas porque a própria Constituição Federal lhe deu primazia. Explico: o art. 59 da Constituição Federal lista os atos que inovam primariamente a ordem jurídica. Inovam primariamente porque o fazem logo abaixo da Constituição; isto é, colocam-se imediatamente entre a Magna Carta e a população que constitui seu público-alvo. Acontece que o rol do mencionado art. 59 não é exauriente. Como demonstram os §§ 2o e 3o do art. 5o da Constituição Federal, os tratados internacionais são também veículos primários de direitos e deveres. Veículos que têm força, ora de emenda constitucional (§ 3o do art. 5o da CF), ora de lei ordinária (demais casos). Repetindo o juízo: os tratados internacionais não são lei ou os que versam sobre direitos humanos têm primazia na ordem jurídica interna, mesmo os não aprovados "em cada Casa do Congresso Nacional, em dois turnos, por três quintos dos votos dos respectivos membros". Neste caso, a supralegalidade decorre da prevalência que o inciso II do art. 4o da Constituição Federal confere aos direitos humanos ("prevalência dos direitos humanos" é a dicção do inciso II do art. 4o da nossa Constituição Federal). (STF – Rel. Min. Ayres Britto, relator Min. Dias Toffoli, julgado em 30.11.2017)

(11) A norma proibia o trabalho no período entre seis horas da noite e seis horas da manhã.

n. 423, de 12 de novembro de 1935. A norma estabeleceu, no art. 2º, que "as crianças menores de 14 anos não poderão ser empregadas, nem poderão trabalhar, em empresas industriais públicas ou privadas ou em suas dependências, com exceção daquelas em que unicamente estejam empregados os membros de uma mesma família" (OIT, 1919). Assim, a primeira idade mínima laboral no âmbito internacional foi fixada em quatorze anos de idade. Todavia, a proibição era aplicável apenas aos trabalhos industriais, que, nos termos do art. 1º da convenção, compreendia os trabalhos em minas, em indústrias extrativas, a que modifiquem produtos para a venda ou que transformem a matéria-prima, na construção civil, o trabalho em ferrovias, portos etc., dentre outras (OIT, 1919).

Também no ano de 1919, foi aprovada a Convenção que tratava do trabalho de crianças e adolescentes no período noturno, a Convenção de n. 6, da OIT, que, assim como a Convenção de n. 5, foi aprovada e ratificada em 1934, e promulgada pelo Decreto n. 423, de 1935, e, ainda hoje segue vigente no Brasil.

Nos termos do art. 3º, 1, da Convenção n. 6, o trabalho noturno era considerado como o executado no "período de onze horas consecutivas, pelo menos, que compreenderá o intervalo que medeia entre as dez da noite e as cinco da manhã" (OIT, 1919). No art. 2º, 1, da Convenção, a organização positivou a proibição de "empregar durante a noite pessoas menores de 18 anos em empresas industriais públicas ou privadas, ou em suas dependências, com exceção daquelas em que unicamente estejam empregados os membros de uma mesma família [...]" (OIT, 1919). Assim, inicialmente, a norma proibiu o trabalho noturno de menores de dezoito anos apenas ao âmbito industrial, prevendo, ainda, algumas exceções, a exemplo da permissão para o trabalho nas indústrias em que estejam como empregados apenas os membros de uma mesma família (OIT, 1919).

Além disso, ainda no item 2, do art. 2º, há a previsão de outras exceções à proibição da execução de trabalho noturno por crianças, ao permitir o trabalho dos maiores de dezesseis anos nos trabalhos que, em razão da própria natureza, devam necessariamente continuar no período noturno quando realizados em (OIT, 1919):

> a) fábricas de ferro e aço; trabalho em que se empreguem fornos de reverberação ou de regeneração e galvanização de ferro laminado e do arame (com exceção dos ofícios de desoxidação); b) fábricas de vidro; c) fábricas de papel;

d) engenhos nos quais se trata o açúcar bruto; e e) redução do minério de ouro (OIT, 1919).

Ademais, no art. 4º também são previstas outras exceções à proibição, visto que autoriza aos adolescentes entre dezesseis e dezoito anos "no caso de força maior, que não se possa prever nem impedir, que não apresente caráter periódico, e que constitua um obstáculo ao funcionamento normal de uma empresa industrial" (OIT, 1919). Dessa forma, a Convenção de n. 6 da OIT, apesar de proibir o trabalho noturno aos menores de dezoito anos de idade, previu diversas exceções para facilitar o labor dos adolescentes no período mencionado, o que acabava por tornar o que deveria ser regra em verdadeira exceção.

No ano seguinte, a OIT promulgou a sua 7ª Convenção,(12) que dispôs sobre o trabalho marítimo de crianças, sendo ratificada pelo Brasil apenas em 1936 e publicada pelo Decreto n. 1.397, de 19 de janeiro de 1937. A regra trazida pela norma foi de que a idade mínima para os trabalhos marítimos seria de quinze anos, salvo o trabalho dos chamados "mente", que seriam os executados nos navios em que apenas familiares da criança trabalhassem empregados (OIT, 1920). Além disso, no item 2 do mesmo artigo, a norma previu uma cláusula de abertura das exceções, permitindo que a legislação nacional emitisse certificados autorizando o trabalho de menores de quatorze anos de idade (OIT, 1920).

Posteriormente, em 1921, a Convenção de n. 16 passou a exigir o certificado médico comprovando a aptidão física para o exercício do trabalho marítimo (art. 2º) dos trabalhadores marítimos menores de 18 (dezoito) anos, bem como passou a exigir que os referidos exames tivessem renovação no período máximo de um ano (art. 3º).

A Convenção n. 58, que foi aprovada na 22ª reunião da Conferência Internacional do Trabalho, ocorrida em 1936, sendo ratificada pelo Brasil em 8 de junho de 1936, foi responsável por estabelecer a idade mínima nos trabalhos marítimos (OIT, 1936), fixando-a, como regra, nos 15 anos, fazendo

(12) A Convenção n. 7 foi denunciada pelo Decreto n. 2.737, de 8 de junho de 1938, e o seu Decreto de promulgação (423, de 12 de novembro de 1935) revogado pelo Decreto n. 10.088, de 5 de novembro de 2019.

exceção de tal idade ao trabalho em navios exclusivamente familiares (art. 2º) e nos navios-escola (art. 3º).

A Convenção n. 93, de 1949, ratificada pelo Brasil em 18 de junho de 1965, tratou sobre salários, horas de trabalho em navios e tripulação, onde, em seu art. 19, 1, previu que "nenhum menor de 16 anos poderá trabalhar durante a noite" (OIT, 1949) nos serviços de navio e de embarcações, o que mais tarde veio a ser modificado, principalmente em razão da Convenção n. 182, de 1999, que estabeleceu o trabalho noturno como uma das piores formas de trabalho infantil, portanto proibida para menores de dezoito anos de idade (OIT, 1998). Todavia, a Convenção n. 93 nunca entrou em vigor no Brasil, pois seu Decreto de promulgação nunca fora editado.

Aprovada pela OIT, na 49ª Conferência Internacional do Trabalho, ocorrida em 1965, em Genebra, a Convenção n. 124 foi ratificada pela República do Brasil em agosto de 1970, por meio do Decreto n. 67.342, de 5 de outubro de 1970, e diz respeito ao exame médico dos adolescentes para o trabalho subterrâneo em minas, bem como se aplicando aos trabalhos em pedreiras (OIT, 1965).

O artigo II, 1, da Convenção n. 124, previu a obrigação de realizar "um exame médico completo e exames periódicos ulteriores a intervalos que não ultrapassem doze meses serão exigidos para pessoas com idade inferior a 21 anos [...]" (OIT, 1965).

Adiante, o art. III, 2, positiva a necessidade de se realizar uma radiografia dos pulmões no início do exame médico, e, havendo necessidade, nos exames médicos posteriores a serem realizados em virtude da continuidade dos empregos subterrâneos (OIT, 1965).

Vale destacar as motivações que levaram a Organização Internacional do Trabalho a exigir exames médicos admissionais e periódicos para alguns tipos de trabalho, a exemplo do trabalho de menores de dezoito anos em minas subterrâneas (OIT, 1965):

> Considerando que em vista dos riscos que apresentam para a saúde os trabalhos subterrâneos nas minas, cabe adotar normas internacionais que exijam um exame médico de aptidão ao emprego subterrâneo nas minas assim como exames médicos periódicos até a idade de vinte e um anos e que especifiquem a natureza destes exames.

Em 1973, foi publicada uma das duas Convenções mais importantes relacionadas ao tema do trabalho de crianças e adolescentes da OIT, a Convenção de n. 138, assumindo, em verdade, um papel de centralidade no sistema normativo da organização quanto ao trabalho infantil (CORRÊA, 2020, p. 238).

A Convenção n. 138, conhecida como "Convenção sobre a idade mínima", sem dúvida, é a mais importante para o presente estudo, visto que balizou as normas e centralizou as Convenções anteriores que tratavam da matéria, especialmente as Convenções de ns. 5 (1919) sobre a idade mínima para trabalhos industriais, de n. 7 (1920) sobre o trabalho marítimo, de n. 10 (1921) sobre a idade no labor agrícola, de n. 15 (1921) para trabalhos em barcos e de n. 60 (1937) relativa aos trabalhos não industriais. No preâmbulo da norma, os membros da conferência enfatizaram tal centralidade ao afirmar, "[...] que chegou o momento de adotar um instrumento geral sobre o tema que, gradualmente, substitua os instrumentos atuais, aplicáveis a setores econômicos limitados, a fim de obter a abolição total do trabalho de crianças" (OIT, 1973).

O art. 2º, 3, da referida norma positiva o comando geral, estabelecendo como idade mínima universal para o trabalho em quinze anos de idade, ou a idade em que cesse a obrigação escolar, quando esta for superior aos quinze anos (OIT, 1973). O art. 3º, 1, por sua vez, estabelece ainda a idade mínima de dezoito anos para as atividades que são consideradas prejudiciais à saúde, à segurança e à moralidade, que anos depois passaram a constituir as causas das chamadas "piores formas de trabalho infantil" previstas na Convenção n. 182, de 1999 (OIT, 1973).

No art. 2º, l, são previstas, ainda, duas exceções à idade mínima, quais sejam: 1) as excluídas em "[...] um limitado número de categorias de emprego ou trabalho a respeito das quais se levantarem reais e especiais problemas de aplicação [...]"; e 2) prevê como exceção à aplicação da Convenção para finalidades relacionadas com participação em representação artísticas (OIT, 1973)

Segundo Oliveira (2004, p. 123), a Convenção n. 138 estabelece diversas idades mínimas para o labor, quais sejam; a) a idade "básica" para a admissão no emprego ou trabalho, que seria aos quinze ou aos quatorze anos, na forma do art. 2º da aludida norma; b) a idade "superior", que seria aos dezoito anos de idade, para a execução de trabalhos prejudiciais à saúde, à segurança e à moralidade, nos termos do art. 3º; e c) a idade inferior", podendo ser aos treze ou doze anos para os trabalhos considerados leves, conforme dispõe o art. 7º da Convenção.

Em 1999, após diversas pressões da sociedade civil, a OIT verificou que apenas a Convenção sobre a idade mínima não conseguiria, sozinha, cumprir o papel de frear o trabalho infantil ao redor do mundo, razão pela qual se mostrava necessário intensificar as ações dos países membros da OIT no combate à referida chaga social.

Por essa razão, na Conferência Internacional do Trabalho de 1998, ocorrida em Genebra, centenas de crianças e adolescentes adentraram a sessão e assumiram os seus lugares de protagonistas no debate ao exigir dos adultos ali presentes — representantes de mais de 170 países membros da OIT — ações efetivas no combate à exploração do trabalho de crianças (CORRÊA, 2020, p. 235). No ano seguinte, a Convenção n. 182, que trata das piores formas de trabalho infantil, foi adotada pelo voto unânime dos delegados presentes à Conferência, sendo, atualmente, a Convenção mais ratificada no âmbito da Organização Internacional do Trabalho.

Corrêa (2020, p. 238) afirma que a aludida Convenção é complementar àquela outra de 1973, que, por sua vez, assume o papel de centralidade relativa ao tema:

> Importante ressaltar que a Convenção n. 182, em seu preâmbulo, reafirma a centralidade da Convenção n. 138 no sistema normativo da OIT, quanto ao trabalho infantil. Os parâmetros e objetivos da Convenção n. 138 continuam a dar norte à atuação da OIT quanto ao tema. A Convenção n. 182 agregou um critério de prioridade, destacando a necessidade de ação eficaz e imediata para a pronta eliminação de suas piores formas. Resulta daí que as Convenções de ns. 138 e 182 não se excluem; antes se complementam.

Assim, a Convenção de 1999 complementa aquela primeira de 1973, que trata da idade mínima para o trabalho, em matéria de trabalho infantil, dispondo não apenas sobre as piores formas, mas sobre a temática (trabalho infantil) de uma maneira geral, bem como estabelecendo as prioridades que os Estados-parte devem ter ao combater tal violação de direitos.

Em caráter geral, a Convenção estabelece, em seu art. 1º, que todo país que a ratifique deve "[...] adotar medidas imediatas e eficazes para assegurar a proibição e eliminação das piores formas de trabalho infantil, em caráter de urgência" (OIT, 1999).

Dutra (2007, p. 74-75) aponta ainda outras normas da OIT que são conexas ao tema ora estudado, quais sejam as Convenções de ns. 100, que trata da igualdade de remuneração; de n. 105, que trata da abolição do trabalho forçado; e n. 111, que trata da eliminação da discriminação na ocupação e no emprego, todas ratificadas pelo Brasil.

Finalmente, ao serem inseridas no ordenamento jurídico brasileiro, o país se obrigara a combater a exploração do trabalho infantil. Todavia, em razão das instabilidades vividas no Brasil, a pauta de tal proibição sofreu diversos retrocessos, a exemplo do que ocorreu com a Constituição de 1967, que reduziu a idade para o trabalho para os doze anos, contrariando diversas normas até então ratificadas.

3.3.2. Das Convenções sobre a idade mínima laboral não ratificadas pelo Brasil

Após se verificar as normas da OIT que tratam do trabalho da criança e do adolescente ratificadas pelo Estado brasileiro, há ainda outras normas da OIT que não foram ratificadas, entretanto, que tratam da proteção da criança e do adolescente e merecem, ainda que rapidamente, ser mencionadas na presente obra, são elas as Convenções de ns. 10 (1921), 15 (1921), 33 (1932), 58 (1932), 59 (1937), 60 (1937), 77 (1946), 78 (1946), 79 (1946), 112 (1959) e 123 (1965).

A primeira delas, Convenção de n. 10, de 1921, trata da idade mínima para o trabalho em empresas agrícolas e estabeleceu como 14 anos a idade mínima para o exercício de tais trabalhos, devendo o emprego ser realizado de modo que não prejudique a frequência escolar (OIT, 1921). Todavia, a própria norma, em seu art. 2º, estabeleceu exceções à proibição, dispondo que "tendo em vista a formação profissional prática, os períodos e horários de ensino podem ser regulamentados de modo a permitir o emprego das crianças em trabalhos agrícolas ligeiros e, em particular, em trabalhos ligeiros de colheita" (OIT, 1921).

A Convenção de n. 15, também de 1921, tratou da idade mínima para o trabalho em barcos, estabelecendo a proibição do exercício do referido tipo de trabalho aos menores de dezoito anos. Porém, em seu art. 3º, a própria norma excluiu a sua aplicabilidade dos trabalhos em navios-escola, o trabalho em navios em que o principal meio de propulsão não seja vapor e o trabalho de pessoas a partir dos dezesseis anos cuja aptidão física tenha sido reconhecida por um exame médico (OIT, 1921).

A Convenção n. 33, de 1932, ao que parece, foi uma espécie de piloto para o que mais tarde se tornaria a Convenção de n. 138, de 1973, porém, tratando-se de uma norma suplementar às suas antecessoras no que tange à idade mínima para a admissão no trabalho, todavia era diferente da Convenção n. 182, que possui caráter impositivo, revogando os dispositivos anteriores que lhes eram contrários. A Convenção n. 33 estabeleceu a idade de 14 anos para os trabalhos que anteriormente não foram regulamentados pelas relativas ao trabalho industrial (Convenção n. 5, de 1919), ao trabalho marítimo (Convenção n. 7, de 1920) e ao trabalho agrícola (Convenção n. 10, de 1921).

Posteriormente, a Convenção n. 59, de 1937, ficou responsável por estabelecer a idade mínima para os trabalhos industriais, fixando-a em quinze anos como a idade mínima para o exercício de tais trabalhos. A Convenção, em seu art. 2º, 2, positiva a exceção à idade mínima de quinze anos às empresas familiares, desde que não sejam prejudiciais à saúde, à vida ou à moral das crianças (OIT, 1937).

A norma obrigava os empregadores industriais a manterem lista contendo o nome de todos os empregados menores de dezoito anos e as suas respectivas datas de nascimento (art. 4º), como uma forma de facilitar as inspeções (OIT, 1937).

Aos trabalhos prejudiciais à vida, à segurança ou à moralidade das crianças, os países que ratificaram a Convenção n. 59 deviam, em suas legislações nacionais: a) prescrever idade ou idades superiores a quinze anos para o ingresso de jovens ou adolescentes; ou b) autorizar uma autoridade competente a prescrever uma idade ou idades superiores a quinze anos para a admissão de jovens ou adolescentes (OIT, 1937).

A Convenção n. 60, de 1937, ficou responsável por estabelecer a idade mínima nos empregos considerados como não industriais, que não foram abrangidos pelas Convenções sobre a idade mínima na agricultura (n. 10, de 1921), sobre a idade mínima no trabalho marítimo (n. 58, de 1936) e a da idade mínima na indústria (n. 59, de 1937).

Em suma, a Convenção n. 60 estabeleceu a idade mínima geral de quinze anos de idade para o trabalho, estendendo tal proibição àqueles que, embora maiores de quinze anos, ainda sejam obrigados a frequentar a escola primária (art. 2º).

A norma internacional autorizou, ainda, aos menores de treze anos, a realização de trabalhos leves fora do horário escolar, desde que este não fosse prejudicial à sua saúde ou seu desenvolvimento e que não prejudicasse a frequência escolar ou o seu aprendizado (art. 3º, 1).

Previu, também, em seu art. 3º, 2, a impossibilidade dos menores de quatorze anos de idade realizarem trabalhos leves por mais de duas horas diárias ou dedicar, por dia, à escola e ao trabalho leve, em conjunto, um número superior a sete horas, transferindo a competência aos Estados para disporem sobre a carga horária diária que os maiores de quatorze anos podem realizar tais trabalhos leves (art. 3º, 3).

A Convenção de n. 60, assim como a Convenção n. 138 — que mais tarde veio a ser responsável por estabelecer uma idade mínima geral para o trabalho —, permitiu exceção à idade mínima para fins da arte, da ciência ou da educação, ao dispor que "[...] as leis ou regulamentos nacionais poderão, através de licenças concedidas em casos individuais, permitir excepções [*sic*] às disposições dos arts. 2 e 3 da presente Convenção, a fim de permitir que as crianças compareçam em qualquer entretenimento público ou como atores ou supranumerários na realização de filmes cinematográficos" (OIT, 1937).

Em 1946, a Organização Internacional do Trabalho, preocupada com a saúde dos adolescentes, editou uma série de normas internacionais relativas à exigência de exames médicos para a aptidão nos trabalhos desenvolvidos por crianças e adolescentes, sendo as principais as Convenções de ns. 77, 78 e 79, ambas do mesmo ano.

A Convenção de n. 77 (OIT, 1946) foi responsável por fixar a exigência do exame médico de aptidão para os empregos nas indústrias,[(13)] públicas ou privadas, realizados por crianças ou adolescentes, dispondo, em seu art. 2º, 1, que os "[...] menores de 18 anos só poderão ser admitidos no emprego por uma empresa industrial se tiverem sido reconhecidos como aptos para o emprego em que serão ocupados, após um exame médico aprofundado" (OIT, 1946), dispondo ainda que tal aptidão deverá ser objeto de controle médico até a maioridade do adolescente (art. 3º, 1), com renovação de tais exames por um período não superior a um ano (art.3º, 2).

A Convenção de n. 78, de 1946, trata do exame médico em adolescentes nas consideradas profissões não industriais,[(14)] afirmando que os menores de dezoito anos de idade "[...] não podem ser admitidos ao emprego ou ao trabalho em profissões não industriais, salvo se, através de exame médico aprofundado, forem considerados aptos para o trabalho em causa" (art. 2º, 1), dispensando a sua própria aplicabilidade aos trabalhos considerados não perigosos à saúde destes e em empresas familiares (art. 1º, 4).

A norma previu, ainda, a necessidade constante de acompanhamento médico até o 18º aniversário da criança (art. 3º, 1), tendo como condição de a periodicidade de tais exames não serem superiores a um ano (art. 3º, 2), sendo que nas profissões que envolvem elevados riscos para a saúde tais exames médicos e os reexames de aptidão deverão ser feitos até, no mínimo,

---

(13) Nos termos do art. 1º, 2, da Convenção n. 77, de 1946, considera-se como empresas industriais: a) As minas, pedreiras e indústrias extrativas de qualquer natureza; b) As empresas em que se manufaturam, modificam, limpam, reparam, decoram, acabam, preparam para a venda, destroem ou demolem produtos, ou em que as matérias sofrem uma transformação, incluindo as empresas de construção de navios, de produção, de transformação e de transmissão da electricidade e da força motriz em geral; c) As empresas de construção e de engenharia civil, incluindo as obras de construção, reparação, manutenção, transformação e demolição; e d) As empresas de transporte de pessoas ou de mercadorias por estrada, via férrea, via fluvial ou via aérea, incluindo a manipulação das mercadorias nas docas, cais, molhes, entrepostos ou aeroportos.

(14) Nos termos do art. 1º, 2, o termo "profissões não industriais "inclui todas as profissões que não sejam as reconhecidas pela autoridade competente como profissões industriais, agrícolas e marítimas.

os vinte e um anos (art. 4º, 1), sob pena de descontinuidade da relação de trabalho (OIT, 1946).

No mesmo ano, a Conferência Internacional do Trabalho aprovou a sua 79ª Convenção, relativa ao trabalho noturno dos menores de dezoito anos nas profissões não industriais, autorizando, em seu art. 1º, 4, a isenção de sua aplicação, pelos países membros, os serviços domésticos e os trabalhos que não sejam considerados danosos, prejudiciais ou perigosos, desde que realizados em empresas exclusivamente familiares (OIT, 1946).

Aos menores de quatorze anos, nos termos da norma, não eram permitidas as realizações de trabalhos noturnos (art. 2º), que era compreendido como o período entre oito horas da noite e oito horas da manhã, bem como proibiu o trabalho durante doze horas consecutivas (art. 3º), incluindo-se neste intervalo entre 22 horas e seis horas da manhã, para aqueles com idade entre quatorze e dezoito anos (OIT, 1946).

A Convenção mencionada, em seu art. 3º, 2, faculta à autoridade competente, em casos excepcionais que afetam determinados ramos da atividade econômica, após ouvidos os empregadores e os trabalhadores, "[...] decidir que, no caso de crianças e jovens empregados nesse ramo de atividade ou área, o intervalo entre onze horas da noite e sete horas da manhã poderá ser substituído pelo intervalo entre dez horas da noite e seis horas da manhã" (OIT, 1946), reduzindo, dessa forma, a abrangência do período noturno e ampliado o período de possível labor de tais jovens.

Pode-se concluir, ainda, que as Convenções de n. 78 e 79 tratam dos exames médicos nas profissões consideradas como não industriais, visto que é a Convenção de n. 77 a responsável por regulamentar a exigência de tais exames nos considerados empregos industriais.

Posteriormente, em 1959, foi editada a Convenção de n. 112, que trata da idade mínima na pesca, que a fixou em quinze anos (art. 2º, 1), autorizando a participação eventual em navios de pesca, quando ocorrido nas férias escolares, bem como quando os trabalhos não sejam prejudiciais à saúde, à frequência escolar e que tenham como finalidade qualquer benefício comercial (art. 2º). Nos termos do art. 1º, 1, a norma excluiu a sua aplicabilidade da pesca realizada nos portos ou estuários e nas consideradas pescas recreativas (OIT, 1959). No que tange aos trabalhos em navios de pesca que sejam movidos a carvão, a norma proíbe o trabalho em tais embarcações aos menores de dezoito anos (OIT, 1959).

Em 1965, a Convenção n. 123, que ficou responsável por estabelecer regras sobre a idade mínima no trabalho subterrâneo, dispôs que cada país que a ratifique estabeleça uma idade mínima própria para os trabalhos subterrâneos, desde que não seja, de forma alguma, tal idade inferior a dezesseis anos (OIT, 1965).

Finalmente, ainda que não ratificadas pelo Estado brasileiro, as citadas normas representaram significativo avanço na tutela dos direitos fundamentais e laborais de crianças e adolescentes, bem como na garantia de uma infância plena e adequada a esse público.

As normas internacionais do trabalho ora analisadas foram o verdadeiro norte para as legislações internas de diversos países, responsável por iluminar ordenamentos jurídicos que ainda permitiam a exploração laboral de meninas e meninos sob alegações de ordem econômica, social e cultural, como ocorre no Brasil com os chamados "mitos do trabalho infantil".

Por derradeiro, verificadas as Convenções Internacionais do Trabalho que aludem sobre o trabalho de crianças, abordaremos algumas das espécies de trabalho infantil que são tipificadas, pelo ordenamento brasileiro, como crimes, havendo, dessa forma, não apenas a responsabilização laboral dos exploradores, mas também a criminal.

3.4. Espécies de trabalho infantil que configuram ilícitos penais no Brasil

A proibição de todas as formas de trabalho infantil, em regra, constitui uma proibição, mas não crime, ou seja, veda-se a sua realização, mas não a insere na seara criminal. Apesar de se constituir um ilícito laboral, algumas hipóteses se configuram verdadeiros ilícitos penais.

Ademais, não é o trabalho que a criança ou adolescente desenvolve, em regra, que se caracteriza como crime, mas a conduta ilícita de seu patrão. Assim, o objeto do trabalho desenvolvido pela criança pode até ser lícito, como ocorre com a venda de bebidas por adolescentes, mas a conduta de seu empregador — vender, dar ou facilitar o acesso às bebidas aos menores de dezoito anos — é que configura o ilícito penal, o mesmo ocorre quando há o emprego de maus-tratos na execução do trabalho.

Não obstante isso, tramitam no Congresso Nacional algumas propostas que visam tipificar penalmente a conduta de explorar a mão de obra infantil, a exemplo dos Projetos de Lei ns. 3.358/2012 e 237/2016, que preveem, respectivamente, penas de detenção de dois a quatro anos e de um a quatro anos, além de multa em ambos os casos, para aqueles que exploram o trabalho infantil. Entretanto, apesar da boa vontade do legislador em tentar coibir a exploração da mão de obra infantil, é evidente que o problema estudado, salvo exceções, se trata de uma questão de política pública, não política criminal. Criminalizar o trabalho infantil é querer criminalizar a própria pobreza.

Ademais, a criminalização genérica do trabalho infantil poderia gerar consequências penais para a própria família da criança, que, certamente, também se encontra em situação de vulnerabilidade, visto que poderiam ser enquadrados como partícipes, pois a lei penal também pune quem, de qualquer modo, concorre para o crime (CP, art. 29, *caput*). Portanto, abordaremos algumas exceções que fogem da proibição laboral e se inserem na esfera da ilicitude penal.

Segundo a Lei de Introdução ao Código Penal (Decreto-lei n. 3.914, de 9 de dezembro de 1941), crime é "[...] a infração penal que a lei comina pena de reclusão ou de detenção, quer isoladamente, quer alternativa ou cumulativamente com a pena de multa; contravenção, a infração penal a que a lei comina, isoladamente, pena de prisão simples ou de multa, ou ambas, alternativa ou cumulativamente" (BRASIL, 1941).

Entende-se por crime toda ação típica, antijurídica/ilícita e culpável (BITENCOURT, 2020), devendo tal ação reunir cumulativamente os três pressupostos acima descritos para que seja de fato um crime. Assim, faz-se necessário que a lei positive tal conduta como crime e que o seja censurável, ou mesmo podendo se definir como o juízo de reprovação sobre aquele que praticou a ação típica e ilícita, e que poderia ter agido de maneira diversa, ou de acordo com a lei.

Citam-se, mais adiante, alguns exemplos de exploração do trabalho infantil que se caracterizam como ações típicas e antijurídicas pela Lei Penal brasileira e pelo Estatuto da Criança e do Adolescente.

Finalmente, como destacado, não obstante o trabalho infantil ser um ilícito trabalhista, há exceções que se configuram verdadeiros ilícitos penais, constituindo verdadeiros crimes contra as crianças e os adolescentes. Dentre as exceções, podemos citar a exploração sexual de crianças e adolescentes, a redução de uma criança ou adolescente à condição de trabalho análogo a escravidão ou no trabalho em que haja o emprego de maus-tratos, conforme se verá mais abaixo.

3.4.1. Exploração sexual de crianças e adolescentes como uma das piores formas de trabalho infantil

Outra forma de trabalho que viola a dignidade e a integridade física, moral e psíquica das crianças, sem dúvida, é a exploração sexual delas, fenômeno este que ocorre nas mais diversas regiões do Brasil.

Inicialmente, cabe destacar a exploração sexual como uma das consideradas piores formas de trabalho infantil, o que gera certo debate, pois, como reconhecer tal exploração tão repugnante como uma forma de trabalho? Pois bem, o que se tem, em verdade, é a comercialização, por terceiros, do corpo da criança ou do adolescente, mediante remuneração, tem-se caracterizada uma relação de trabalho forçado — em razão do vício de consentimento — e ilícito, mas que não deixa de ser trabalho (COUTINHO e NEVES, 2022).

Para Maria Lilian Leal de Souza e Mirella D'Arc de Melo Cahú Arcoverde (*apud* NOCCHI; VELLOSO e FAVA, 2015, p. 218):

> [...] não há como retirar do conceito geral de trabalho quando uma criança ou adolescente é submetido à realização de serviços de ordem sexual a outro, que se beneficia do serviço prestado,

mediante pagamentos de qualquer espécie. O que qualifica esse tipo de relação como de exploração sexual é que no caso em concreto não podemos falar numa situação de igualdade entre os sujeitos envolvidos de forma a termos uma livre manifestação de vontade. Especificamente porque em um dos polos da relação temos uma criança ou adolescente, muitas das vezes em premente necessidade de obter condições materiais para sobrevivência e, ainda, estimulado pelos pais que se beneficiam do pagamento dos serviços.

Conforme preleciona Carvalho (2020, p. 319), no que tange à qualificação da exploração, "a configuração legal da exploração sexual comercial de crianças e adolescentes como relação de trabalho ilícita, degradante e violadora da dignidade da pessoa humana e do patrimônio ético-moral da sociedade [...]", assim, resta evidente que a exploração sexual, além do caráter de ilicitude, há a conjunção de dois outros fatores, quais sejam o de trabalho degradante e da afronta direta à dignidade da criança.

Popularmente, o ilícito é conhecido como "prostituição infantil", entretanto, é um grande erro a nomenclatura. Primeiro pelo fato de a criança ou o adolescente não se prostituir, mas ter o seu corpo explorado, visto que, por sua condição peculiar de desenvolvimento, não poderia consentir com a situação a que foi submetida. Segundo, em razão da prostituição ser um trabalho realizado por pessoas adultas e não constituir crime, ao contrário da exploração ora debatida, que constitui uma verdadeira objetificação da criança explorada. Assim, a criança e o adolescente não se prostituem, são explorados, quer seja por quem agencia quer seja por quem se aproveita do seu corpo.

A Organização Internacional do Trabalho estabelece na sua Convenção n. 182, art. 3º, "b", que também se caracteriza como pior forma de trabalho infantil a "utilização, demanda e oferta de criança para fins de prostituição, produção de pornografia ou atuações pornográficas" (OIT, 1999), o que apenas reforça o caráter de labor degradante da conduta.

O Código Penal Brasileiro, no art. 218-B, tipifica como crime a conduta de favorecer a prostituição ou qualquer outra forma de exploração sexual de criança, adolescente ou de vulnerável (BRASIL, 1940):

> Favorecimento da prostituição ou de outra forma de exploração sexual de criança ou adolescente ou de vulnerável. *(Redação dada pela Lei n. 12.978, de 2014)*
>
> Art. 218-B. Submeter, induzir ou atrair à prostituição ou outra forma de exploração sexual alguém menor de 18 (dezoito) anos ou que, por enfermidade ou deficiência mental, não tem o necessário discernimento para a prática do ato, facilitá-la, impedir ou dificultar que a abandone: *(Incluído pela Lei n. 12.015, de 2009)*
>
> Pena – reclusão, de 4 (quatro) a 10 (dez) anos. *(Incluído pela Lei n. 12.015, de 2009)*
>
> § 1º Se o crime é praticado com o fim de obter vantagem econômica, aplica-se também multa. *(Incluído pela Lei n. 12.015, de 2009)*
>
> § 2º Incorre nas mesmas penas: *(Incluído pela Lei n. 12.015, de 2009)*
>
> — quem pratica conjunção carnal ou outro ato libidinoso com alguém menor de 18 (dezoito) e maior de 14 (catorze) anos na situação descrita no *caput* deste artigo; *(Incluído pela Lei n. 12.015, de 2009)*
>
> — o proprietário, o gerente ou o responsável pelo local em que se verifiquem as práticas referidas no *caput* deste artigo. *(Incluído pela Lei n. 12.015, de 2009)*
>
> § 3º Na hipótese do inciso II do § 2º, constitui efeito obrigatório da condenação a cassação da licença de localização e de funcionamento do estabelecimento.

Em mesmo sentido foi positivado na Lei n. 8.069/90:

> Art. 244-A. Submeter criança ou adolescente, como tais definidos no *caput* do art. 2º desta Lei, à prostituição ou à exploração sexual:
>
> Pena – reclusão de quatro a dez anos e multa, além da perda de bens e valores utilizados na prática criminosa em favor do Fundo dos Direitos da Criança e do Adolescente da unidade da Federação (Estado ou Distrito Federal) em que foi cometido o crime, ressalvado o direito de terceiro de boa-fé. *(Redação dada pela Lei n. 13.440, de 2017)*
>
> § 1º Incorrem nas mesmas penas o proprietário, o gerente ou o responsável pelo local em que se verifique a submissão de criança ou adolescente às práticas referidas no *caput* deste artigo.
>
> § 2º Constitui efeito obrigatório da condenação a cassação da licença de localização e de funcionamento do estabelecimento.

Entende-se que o art. 244-A do ECA foi tacitamente revogado pelo art. 218- B do CP, que foi incluído pela Lei n. 12.015/2009 (Cunha *et al.*, 2019, p. 476). Há de se observar que a conduta tipificada no ECA foi completamente abrangida pela que foi também tipificada no Código Penal, além do que incluiu como partícipe do crime os chamados "clientes ocasionais" (CP, art. 218-B, § 2º, I), que anteriormente não eram incluídos na tipificação feita pelo Estatuto.

Cabe destacar que se encontra presente nos artigos supracitados uma atecnia por parte do legislador ao tratar a exploração sexual de crianças e adolescentes como prostituição, visto que esta última (prostituição), conforme retratado, quando praticada por adultos, não constitui fato ilícito, razão pela qual não se pode referir a prática da exploração de crianças como prostituição. Em suma, não se poderia fazer mera analogia da conduta tipificada no art. 218-B do Código Penal ao crime de rufianismo[15] (CP, art. 230), pois, diferentemente deste último, as crianças e os adolescentes não dispõem da mesma autonomia e consentimento que os sujeitos adultos possuem para se prostituir.

3.4.2. *Trabalho infantil em condições análogas à escravidão*

Outra das piores formas de trabalho infantil que é tipificada como crime pela legislação penal brasileira é a conduta de reduzir crianças ou adolescentes à condição de trabalho análoga à escravidão.

É importante fazer uma breve explicação quanto ao termo correto a ser utilizado, visto que é muito comum denominarmos de "trabalho escravo" ou "trabalho forçado" para designar a violação ora analisada, mas não correspondem tecnicamente a ela. Esta última por traduzir apenas uma das modalidades que o crime constitui aquela primeira, como também por remeter ao regime formalmente abolido em 1888 no Brasil.

A Convenção n. 182 da OIT, já examinada na presente obra, compreende como uma das piores formas de trabalho infantil, em seu art. 3º,

(15) Rufianismo é a conduta tipificada no art. 230 do Código Penal para aquele que "tirar proveito da prostituição alheia, participando diretamente de seus lucros ou fazendo-se sustentar, no todo ou em parte, por quem a exerça", com pena de reclusão de um a quatro anos além de multa.

"a", "todas as formas de escravidão ou práticas análogas à escravidão, como venda e tráfico de crianças, sujeição por dívida, servidão, trabalho forçado ou compulsório [...]" (OIT, 1999).

Para o Direito Internacional, a referida conduta é tida como um crime contra a humanidade, visto que, nos termos do Estatuto de Roma do Tribunal Penal Internacional, mais especificamente em seu art. 7º, 1, "c", *in verbis*:

> Art. 7º
>
> Crimes contra a Humanidade
>
> 1. Para os efeitos do presente Estatuto, entende-se por "crime contra a humanidade", qualquer um dos atos seguintes, quando cometido no quadro de um ataque, generalizado ou sistemático, contra qualquer população civil, havendo conhecimento desse ataque:
>
> [...]
>
> *c)* Escravidão;

A Lei Penal brasileira, em seu art. 149, positiva como crime a sujeição de qualquer pessoa a condições de trabalho análogas à da escravidão (BRASIL, 1940), *in verbis*:

> Redução a condição análoga à de escravo
>
> Art. 149. Reduzir alguém a condição análoga à de escravo, quer submetendo-o a trabalhos forçados ou a jornada exaustiva, quer sujeitando-o a condições degradantes de trabalho, quer restringindo, por qualquer meio, sua locomoção em razão de dívida contraída com o empregador ou preposto:
>
> Pena – reclusão, de dois a oito anos, e multa, além da pena correspondente à violência.
>
> § 1º Nas mesmas penas incorre quem:
>
> — cerceia o uso de qualquer meio de transporte por parte do trabalhador, com o fim de retê-lo no local de trabalho;
>
> — mantém vigilância ostensiva no local de trabalho ou se apodera de documentos ou objetos pessoais do trabalhador, com o fim de retê-lo no local de trabalho.
>
> § 2º A pena é aumentada de metade, se o crime é cometido:
>
> — contra criança ou adolescente;
>
> — por motivo de preconceito de raça, cor, etnia, religião ou origem.

O mencionado crime é tão cruel e desumano que o legislador deu à necessidade de combatê-lo verdadeiro *status* constitucional, passando a Constituição a prever, após a Emenda Constitucional n. 81/2014, a possibilidade de expropriação das terras em que sejam encontrados trabalhos em condições análogas à da escravidão, em seu art. 243 (BRASIL, 1988).

É salutar que o trabalho análogo ao escravo de adultos tem estrita relação com a exploração do trabalho infantil, sendo grande parte dos adultos resgatados em condições de trabalho análogas à escravidão pelas fiscalizações trabalhistas oriundos do trabalho infantil, como bem destacaram Cunha e Pereira (2020, p. 167):

> O trabalho infantil é filho da escravidão e pai do trabalho escravo. Não falamos isso apenas pelo legado da nossa herança cultural, mas também por todos os problemas que dela decorrem. Uma pesquisa realizada pela OIT, no ano de 2007, mostra que 93% dos trabalhadores resgatados do trabalho escravo eram egressos do trabalho infantil (BRASIL, 2012).

Bitencourt (2020, p. 1.310 -1.311) chama a atenção para a conduta tipificada no art. 238 do ECA, ao prever como crime a conduta de "prometer ou efetivar a entrega de filho ou pupilo a terceiro, mediante paga ou recompensa" (BRASIL, 1990), asseverando que a própria Lei especial previu o crime de reduzir crianças ou adolescentes à condição de escravidão:

> Guardadas as proporções, e sendo condescendente no exame da taxatividade da tipicidade, referido dispositivo disciplina uma espécie *sui generis* do crime de reduzir a condição análoga à de escravo, pois, desde que a escravidão foi abolida no nosso país, vender alguém como res é dispensar-lhe tratamento semelhante ao que davam, no seu tempo, aos escravos. Na verdade, na dicção do artigo em exame, filho ou pupilo são vendidos como mercadoria; ora, essa disponibilidade do filho ou pupilo, incluindo a *traditio*, é o exemplo mais eloquente de reduzir alguém à condição análoga à de escravo.

Recentemente, o Tribunal Superior do Trabalho,[16] em julgado histórico, entendeu pela inaplicabilidade das prescrições trabalhistas convencionais

---

(16) RECURSO DE REVISTA DO MPT. ACÓRDÃO REGIONAL PUBLICADO NA VIGÊNCIA DA LEI N. 13.467/2017. AÇÃO CIVIL PÚBLICA – TRABALHO DOMÉSTICO EM CONDIÇÕES ANÁLOGAS À ESCRAVIDÃO – DESMISTIFICAÇÃO DO ARGUMENTO "COMO SE FOSSE DA FAMÍLIA" – GRAVE VIOLAÇÃO AOS DIREITOS HUMANOS – RECONHECIMENTO DA IMPRESCRITIBILIDADE DO DIREITO ABSOLUTO A NÃO ESCRAVIZAÇÃO. [...] Não obstante, na verdade, referidos trabalhadores são submetidos à realidade para a qual foram arregimentados: trabalhar ininterruptas horas, sem direito a salários, descanso remunerado, férias, etc., recebendo, quase sempre, pequenos agrados ou pequenas quantias em dinheiro, apenas para sobrevivência, sofrendo restrição alimentar e todo tipo de humilhação e de violência moral e física. Ressalte-se que esse tipo de exploração criminosa é demasiadamente mais difícil de ser constatada por ocorrer no íntimo de uma residência familiar, longe dos olhos da sociedade e dos órgãos de fiscalização do trabalho, favorecendo a continuidade delitiva por longos anos, atribuindo à pessoa o vergonhoso status de patrimônio familiar, chegando, comumente, a ser transmitido pelas gerações de parentes da família empregadora. O reconhecimento da prescrição no caso dos autos projeta uma anuência a essa violação ao direito fundamental a não ser escravizado – que encontra seu análogo na proibição ao tratamento desumano ou degradante, inscrito no art. 5º, inciso III, da Constituição da República. Além disso, a liberdade do indivíduo é direito fundamental que só pode sofrer restrição por parte do Estado através de um devido processo legal (art. 5º, inciso LIV, CF). Não há autorização constitucional para restrição de liberdade em uma relação privada, o que inclui um vínculo de emprego. A pujança da tese que defende a imprescritibilidade das ações envolvendo a conduta de redução análoga à escravidão é de tal importância que o Ministério Público da União ajuizou, recentemente, a ADPF 1.053. Nela, o PGR postula seja declarada a não recepção, sem redução de texto, dos artigos do Código Penal relativos à prescrição, em especial os arts. 107, inciso IV, e 109 a 112 do CP, quanto ao tipo penal de redução à condição análoga à de escravo, previsto no art. 149 do Código Penal, a fim de torná-lo imprescritível. É certo que as esferas penal e trabalhista não se confundem e, a rigor, não se comunicam. Porém, na hipótese específica do ilícito em comento, não há como admitir que o Estado compactue com a ausência de punição por decurso temporal em detrimento do direito da vítima à reparação integral e da responsabilização, inclusive pecuniária, do algoz por todas as consequências advindas daquela prática. Isso implicaria não só em um salvo conduto ao explorador, como também em um estímulo à repetição e perpetuação do ilícito na nossa sociedade. Além disso, é amplamente reconhecido, na jurisprudência e na doutrina constitucionalista, que os direitos e garantias fundamentais listados no art. 5º da Constituição de 1988 possuem características essenciais, dentre elas a imprescritibilidade. Portanto, fica claro que o direito à liberdade e à impossibilidade de submissão à condição análoga à escravidão constitui garantia fundamental, com previsão no inciso XIII do art. 5º da CF/88, não podendo ser alcançado pela prescrição. Trata-se de interpretação sistemática, que busca assegurar a máxima efetividade das liberdades civis dos cidadãos. [...]. Por isso, é fundamental aplicar de forma analógica o entendimento firmado na Súmula n. 647 do STJ, que reconhece a imprescritibilidade das ações indenizatórias por danos morais e materiais decorrentes de atos de perseguição política com violação de direitos fundamentais ocorridos durante o regime militar, aos casos de trabalho em condição análoga à de escravo. Além disso, no período anterior a 2015 (atingido supostamente pela prescrição quinquenal trabalhista do art. 7º, XXIX, da Constituição da República), a vítima era considerada,

nas ações em que seja objeto a condenação por redução de trabalhador a condições de labor análogas à escravidão, por entender que tal condição é absolutamente desumana, de modo a retirar do trabalhador qualquer possibilidade de se insurgir judicialmente contra o patrão (TST, 2023):

> [...] a prescrição relativa às pretensões envolvendo o período em que a vítima foi submetida à condição análoga à escravidão não poderia correr considerando que a presente ação tem como objeto fato que deve ser apurado no juízo criminal, nos termos do art. 200 do Código Civil. Não se pode, assim, entender plausível a limitação do direito absoluto a não se submeter à servidão pela eventual incidência do instituto da prescrição, mormente porque o Estado Brasileiro, também signatário da Convenção n. 29 da OIT, que versa sobre o trabalho forçado ou obrigatório, e da Convenção n. 105 da OIT, que trata da abolição do trabalho forçado e proíbe o uso de toda forma de trabalho forçado ou obrigatório, comprometeu-se a combater e reprimir, sem qualquer restrição, as práticas de escravidão moderna. Dessa forma, há que se prover o recurso a fim de se reconhecer imprescritível a pretensão da parte reduzida a trabalho análogo à de escravo, sendo devidos todos os direitos trabalhistas desde o início da prestação de serviço, nos idos de 1998.

Assim, além de crime positivado no art. 149 do Código Penal, de crime contra a humanidade previsto no art. 7º do Estatuto de Roma, o trabalho em condições análogas à escravidão, quando praticado contra menores de dezoito anos, configura ainda uma das piores formas de trabalho infantil, nos termos da Convenção de n. 182 da OIT.

---

pelo ordenamento jurídico brasileiro como absolutamente incapaz, conforme as regras vigentes à época. Assim, contra ela não poderia correr a prescrição, nos termos do art. 198, inciso I, do Código Civil. Além desta incapacidade provisória, a prescrição relativa às pretensões envolvendo o período em que a vítima foi submetida à condição análoga à escravidão não poderia correr considerando que a presente ação tem como objeto fato que deve ser apurado no juízo criminal, nos termos do art. 200 do Código Civil. Não se pode, assim, entender plausível a limitação do direito absoluto a não se submeter à servidão pela eventual incidência do instituto da prescrição, mormente porque o Estado Brasileiro, também signatário da Convenção n. 29 da OIT, que versa sobre o trabalho forçado ou obrigatório, e da Convenção n. 105 da OIT, que trata da abolição do trabalho forçado e proíbe o uso de toda forma de trabalho forçado ou obrigatório, comprometeu-se a combater e reprimir, sem qualquer restrição, as práticas de escravidão moderna [...] (TST-RRAg-1000612-76.2020.5.02.0053, 2ª Turma, relª. Minª. Liana Chaib, julgado em 18.10.2023).

3.4.3. Trabalho infantil com o emprego de maus-tratos

Outra das hipóteses de trabalho infantil que se inclui no rol dos ilícitos penais é o que há o emprego de maus-tratos, tipificado no art. 136 do CP, que prevê como crime a conduta de "Expor a perigo a vida ou a saúde de pessoa sob sua autoridade, guarda ou vigilância, para fim de educação, ensino, tratamento ou custódia, quer privando-a de alimentação ou cuidados indispensáveis, quer sujeitando-a a trabalho excessivo ou inadequado, quer abusando de meios de correção ou disciplina" (BRASIL, 1940).

Ao mencionado crime foi atribuída pena de detenção de dois meses a um ano (CP, art. 136, *caput*), porém, se do ato resultar lesão corporal grave (CP, art.136, §1º) ou morte (CP, art. 136, § 2º), será punido com pena de reclusão, que varia entre um e quatro anos e quatro e doze anos, respectivamente.

Cabe destacar, ainda, que a aludida tipificação guarda dois bens jurídicos especiais, que são a vida e a saúde do ser humano, "[...] ou seja, a integridade fisiopsíquica do ser humano, especialmente daqueles submetidos à autoridade, guarda ou vigilância para fins de educação, ensino, tratamento ou custódia" (BITENCOURT, 2020, p. 998), como crianças, adolescentes e idosos.

Conforme leciona Cezar Roberto Bitencourt (2020, p. 989), o crime previsto no art. 136 do Código Penal trata de crime próprio, ou seja, é uma modalidade de crime que apenas pode ser praticada por determinada categoria de pessoas, exigindo qualidade especial desses sujeitos ativos, a exemplo do crime de infanticídio (CP, art. 123), que só pode ser cometido pela mãe da vítima quando em estado puerperal.

Assim, no que tange aos sujeitos ativo (autor) e passivo (vítima) do tipo penal estudado, Cunha (2023, p. 196) destaca que podem ser autores aqueles que, por razão do direito privado, público ou administrativo detenha autoridade, guarda ou vigilância em relação ao sujeito passivo, o que inclui até mesmo o empregado doméstico contratado para cuidar da saúde de incapaz, enquanto que podem ser considerados vítimas do referido crime "[...] aqueles que se encontrem sob o poder disciplinador do agente, pessoas subordinadas ao sujeito ativo para fins de educação, ensino, tratamento ou custódia [...]".

Conforme aduz Bitencourt (2020, p. 991), a relação de subordinação entre os sujeitos trata-se de uma elementar típica especializante, cuja função é tornar a figura típica um crime próprio ou especial, podendo apenas ser praticado por aqueles que estejam na condição de autoridade, guardião ou vigilante da vítima, visto que, caso se afaste tal condição por quem pratica o ato, estaria, também, se afastando da conduta prevista no art. 136 do CP, ainda que com o intuito dos fins lá previstos.

Resta ainda saber o que seria, para fins do tipo penal, a sujeição de crianças e adolescentes aos trabalhos excessivos ou inadequados previstos no tipo penal aqui analisado. Bitencourt (2020, p. 994) menciona que:

> [...] será excessivo o trabalho que ultrapassar o limite das forças ou das capacidades da vítima ou que lhe causar cansaço além do suportável. Será inadequado o trabalho que não for compatível com as condições físico-orgânicas da vítima ou com suas aptidões pessoais e profissionais, de acordo com idade, sexo, compleição física etc.

Pelo exposto, aquele que tem sob sua autoridade, guarda ou vigilância e expõe a perigo a vida ou a saúde de uma criança ou um adolescente, sujeitando a um trabalho excessivo ou inadequado, comete o crime de maus-tratos na forma do art. 136 do Código Penal.

Merece destaque, ainda, a possibilidade da referida conduta também ser classificada como trabalho em condições análogas à escravidão, visto que a característica de trabalho forçado e de jornada exaustiva são condutas tipificadas como modalidade de tal crime previsto no art. 149 do Código Penal. Entende-se que, nesses casos, há um concurso formal dos crimes de maus-tratos e de redução de outrem a condições de trabalho análogas à escravidão.

3.4.4. Trabalho infantil em contato com bebidas alcoólicas

No exercício do labor precoce, as crianças se encontram em situação de completa vulnerabilidade tanto em relação aos fatores ocupacionais (como doenças ou acidentes de trabalho) quanto aos fatores externos (como assédios), situações essas que são absolutamente incompatíveis com a proteção integral positivada na Constituição Federal e no Estatuto da Criança e do Adolescente.

Existem ainda outras hipóteses em que, em razão dos objetos com que as crianças e os adolescentes mantêm contato no ambiente de trabalho, podem levar a mencionada relação jurídica a ser classificadas como crime, a exemplo do positivado no art. 243 do Estatuto da Criança e do Adolescente, *in verbis*:

> Art. 243 Vender, fornecer, servir, ministrar ou entregar, ainda que gratuitamente, de qualquer forma, a criança ou a adolescente, bebida alcoólica ou, sem justa causa, outros produtos cujos componentes possam causar dependência física ou psíquica:
>
> Pena – detenção, de 2 (dois) a 4 (quatro) anos, e multa, se o fato não constitui crime mais grave.

Desta forma, verifica-se que fornecer, de qualquer forma, bebidas alcoólicas a menores de dezoito anos de idade configura-se o crime previsto no art. 243 do ECA. Há verdadeiras formas de trabalho precoce que possuem o tipo penal descrito, como ocorre, por exemplo, nos trabalhos realizados em bares, casas de shows, barracas de praia, onde tais sujeitos de direito vendem e servem tais bebidas a seus clientes.

Conforme aduzem Cunha *et al.* (2019, p. 474), o referido crime se consuma "[...] no momento em que o agente vende, fornece, serve, ministra ou entrega, ainda que gratuitamente, de qualquer forma, a criança ou a adolescente, bebida alcoólica ou outros produtos cujos componentes possam causar dependência física ou psíquica".

Apesar da conduta tipificada no Estatuto não se constituir, diretamente, uma espécie de trabalho infantil, algumas modalidades de labor por crianças incluem esse crime, como é o caso do trabalho em bares, restaurantes, barracas de bebidas e em eventos, onde meninas e meninos vendem bebidas, dentre elas bebidas alcoólicas. Assim sendo, ainda que o empregador ou o fornecedor do material à criança não perceba, ao realizar determinada prática, comete o crime positivado no art. 243 do Estatuto da Criança.

Assim, conforme apontado, não obstante a vedação ao trabalho precoce ser um ilícito, em regra, de natureza trabalhista, em determinados casos, tal vedação assume caráter penal, justificando-se pela necessidade de se punir a violação a determinados bens jurídicos.

Porém, a mera criminalização genérica de toda e qualquer forma de trabalho infantil seria a criminalização da própria pobreza.

3.5. Trabalhos executados por menores de dezoito anos e a legislação brasileira

A legislação laboral brasileira passou por grande evolução até atingir o seu estágio atual, com o objetivo de mediar o conflito existente entre o trabalho e o capital, foi criada para garantir a dignidade no ambiente de trabalho, bem como para coibir a exploração dos hipossuficientes (trabalhadores) nas relações desiguais. Esse caráter tuitivo do Direito do Trabalho é intensificado quando o trabalhador se encontra em situação de hipervulnerabilidade, que é ocasionada por sua condição pessoal, como é o caso os trabalhadores menores de dezoito anos de idade, que exige a criação de regras especiais de labor para esse público.

O trabalho exercido por aqueles considerados como prioridades absolutas sujeita-se a regras especiais, necessitando de uma proteção maior do que aquela conferida aos trabalhadores adultos, em razão da necessidade de promover o pleno desenvolvimento desse mesmo sujeito, não podendo o exercício do labor se sobrepor à proteção integral e à prioridade a eles conferidas.

Em verdade, podemos concluir que existe um microssistema normativo de proteção ao trabalhador adolescente, estabelecendo regras e princípios próprios, e até afastando dispositivos da legislação laboral comum, com o nítido intuito de promover a formação e o trabalho decente ao sujeito de direitos, colocando-o a salvo de qualquer atividade que ponha em risco a sua vida, saúde ou moralidade.

As regras especiais, conforme destacado, fundamentam-se na condição de desenvolvimento das crianças e dos adolescentes, na necessidade de se promover a proteção integral, inclusive no ambiente de trabalho, de tais sujeitos de direitos, na promoção da prioridade absoluta, e no dever dos adultos lhes assegurar o pleno desenvolvimento físico, mental, moral, espiritual e social (GARCIA, 2021).

Por último, para analisar referidos dispositivos, é necessário dividi-los em dois grupos, sendo o primeiro composto pelas normas autorizativas — trabalhos expressamente permitidos ou não vedados pela legislação — e as exceções às normas de caráter proibitivo, especialmente aquelas previstas no art. 7º, XXXIII, da Constituição e a prevista no art. 67 do Estatuto da Criança e do Adolescente (ECA).

3.5.1. Trabalhos permitidos pela legislação brasileira

Conforme comentado alhures, a regra geral do labor dos menores de dezoito anos de idade é contida na própria Constituição da República, ao proibir o "trabalho noturno, perigoso ou insalubre a menores de dezoito e de qualquer trabalho a menores de dezesseis anos, salvo na condição de aprendiz, a partir de quatorze anos" (BRASIL, 1988). Assim, extrai-se desse normativo constitucional que há três categorias diferentes de exercício do labor por adolescentes no ordenamento brasileiro, quais sejam: a) aos 14 anos de idade; b) aos 16 anos de idade; e c) aos 18 anos de idade.

Inicialmente, pode-se observar que a regra geral do trabalho é a permissão apenas aos dezesseis anos de idade. Nessa idade, os adolescentes podem exercer o labor de 8 (oito) horas diárias, ter sua Carteira de Trabalho e Previdência Social (CTPS) assinada e até cumprir jornadas extras de trabalho, da mesma forma que um trabalhador adulto. Entretanto, este não pode exercer os trabalhos considerados noturnos, perigosos ou insalubres, além dos penosos e considerados prejudiciais à sua formação, em razão da condição peculiar de desenvolvimento em que se encontra (BRASIL, 1990).

Todavia, a Constituição Federal faz uma exceção à idade mínima para o trabalho, possibilitando a realização da aprendizagem profissional, que é modalidade especial de emprego, a partir dos quatorze anos de idade (BRASIL, 1988).

Por fim, aos dezoito anos de idade os trabalhadores adquirem capacidade trabalhista plena, podendo exercer trabalhos noturnos, perigosos ou insalubres, visto que não se encontram mais sob o guarda-chuva da proteção integral e da prioridade absoluta, que, evidentemente, não é compatível com os trabalhos que colocam em risco a saúde e a segurança dos adolescentes.

Ainda que o ECA reconheça a sua subsidiariedade em matéria trabalhista (ECA, art. 61), a Lei especial traz algumas disposições relativas ao trabalho dos adolescentes, especialmente no art. 67, que proíbe os trabalhos noturnos, perigosos, insalubres ou penosos, bem como o realizado em locais prejudiciais à sua formação e ao seu desenvolvimento físico, psíquico, moral e social, ou aquele realizado em horários e locais que não permitam a frequência à escola (BRASIL, 1990).

No mesmo artigo, o Estatuto prevê cinco espécies de trabalho para os adolescentes, quais sejam: a) empregado; b) aprendiz; c) em regime familiar de trabalho; d) aluno de escola técnica; e e) assistido em entidade governamental ou não governamental (trabalho educativo) (BRASIL, 1990).

No que tange à aprendizagem e ao emprego propriamente dito, estes já foram bem explanados nos tópicos anteriores, configurando, em ambos os casos, contratos de trabalhos regidos pelas regras da CLT. Todavia, aquela primeira modalidade é exceção à regra constitucional dos dezesseis anos, possuindo carga horária e limitação de idade — apenas pessoas entre 14 e 24 anos podem ser aprendizes, excepcionadas as pessoas com deficiência, que não se restringem ao limite mencionado.

Em relação ao regime familiar de trabalho, podemos defini-lo como aquele realizado em oficinas nas quais trabalhem exclusivamente pessoas da família do adolescente. Todavia, o parágrafo único do art. 402 da CLT exclui a aplicabilidade do capítulo que trata da proteção ao trabalhador adolescente aos trabalhos educativos, com exceção do disposto nos arts. 404 e 405 da CLT, bem como da seção II, que tratam da vedação ao trabalho noturno, da proibição prestação de trabalhos em atividades perigosas, insalubres ou prejudiciais à moralidade, bem como das regras de duração do trabalho, respectivamente (BRASIL, 1943).

Parte da doutrina entende que ao regime familiar de trabalho não se aplica a regra do vínculo empregatício, por se estar diante do exercício do poder familiar previsto no art. 1634, I e VII, do Código Civil (CC), que, dentre outras coisas, concede aos responsáveis a competência de dirigir a criação e educação do adolescente (BRASIL, 2002).

Entretanto, outra parte entende que não há óbice para o reconhecimento de vínculo empregatício em tais casos, e consequentemente a respectiva anotação na CTPS, visto que, nos termos do art. 13 da CLT, existe a obrigação de assinar a Carteira de Trabalho, incluindo-se aos trabalhos realizados em regime de economia familiar (BEZERRA LEITE, 2020).

Finalmente, no que tange ao trabalho educativo, trata-se de modalidade de trabalho não regulamentada pela legislação, sendo definido pelo próprio Estatuto como "[...] a atividade laboral em que as exigências pedagógicas relativas ao desenvolvimento pessoal e social do educando prevalecem sobre o aspecto produtivo" (ECA, art. 68, §1º).

O trabalho educativo, ou trabalho assistido como em sua versão original, surgiu com a edição do Decreto-lei n. 2.318, de 30 de dezembro de 1986, que dispunha que as empresas com mais de cinco empregados deveriam admitir como assistidos, com a duração de trabalho de quatro horas diárias, pessoas entre doze e dezoito anos de idade, fixando um percentual de cinco por cento do número total de empregados para tanto (BRASIL, 1986).

Nitidamente, a modalidade de trabalho é um reflexo do que dispunha a Constituição de 1967, que permitia o trabalho a partir dos doze anos de idade. Assim, se considerássemos que o trabalho educativo é compatível com a Carta Magna de 1988, esse trabalho não poderia ser executado por menores de dezesseis anos de idade, haja vista a regra geral contida no art. 7º, XXXIII, sob pena de inconstitucionalidade.

Poderíamos questionar se, com o trabalho educativo, não estaríamos diante do que hoje conhecemos como contrato de aprendizagem profissional, previsto no art. 428 da Consolidação das Leis do Trabalho. Porém, há consideráveis diferenças entre ambas as modalidades.

Primeiro, a aprendizagem é um contrato de trabalho que exige a presença de uma entidade formadora responsável pela capacitação profissional do adolescente, não havendo a mesma exigência para a execução do trabalho educativo, preferindo o legislador optar por programa social, executado por entidade governamental ou não governamental sem fins lucrativos (BRASIL,

1990). Por segundo, pela literalidade do § 4º, do art. 4º, do Decreto-lei n. 2.318, de 1986, extrai-se que as empresas que contassem com adolescentes em regime de trabalho educativo não estariam sujeitas a quaisquer encargos previdenciários, bem como não estariam obrigadas a recolher o Fundo de Garantia do Tempo de Serviço (FGTS) (BRASIL, 1986), ao contrário do contrato de aprendizagem, que, além das contribuições previdenciárias, os empregadores devem recolher FGTS no montante de dois por cento — por disposição expressa no art. 15, § 7º, da Lei n. 8.036/90. Por terceiro, vale observar que a aprendizagem profissional possui o limite temporal, que vai dos quatorze aos vinte e quatro anos de idade (art. 428, da CLT), o que não ocorre com o labor educativo, que, na forma art. 4º, do Decreto-lei n. 2.318, se restringe a pessoas com idade entre doze e dezoito anos — porém, conforme já destacado em linhas pretéritas, se considerarmos tal modalidade de labor compatível com o ordenamento constitucional vigente, teria início aos dezesseis anos e término aos dezoito anos de idade.

Destaque-se, ainda, que, não obstante ser a aprendizagem uma forma de trabalho em que, além da produção, tem como objetivo o desenvolvimento profissional e social do aprendiz, essa modalidade de trabalho é, em verdade, um contrato especial de emprego, tendo o aspecto produtivo preponderância sobre a aprendizagem, o que não pode ocorrer, de forma alguma, com o trabalho educativo (COELHO, 2005, p. 44):

> O que se busca com isso é que o aspecto produtivo jamais pode ser preponderante no desenvolvimento do trabalho educativo; isso quer dizer que as crianças e os adolescentes podem desenvolver uma atividade, mas sem qualquer compromisso com produtividade, jornada ou mesmo com a rotina de uma empresa. Nesse sentido, busca-se diferenciar os processos produtivos que são desenvolvidos na empresa e nas entidades. Na empresa, busca-se a plena produção, visando a consecução de lucro em concorrência com as demais empresas, enquanto no programa de trabalho educativo a finalidade buscada é a transmissão de ensinamentos que possibilitem a capacitação da criança ou adolescente, tudo dentro de um processo pedagógico organizado, sem visar lucro.

Assim, ainda que o adolescente perceba remuneração pelo trabalho efetuado ou que a remuneração que seja resultado na participação da venda dos produtos de seu trabalho, nos termos do art. 68, § 2º, do ECA, isso não desfigura o caráter educativo (BRASIL, 1990).

Nesse contexto, juntamo-nos aos que advogam pela inaplicabilidade da referida modalidade de trabalho, pois nunca foi devidamente regulamentada pelo legislador, bem como teve parte de seus objetivos abrangidos pela Lei n. 10.097, de 2000, que permitiu às organizações da sociedade civil realizar programas de aprendizagem (BRASIL, 2000).

É salutar que, ao afastar a garantia de direitos trabalhistas (recolhimento de FGTS) e previdenciários aos que laboram em regime educativo, a norma viola o direito à proteção especial positivado no § 3º, do art. 227, da Constituição da República, que reconhece a garantia dos direitos trabalhistas e previdenciários como aspecto de tal proteção (Brasil, 1988).

Do mesmo modo, caso haja regulamentação posterior, entende-se que o trabalho educativo não pode ser desenvolvido no interior das empresas, sendo uma responsabilidade das organizações que promovem o trabalho educativo observarem as exigências de formação pedagógica se prevaleça sobre o caráter produtivo (COELHO, 2005, p. 42), o que afasta, nitidamente, o disposto na Lei de 1986.

Todavia, não obstante a possibilidade de haver regulamentação da modalidade pelo legislador, compreende-se que tal forma de labor foi tacitamente revogada pela Constituição Federal de 1988, quer seja pela violação à idade mínima para o trabalho disposta no art. 7º, XXXIII, quer seja pela violação da garantia de direitos trabalhistas e previdenciários aos adolescentes prevista no art. 227, § 3º, II, da Carta de 1988.

Oris de Oliveira (2009, p. 223), entretanto, acredita que tal modalidade de trabalho não constitui uma espécie, mas um gênero no qual se incluem as espécies aprendizagem empresarial e o estágio profissionalizante:

> É uma interpretação restritiva e injustificável deduzir que o art. 68 do ECA tenha explícita ou implicitamente criado uma, apenas uma modalidade de trabalho educativo que se contraporia a outras modalidades de trabalho.

> Há, com efeito, outras modalidades de trabalho que se enquadram perfeitamente na 'compreensão' ou definição dos mencionados parágrafos primeiro e segundo do art. 68 do ECA. Podem, por exemplo, ser apontadas duas modalidades de trabalho que, em conformidade com as normas legais que as regem, só atingem seus objetivos se forem programadas e executadas como trabalho educativo: a aprendizagem empresarial e o estágio profissionalizante. Ambas implicam que, em conformidade com a letra e o espírito da lei que as regem, as exigências pedagógicas, sob pena de inversão dos meios e fins, devem prevalecer sobre o aspecto produtivo.

Considerando os apontamentos feitos por Oris de Oliveira (2009), o trabalho educativo pode ser visto como uma modalidade contratual propriamente dita ou mesmo como um gênero que comporta a aprendizagem e o estágio profissional.

Por fim, entende-se, com exceção da aprendizagem profissional, por expressa previsão constitucional, que todas as modalidades de trabalho previstas no art. 67 do Estatuto da Criança e do Adolescente se submetem a idade mínima para o trabalho fixada no art. 7º, XXXIII, de nossa Carta Política, apenas podendo ser realizada por maiores de dezesseis anos, respeitando-se a condição de desenvolvimento bem como fornecendo a capacitação profissional adequada (BRASIL, 1990).

3.5.2. Exceções à idade laboral de dezesseis anos

Por conseguinte, com a alteração da idade para o trabalho feita pela EC n. 20, de 1998, deduz-se que passou a haver três exceções, pelo menos de ordem prática, para a idade laboral de dezesseis anos. Entretanto, merece destaque o fato de o art. 7º, XXXIII, de nossa Lei Maior só positivar a aprendizagem profissional como exceção à idade de dezesseis anos para o trabalho, há outras normas que vêm relativizando o disposto na Constituição da República.

São três as exceções laborais à idade mínima de dezesseis anos supracitada, quais sejam a aprendizagem profissional, o trabalho artístico e o trabalho de natureza desportiva, este último nos casos de atletas não profissionais em formação. Aquele primeiro e este último, porém, sofrem a limitação de idade mínima de quatorze anos, o que não ocorre com o trabalho artístico.

Aquela primeira é a única exceção que consta de forma expressa no texto constitucional, permitindo a execução do referido labor abaixo da idade mínima de dezesseis anos. Como mencionado no capítulo anterior, a aprendizagem tem a sua primeira aparição na Constituição de 1946, mais especificamente em seu art. 168, IV (BRASIL, 1946).

Por conseguinte, Medeiros Neto (2020) destaca que o trabalho desportivo de natureza não profissional, regulamentado pela Lei n. 9.615/1998, é outra exceção à idade mínima. A Lei, em seu art. 29, §4º, autoriza o pagamento de auxílio financeiro na forma de bolsa de aprendizagem ao atleta não profissional, com idade entre 14 e 21 anos, por entidade de prática desportiva formadora (BRASIL, 1998).

Merece destaque o fato de que a própria Lei proíbe o desenvolvimento de atividade desportiva profissional aos menores de dezesseis anos,[17] em respeito ao disposto no art. 7º, XXXIII, da Constituição Federal, motivo que nos faz refletir se, de fato, o disposto na Lei n. 9.615/98 configura uma nova forma de trabalho ou apenas uma espécie de aprendizagem profissional aplicada no âmbito desportivo.

É evidente que a modalidade ora estudada e aquela outra aprendizagem que fora prevista expressamente no texto constitucional possuem grandes diferenças entre si, principalmente no que tange à garantia de direitos trabalhistas e previdenciários ao maior de quatorze anos, direitos estes que são afastados no caso desportivo, conforme previsto no art. 29, § 4º, da Lei n. 9.615, de 1998.

Por fim, a possibilidade de trabalho artístico é exceção prevista no art. 8º da Convenção sobre a idade mínima para o trabalho da OIT, ao permitir que cada país-membro da Convenção n. 138 "[...] poderá, mediante licenças concedidas em casos individuais, permitir exceções para a proibição de

(17) O art. 44, III, da Lei 9.615/98 proíbe a prática de profissionalismo por pessoas menores de dezesseis anos de idade.

emprego ou trabalho provida no Art. 2º desta Convenção, para finalidades como a participação em representações artísticas" (OIT, 1973).

Segundo Medeiros Neto (2020, p. 551-552), esta última modalidade, desde que autorizada por alvará judicial, deve atender aos seguintes requisitos:

> (I) a demonstração de a manifestação artística não poder ser desempenhada por maior de 16 anos; (II) a existência prévia e expressa de autorização dos representantes legais da criança/adolescente; (III) a evidência de a manifestação artística não ser prejudicial ao desenvolvimento biopsicossocial da criança e do adolescente, devidamente comprovada essa condição por laudo médico-psicológico; (IV) a comprovação da apresentação de matrícula, frequência e aproveitamento escolar; (V) a demonstração de não coincidir o horário escolar com a atividade artística, resguardados os direitos de repouso, lazer e alimentação; (VI) a garantia da efetiva e permanente assistência médica e psicológica; (VII) a proibição de atividades em locais e serviços perigosos, noturnos, insalubres, penosos, em condições de risco e prejudiciais à moralidade; (VIII) a verificação da jornada, carga horária, intervalos de descanso, alimentação e meio ambiente compatíveis com a condição da criança e do adolescente; (IX) o acompanhamento do responsável legal durante a realização da atividade; e (X) a garantia do depósito do pagamento pelo trabalho, em caderneta de poupança, em nome da criança ou do adolescente, em percentual incidente sobre a remuneração devida (MPT, 2020, p. 551-552).

O Supremo Tribunal Federal, ao julgar a ADI n. 5.326,[(18)] ajuizada pela Associação Brasileira de Emissoras de Rádio e Televisão — ABERT, entendeu que compete aos juizados da infância e juventude da Justiça Comum

---

(18) Ementa: PROCESSO OBJETIVO – CONTROLE DE CONSTITUCIONALIDADE – LIMINAR – CONCESSÃO. Surgindo a plausibilidade jurídica da pretensão e o risco de manter-se com plena eficácia o quadro normativo impugnado, impõe-se o implemento de medida acauteladora, suspendendo-o. COMPETÊNCIA JURISDICIONAL – FIXAÇÃO – ÓRGÃOS JUDICIAIS – CRIAÇÃO – LEGALIDADE ESTRITA. Considerado o princípio da legalidade estrita, a instituição, mediante atos infralegais, de preceitos a versarem a fixação de competência jurisdicional e a criação de órgãos judiciais é incompatível, sob o ângulo formal, com a Constituição Federal. COMPETÊNCIA – JURISDIÇÃO VOLUNTÁRIA – CRIANÇAS E ADOLESCENTES – EVENTOS ARTÍSTICOS – PARTICIPAÇÃO – AUTORIZAÇÃO. Ausente controvérsia a envolver relação de trabalho, compete ao Juízo da Infância e da Juventude, inserido no âmbito da Justiça Comum, apreciar, no campo da jurisdição voluntária, pedido de autorização visando a participação de crianças e adolescentes em eventos de caráter artístico. (STF, ADI 5326, relator Ministro Marco Aurélio, julgado em 27.9.2018, *DJe* de 20.3.2020).

apreciar os pedidos de autorização que visam à participação de crianças e adolescentes em eventos artísticos (STF, 2018). Todavia, entende-se que a aludida competência deveria ser atribuída à Justiça do Trabalho, responsável por apreciar as questões relativas ao trabalho — em sentido amplo, nos termos do art. 114 da CRFB/88.

Entende-se, entretanto, que tanto a autorização do trabalho infantil artístico como a do trabalho desportivo, que são exercidos por menores de quatorze anos, são inconstitucionais, por violarem o que é expressamente positivado no art. 7º, XXXIII, da Constituição. Assim, ainda que a Convenção n. 138 da OIT preveja tal exceção para a idade mínima, a Constituição do Brasil não o fez, muito pelo contrário.

A interpretação do art. 7º, XXXIII, da CF/88 deve ser feita de forma que não prejudique a criança e o adolescente, bem como deve ser interpretada de forma que resguarde o mandamento constitucional da proteção integral, razão pela qual as hipóteses de trabalho devem ser restritas ao disposto na referida norma.

Amauri Mascaro Nascimento (*apud* CAVALCANTE, 2011, p. 67), ao enfrentar a questão, entende que as aludidas normas internacionais que autorizam determinadas formas de labor abaixo da idade mínima estariam protegidas pela internalização de tais tratados ao ordenamento jurídico pátrio:

> A literalidade do texto (art. 7º, XXXIII, CF) leva à conclusão de que em nosso ordenamento jurídico é lícito o trabalho do menor empregado regido pela CLT, do menor aprendiz não empregado, previsto no art. 431 e do menor aprendiz com vínculo de emprego (art. 428). Uma interpretação estritamente jurídica leva a essa conclusão, mas não se pode olvidar que normas internacionais retificadas (sic) pelo Brasil integram o nosso ordenamento jurídico, com licenças concedidas em casos individuais, exceções para a proibição de emprego ao trabalho para finalidades como a participação em representações artísticas, conforme previsão da Convenção n. 138 da OIT, sobre a Idade Mínima de Admissão no Emprego, complementada

pela Recomendação n. 146, aprovada por meio do Decreto Legislativo n. 179, de 1999, que entrou em vigor, no Brasil, em 18.6.2002.

Merece destaque que não apenas a Convenção n. 138 da OIT, assim como a própria disposição contida no art. 149, II, do ECA, referem-se tão somente à participação artística, fundamentada no acesso da criança à cultura, e não no trabalho artístico propriamente dito. Como dito alhures, a Convenção n. 138 possui *status* infraconstitucional, não podendo, assim, suas disposições prevalecerem sobre o disposto na Lei Maior de 1988.

Finalmente, após se verificar o processo de evolução normativa da proibição do trabalho infantil nas ordens jurídicas internacional e interna, bem como após se analisarem as normas gerais que regulamentam o trabalho do adolescente, assim como trata de protegê-lo no ambiente de trabalho, analisa-se a chaga do trabalho precoce sob o prisma do Direito Civil e do Direito do Trabalho, verificando-se questões como capacidades civil e laboral, nulidades e demais efeitos jurídicos da referida relação jurídica.

Capítulo 4

Análise Jurídica do Trabalho Infantil sob o Prisma da Sistemática Civil-Laboral: Capacidade, Nulidades e Contrato de Trabalho

O trabalho infantil, além de grave problema social, gerado por desigualdades e exclusões históricas dos públicos vulnerabilizados, é ainda um problema de ordem jurídica, haja vista a repercussão de seus efeitos no campo do Direito em diversas esferas, como por exemplo, laboral, na cível e na previdenciária.

Como se sabe, é o art. 3º da Consolidação das Leis do Trabalho responsável por ditar os elementos caracterizadores do vínculo de emprego, complementado pela doutrina. Sendo assim é pacífico o entendimento sobre os cinco requisitos cumulativos necessários para concretizar o vínculo de emprego e, consequentemente, atrair a aplicação da legislação trabalhista, quais sejam: a) pessoa física; b) pessoalidade; c) subordinação; d) não eventualidade; e e) onerosidade (BRASIL, 1943).

Assim, é possível que, em um trabalho exercido por uma criança ou um adolescente, ainda que contrariando a regra proibitiva prevista no art. 7º, XXXIII, de nossa Carta Política, estejam presentes os requisitos supracitados, caracterizando a relação de emprego.

Todavia, conforme abordado, nem sempre, no trabalho infantil, manifestar-se-ão todos os requisitos do vínculo empregatício contidos no art. 3º da CLT, como é o caso das crianças e dos adolescentes que executam trabalhos nas ruas, pois não existe a figura do empregador e, consequentemente, a subordinação, requisito essencial da relação de emprego.

Não obstante a ausência dos elementos caracterizadores da relação de emprego, não se pode negar que tais crianças ou adolescentes encontram-se em situação de trabalho infantil, visto que despendem muito do seu precioso tempo de infância para produzir e alimentar a máquina capitalista. Ainda que de forma autônoma, é evidente que as crianças exploradas em tais condições exercem trabalho. Assim, mesmo não havendo empregador direto, o trabalho infantil gera consequências jurídicas, a exemplo da responsabilização de entes públicos se o trabalho for realizado em suas dependências, ou quando tais entes não cumprem o seu dever de proteção à infância e à adolescência, conforme se analisará mais à frente.

No presente capítulo, a exploração laboral de meninas e meninos é analisada pelo ponto de vista jurídico, buscando compreender quais repercussões são geradas no mundo do Direito, nos mais diversos campos.

Questões como normas gerais de proteção, capacidade, nulidades e demais repercussões jurídicas do trabalho infantil são abordadas no presente tópico, analisando-se a diferença entre trabalho proibido, trabalho ilícito e conduta ilícita do empregador e, verificando-se as repercussões jurídicas de cada uma delas.

Finalmente, após o histórico apresentado, é importante verificar as normas gerais de proteção à infância e à adolescência no mundo do trabalho, desde aquelas previstas na Constituição de 1988, bem como aquelas previstas nas Convenções ratificadas pelo Brasil, até às previstas na legislação ordinária, como a Consolidação das Leis do Trabalho e o Estatuto da Criança e do Adolescente.

4.1. Normas gerais de proteção ao trabalho do adolescente

Conforme destacado, além do direito à profissionalização, os adolescentes que possuem idade para exercer algum dos trabalhos permitidos pela legislação são protegidos por diversas normas em razão de sua condição peculiar de desenvolvimento.

Dentro da legislação trabalhista há o que podemos chamar de "Direito do Trabalho do Adolescente", correspondendo às regras do microssistema de proteção aplicáveis ao trabalho realizado por pessoas menores de dezoito anos de idade. Podemos evidenciar que na CLT há normas responsáveis por regular o trabalho de tais sujeitos, a exemplo do Capítulo IV, do Título III da CLT, que é responsável por disciplinar o trabalho do menor de dezoito anos, além de outras disposições fora do mencionado Capítulo que também tratam do trabalho da criança e do adolescente, que veremos a seguir (BRASIL, 1943).

Garcia (2021, p. 998) destaca que o fundamento das normas de proteção encontra-se a) na condição peculiar de pessoa em desenvolvimento; b) na titularidade de direitos humanos e fundamentais; e c) na necessidade de assegurar o desenvolvimento físico, mental, moral, espiritual e social.

Todas as normas que regem o trabalho do adolescente são de cunho protetivo e oriundas de razões de segurança e saúde do trabalho, visto que se ocupam de limitar jornada, bem como os ambientes e a própria prestação do trabalho, com o intuito de preservar a dignidade, a integridade, os direitos fundamentais e o pleno desenvolvimento dos sujeitos de direitos.

Conforme apontado, o Direito brasileiro faz diversas restrições ao exercício do trabalho dos adolescentes e uma proibição geral ao trabalho da criança, vindo da Constituição Federal o comando maior de proibição do trabalho noturno, perigoso e insalubre aos menores de dezoito (art. 7º, XXXIII). No mesmo sentido também foi proibido na Consolidação das Leis do Trabalho (arts. 404 e 405, I) e no Estatuto da Criança e do Adolescente (art. 67, I e II).

Uma análise conjunta do ECA e da CLT leva à conclusão de que as restrições previstas no artigo constitucional supracitado não configura rol taxativo, pois o legislador infraconstitucional foi além nas mencionadas vedações, ao incluir a proibição de trabalhos — ainda que não se configurem como noturnos perigosos ou insalubres — que sejam realizados em locais prejudiciais à formação e ao desenvolvimento físico, psíquico, moral e social ou que não permitam a frequência escola (ECA, art. 67, III e IV, CLT, art. 403, parágrafo único).

É salutar que tais normas devem ser observadas no sentido de se garantir a isonomia no mundo do trabalho, proibindo-se quaisquer normas discriminatórias contra crianças e adolescentes meramente em razão de estarem na mencionada condição. Assim, o fato de estarem em fase própria de desenvolvimento, bem como de serem detentoras de garantias específicas, não pode ser motivação para tratá-los de forma desigual.

Em razão disso, em 1998 foi editada a Orientação Jurisprudencial (OJ) n. 26 do Tribunal Superior do Trabalho ao prever que "Os empregados menores não podem ser discriminados em cláusula que fixa salário mínimo profissional para a categoria" (TST, 1998), em mesmo sentido se tem a antiga Súmula n. 134 do Tribunal, que por sua vez previa que: "ao menor não aprendiz é devido o salário mínimo integral" (TST, 2003).

Furtado (2004, p. 192), ao comentar o art. 460[(19)] da CLT, leciona que, em razão da proibição à discriminação nas relações de trabalho, ainda que inexista estipulação prévia de salário, não poderia um trabalhador, em razão de idade ou de qualquer outra condição pessoal, receber menos que realize serviço equivalente, o que também se aplica aos adolescentes empregados:

> Enxerga-se, em tal comando, a intenção da lei de arredar qualquer forma de discriminação no que toca ao aspecto salarial, sendo perceptível tal escopo na determinação de que, ainda que inexista estipulação prévia de salário, a paga há de ser idêntica a de outro trabalhador da mesma empresa que realize serviço equivalente, ou do que for usualmente pago para serviço semelhante.

Dessa forma, evidencia-se que as crianças e adolescentes devem ser protegidas da exploração, bem como, quando em exercício de trabalho regular, devem ter regras necessárias para a garantia de seu desenvolvimento pessoal, em questões relativas à prescrição de verbas trabalhistas, jornada de trabalho, férias e fiscalização e extinção do contrato de trabalho.

---

(19) CLT, art. 460. Na falta de estipulação do salário ou não havendo prova sobre a importância ajustada, o empregado terá direito a perceber salário igual ao daquela que, na mesma empresa, fizer serviço equivalente ou do que for habitualmente pago para serviço semelhante.

4.1.1. Prescrição laboral contra os menores de dezoito anos no Direito do Trabalho brasileiro

Merece atenção, ainda, a regra sobre a prescrição extintiva prevista na Consolidação das Leis do Trabalho aplicada aos menores de dezoito anos quando partes de relações trabalhistas.

Nas palavras de Maria Helena Diniz (2023, p. 418), a prescrição se trata de:

> [...] uma pena (sanção adveniente) para o negligente, que deixa de exercer seu direito de poder exigir, em juízo, ação em sentido material), dentro de certo prazo, ante uma pretensão resistida, a reparação do mal causado, o cumprimento da prestação ou a imposição de uma sanção ao inadimplente.

O Direito do Trabalho, assim como os demais ramos da ciência jurídica, possui prazos e condições prescricionais próprias, bem como causas de interrupção e de suspensão específicas do âmbito trabalhista.

Ainda que a prescrição não seja, de fato, matéria de estatura constitucional, é a nossa Lei Maior que dá as primeiras orientações da prescrição trabalhista, ao positivar, em seu art. 7º, XXIX, com a nova redação dada pela EC n. 28/2000, que a "ação, quanto aos créditos resultantes das relações de trabalho, com prazo prescricional de cinco anos para os trabalhadores urbanos e rurais, até o limite de dois anos após a extinção do contrato de trabalho" (BRASIL, 1988).

Inteligência da Súmula n. 308 do TST, sobre a discussão "respeitado o biênio subsequente à cessação contratual, a prescrição da ação trabalhista concerne às pretensões imediatamente anteriores a cinco anos, contados da data do ajuizamento da reclamação e, não, às anteriores ao quinquênio da data da extinção do contrato" (TST, 2005).

Todavia, em razão da hipervulnerabilidade das crianças e dos adolescentes, o legislador positivou na CLT, em seu art. 440, que contra os menores de dezoito anos de idade não corre qualquer prazo prescricional. Assim, o trabalhador que tem menos de dezoito anos não será prejudicado pela prescrição bienal ou pela prescrição quinquenal, começando ambas a correr a partir de seu 18º aniversário (BRASIL, 1943).

Dessa forma, diferentemente do que ocorre com os trabalhadores adultos, ambas as prescrições trabalhistas apenas começam a correr na data em que a criança ou o adolescente completar dezoito anos de idade. É o caso da criança que começou a trabalhar irregularmente para um empregador aos dez anos de idade e terminou tal prestação aos quatorze anos, cujo biênio para propor reclamação trabalhista começará na data de seu 18º aniversário.

O Direito Civil, em mesmo sentido, aplica períodos diferenciados à prescrição contra crianças e adolescentes, ao positivar, no art. 198, I, que contra os absolutamente incapazes — pessoas até dezesseis anos — não corre qualquer prazo prescricional (BRASIL, 2002).

Cabe destacar, todavia, que o entendimento majoritário do Tribunal Superior do Trabalho é no sentido de não se aplicar o art. 440 da CLT, mas o art. 198, I, do Código Civil, aos processos em que menores de dezoito anos de idade figuram como herdeiros ou legatários, começando, dessa forma, a correr o prazo prescricional a partir de seus dezesseis anos de idade,(20) conforme estabelece a norma civil.

4.1.2. Jornada de trabalho dos adolescentes

Outra questão que diferencia os trabalhadores adolescentes dos demais é a jornada de trabalho, haja vista que em razão da condição de desenvolvimento, o Direito fez limitações quanto à extensão e duração do trabalho dos menores de dezoito anos.

A Consolidação das Leis do Trabalho, compreendendo a jornada de trabalho como sendo de ordem biológica, social, econômica, religiosa e familiar, dedicou um de seus capítulos a regular a duração do trabalho, tendo como escopo principal proteger a integridade física e psíquica do trabalhador (BEZERRA LEITE, 2020).

---

(20) RECURSO DE REVISTA – PRESCRIÇÃO – HERDEIRO MENOR O art. 198, inciso I, do Código Civil disciplina que não corre prescrição contra os incapazes de que trata o art. 3º do mesmo Diploma (os menores de 16 anos). Esse dispositivo é plenamente aplicável no âmbito trabalhista. Precedentes. Recurso de Revista não conhecido (RR-88100-71.2007.5.15.0153, 8ª Turma, Relatora Ministra Maria Cristina Irigoyen Peduzzi, DEJT 20/8/2010).

Releva mencionar que a expressão duração do trabalho possui sentido amplo abrangendo todo o período correspondente ao contrato laboral, incluindo o repouso semanal remunerado e as férias anuais remuneradas, enquanto que a jornada de trabalho propriamente dita possui sentido mais estrito, correspondendo às horas em que o empregado efetivamente trabalha, bem como aquelas em que ele fica à disposição de seu empregador (BEZERRA LEITE, 2020).

Conforme é possível extrair do art. 7º, XIII, da Constituição, é direito fundamental dos trabalhadores urbanos e rurais a "duração do trabalho normal não superior a oito horas diárias e quarenta e quatro semanais, sendo facultada a compensação de horários e a redução da jornada, mediante acordo ou convenção coletiva de trabalho" (BRASIL, 1988).

Em razão de condições específicas das categorias, o próprio Direito faz distinções de trabalho, com regras próprias de proteção, a exemplo do trabalho desenvolvido por menores de dezoito anos, das mulheres, das pessoas com deficiência, entre outros, reconhecendo que tais sujeitos, dentro do Direito Laboral, enfrentam desigualdades que vão além daquelas experimentadas pelo trabalhador médio, acentuando assimetria natural existente entre empregador e trabalhadores. No que se refere ao trabalho dos adolescentes, o Direito impôs jornada específica de trabalho em determinados casos, como na aprendizagem profissional.

É a seção II, do Capítulo IV da CLT, a responsável por estabelecer as limitações relativas à jornada de trabalho dos adolescentes (art. 411), dispondo como regra a proibição da prorrogação da jornada laboral dos menores de dezoito anos, com a exceção, nos termos do art. 413, que permite a compensação (art. 413, I) e o labor em sobrejornada por motivo de força maior (art. 423, II).

Mauricio Delgado (2019, p. 1.059) afirma que a compensação prevista no art. 413, I, da CLT apenas é possível mediante a previsão em norma coletiva de trabalho desta hipótese:

> No caso de trabalhadores menores de 18 anos, tal modalidade sempre foi viável somente mediante convenção ou acordo coletivo (o art. 413, I, CLT, a propósito, inverte, sugestivamente, as expressões, ao contrário do ocorrido com o art. 59, § 2º, CLT, e art. 7º, XIII, CF/88). Como se compreende que a própria

> Constituição admite a existência de um estatuto normativo tutelar rigoroso com respeito ao jovem, não haveria incompatibilidade entre tal texto restritivo celetista e a regra genérica oriunda do art. 7º, XIII, CF/88. Ressalte-se que está previsto, ainda, para os menores, descanso de 15 minutos antes do início da prorrogação efetivada (parágrafo único do art. 413 combinado com art. 384, CLT).

Assim, além da proibição dos trabalhos noturnos, adolescentes com idades entre 16 e 18 anos, não podem ter as jornadas diária e semanal ampliadas, com a exceção das possibilidades previstas nos incisos do art. 413 da CLT.

Ademais, ao se analisar a jornada de trabalho destes sujeitos, verifica-se que a disposição contida no art. 412 da CLT, ao prever que, entre as jornadas de trabalho, os adolescentes devem ter um descanso de onze horas seguidas, é de aplicação plena às relações laborais envolvendo menores de dezoito anos, cumulando-se, ainda, com proibição da execução de trabalhos no período noturno (CF, art. 7º, XXXIII), o que faz com que tal intervalo, em determinados casos, se estenda. É o exemplo do aprendiz que labora das oito às doze horas da manhã. Em tese, ao se respeitar o intervalo de onze horas (CLT, art. 412), esse adolescente poderia voltar a laborar às 23 horas, mas diante da proibição mencionada, o retorno a qualquer outro labor apenas poderá ocorrer às cinco da manhã do dia posterior.

Aprendizagem profissional, conforme mencionado, é outra modalidade de emprego que tem a sua jornada diferenciada das demais. Nos termos do art. 432 da CLT, a duração do trabalho do aprendiz não excederá seis horas diárias, proibindo-se a prorrogação e a compensação de jornada. Há uma exceção para os aprendizes que já tiverem concluído o ensino fundamental (CLT, art. 432, § 1º), permitindo-lhes que laborem por um período de até oito horas, desde que nesse período também sejam computadas as horas destinadas à aprendizagem teórica (BRASIL, 1943).

Ademais, a Lei do Estágio (Lei n. 11.788, de 25 de setembro de 2008) também faz limitações quanto à jornada de trabalho, prevendo labor de quatro horas diárias e vinte horas semanais para aqueles em educação especial ou nos anos finais do ensino fundamental (art. 10, I) e de seis horas diárias e trinta horas semanais para os estudantes de ensino superior, da educação profissional de nível médio e nível médio regular (art. 10, II).

Por fim, os empregadores têm a obrigação de conceder aos trabalhadores menores de dezoito anos o tempo que lhes for necessário para a sua frequência às aulas, nos termos do art. 427 da CLT, com a finalidade de efetivar o direito fundamental à educação fundamental, sob pena de se configurar o vínculo irregular de emprego e verdadeiro trabalho infantil.

4.1.3. Férias do trabalhador adolescente

As férias anuais remuneradas, segundo o Carlos Henrique Bezerra Leite (2022, p. 1.086), têm natureza jurídica híbrida, visto que a Constituição a positiva como direito fundamental dos trabalhadores, cuja origem visa proteger a saúde física e psíquica do obreiro, mas também constitui um dever fundamental deste de se abster da prestação de serviços nas suas férias.

A Constituição da República previu o direito às férias como Direito Fundamental Social no art. 7º, XVII, prevendo o direito ao seu gozo de férias anual e remuneradamente acrescidas de um terço a cada ano completo de serviços prestados pelo trabalhador (BRASIL, 1988).

Sobre os fundamentos desse direito fundamental social, leciona Mauricio Godinho Delgado (2019, p. 1.158):

> [...] têm fundamento em considerações e metas relacionadas à política de saúde pública, bem-estar coletivo e respeito à própria construção da cidadania. Se os demais descansos trabalhistas (principalmente os intervalos interjornadas e os dias de repouso) são instrumentos essenciais à reinserção familiar, social e política do trabalhador, as férias surgem como mecanismo complementar de grande relevância nesse processo de reinserção da pessoa do empregado, resgatando-o da noção estrita de ser produtivo em favor de uma mais larga noção de ser familial, ser social e ser político [...].

Em decorrência do poder diretivo do empregador, é a este que cabe escolher qual o melhor período, dentro do período concessivo, para o trabalhador gozar do seu período de férias, nos termos do *caput* do art. 136 da CLT. Com a nova redação dada ao § 1º, do art. 134 da CLT, o legislador permitiu, desde que haja a anuência do empregado, o fracionamento das férias em até três períodos, sendo que um deles não poderá ser inferior a quinze dias e os demais inferiores a cinco dias (BRASIL, 1943).

Todavia, o poder diretivo não é absoluto e comporta algumas exceções, dentre as quais se inclui a prevista no § 2º, do art. 136 da CLT, ao prever que "o empregado estudante, menor de 18 (dezoito) anos, terá direito a fazer coincidir suas férias com as férias escolares" (BRASIL, 1943).

O mencionado dispositivo restringe o poder patronal por duas razões, primeiro que tira do empregador a faculdade de escolher o período de férias do empregado, e segundo que também restringe o período concessivo que, para o empregado comum será até um ano após a aquisição do direito, enquanto que do trabalhador adolescente será até o próximo período de férias escolares.

Cabe mencionar que § 2º, do art. 134 da CLT, que foi revogado pela reforma trabalhista (Lei n. 13.467, de 2017), proibia o fracionamento das férias de menores de dezoito anos de idade e de maiores de cinquenta anos. Com a revogação, o legislador permitiu, pelo menos de forma tácita, tal fracionamento.

Assim, a regra geral que atribui ao empregador o direito de escolher o período em que os seus empregados gozarão de suas férias é mitigada quando o empregado em questão for um adolescente, situação essa em que haverá a inversão do direito de escolha, passando a constituir direito do adolescente fazer com que as férias laborais coincidam com as escolares.

4.1.4. Fiscalização do contrato de trabalho de empregado menor de dezoito anos

Outro ponto que merece destaque ao se analisarem as repercussões e regras jurídicas das relações de trabalho que envolvam crianças ou adolescentes, sejam elas regulares ou proibidas, é a sua fiscalização, pois, em razão da hipervulnerabilidade e da necessidade de proteção integral que cerca referidos sujeitos de direitos, mencionada fiscalização tem de ser ampliada quando comparada à realizada nos trabalhos executados por adultos.

Por regra geral, a fiscalização do cumprimento das normas trabalhistas deve ser realizada pelos auditores da Auditoria Fiscal do Trabalho, atualmente vinculada ao Ministério do Trabalho, competindo-lhes fiscalizar, nos termos do art. 11, da Lei n. 1.059, de 2002, dentre outras coisas, o cumprimento das disposições legais nas relações de trabalho e de emprego, a verificação de registro das CTPS dos trabalhadores, bem como o respeito às normas internacionais dos quais o Estado brasileiro seja parte (BRASIL, 2002).

No Brasil, a auditoria do trabalho possui relevante papel no combate à exploração do labor infantil, visto que atua diretamente na fiscalização do cumprimento da legislação trabalhista, o que resulta na atuação para combater situações como o trabalho infantil e o trabalho em condições análogas à escravidão. Dados do Sindicato Nacional dos Auditores-Fiscais do Trabalho (Sinait) (VAZ, 2024) apontam que, apenas no ano de 2023, foram mais 2.564 crianças e adolescentes afastadas do trabalho irregular por auditores-fiscais do trabalho, das quais mais de 90% se encontravam nas consideradas piores formas de trabalho infantil.

Não obstante a constante fragilização da fiscalização do trabalho no país, o órgão continua a desempenhar papel fundamental na prevenção e erradicação do trabalho infantil ao afastar a criança e o adolescente da situação de violação de direitos, na imposição de multa aos infratores e no acionamento dos demais órgãos do Sistema de Garantia de Direitos da Criança e do Adolescente (SGDCA).

Todavia, apenas a fiscalização do trabalho não é capaz de combater os quadros de exploração da mão de obra que afeta mais de 1,9 milhão de crianças e adolescentes no Brasil (IBGE, 2023), demandando-se, dessa forma, uma integração de ações entre o Poder Público nas três esferas, a sociedade civil e as famílias, para um efetivo combate a mencionada chaga.

Como se sabe, qualquer relação contratual envolvendo crianças e adolescentes se difere daquelas realizadas por adultos, em razão do mandamento constitucional de proteção difusa contido no art. 227 da CF/88, visto que impõe à família, à sociedade como um todo e ao Poder Público o dever de colocar tais sujeitos a salvo de toda forma de negligência, discriminação, exploração, violência, crueldade e opressão, razão pela qual evidenciamos a necessidade de participação de diversos atores sociais na mencionada fiscalização (BRASIL, 1988).

Na Consolidação das Leis do Trabalho, diversas são as normativas que atribuem aos pais e aos empregadores responsabilidades para que a proteção integral dos adolescentes seja resguardada no mundo do trabalho. Assim é a inteligência do art. 424 da CLT, ao atribuir aos pais, mães, tutores ou demais responsáveis legais de crianças e adolescentes o dever de afastar esses sujeitos de trabalhos que diminuam o seu tempo disponível para o estudo ou que reduza seu tempo disponível para repouso, ou ainda os trabalhos que prejudiquem a sua moralidade, como ocorrem com parte das consideradas piores formas de trabalho infantil (BRASIL, 1943).

O empregador, como responsável pela atividade econômica, também possui responsabilidades ao contratar um adolescente, a exemplo das que são previstas nos arts. 425, 426 e 427 da CLT (BRASIL, 1943), bem como as disposições gerais sobre idade mínima, saúde e segurança e demais obrigações contidas no texto constitucional (BRASIL, 1988).

O primeiro deles, o art. 425 da CLT, gera a obrigação ao empregador de adolescentes de velar pela observância das regras de segurança e saúde do trabalho, isso ocorre para que o desenvolvimento do adolescente não seja comprometido pelo labor, prevendo, em mesmo sentido, a responsabilidade de o empregador zelar pelos bons costumes e pela decência pública, com vistas a que o exercício do trabalho pelo adolescente não venha ferir a sua moralidade e configurando, dessa forma, uma das piores formas de trabalho infantil (BRASIL, 1943).

O art. 426 da CLT, por seu turno, estabelece outra obrigação ao patrão do menor de dezoito anos de idade, positivando como seu dever possibilitar a mudança de serviço quando o labor executado pelo adolescente for prejudicial à saúde, ao desenvolvimento ou à moralidade (BRASIL, 1943). Não sendo possível tal mudança de atividade, haverá rescisão indireta do contrato de trabalho, nos termos do art. 407, p. único da CLT.

Não obstante haver a previsão expressa de que, para haver a mudança de atividade, o mencionado serviço deve ser considerado como prejudicial ao desenvolvimento físico do sujeito de direitos, entende-se, em observância ao princípio do superior interesse da criança, que o mencionado prejuízo não é exclusivamente de natureza física, podendo ser, também, de natureza moral, psicológica e/ou social.

Mais adiante, o art. 427 da CLT positiva a obrigação dos empregadores concederem aos adolescentes trabalhadores o tempo necessário para que estes frequentem as aulas (BRASIL, 1943), sendo que essa concessão não pode acarretar em prejuízo aos trabalhadores adolescentes, incluindo a impossibilidade de redução de salário. Destaque-se que a disposição contida no art. 427 do Código Laboral converge com o disposto no art. 67, IV, do ECA, que veda o trabalho que não permita a frequência escolar a menores de dezoito anos (BRASIL, 1990).

Por fim, mencione-se que o Sistema de Garantia de Direitos das Crianças e dos Adolescentes (SGDCA) também possui deveres em relação ao combate ao trabalho infantil, ainda que a fiscalização do trabalho não seja de sua atribuição.

O SGDCA foi instituído por meio da Resolução n. 113 do CONANDA, posteriormente retificada pela Resolução de n. 117 do mesmo órgão, que o define, nos termos do art. 1º, *caput*, como "[...] a articulação e integração das instâncias públicas governamentais e da sociedade civil, na aplicação de instrumentos normativos e no funcionamento dos mecanismos de promoção, defesa e controle para a efetivação dos direitos humanos da criança e do adolescente [...]" (BRASIL, 2006).

O SGDCA, nos termos da Resolução 113 (art. 2º, *caput*), tem por função:

> [...] promover, defender e controlar a efetivação dos direitos civis, políticos, econômicos, sociais, culturais, coletivos e difusos, em sua integralidade, em favor de todas as crianças e adolescentes [...] sendo que estas ações devem ser realizadas de uma forma que estas crianças [...] sejam reconhecidos e respeitados como sujeitos de direitos e pessoas em condição peculiar de desenvolvimento; colocando-os a salvo de ameaças e violações a quaisquer de seus direitos, além de garantir a apuração e reparação dessas ameaças e violações (Brasil, 2006).

Certamente, dentro dos órgãos que compõem o SGDCA, os Conselhos Tutelares[21] são os principais responsáveis pelo combate ao trabalho infantil, pois, nos termos do art. 136 do ECA, são atribuições de tais órgãos,

(21) Nos termos do art. 131 do Estatuto da Criança e do Adolescente (Lei n. 8.069, de 13 de julho de 1990), os conselhos tutelares são órgãos "permanente e autônomo, não jurisdicional, encarregado pela sociedade de zelar pelo cumprimento dos direitos da criança e do adolescente".

dentre outras, atender as crianças e adolescentes em situação de violação de seus direitos, aplicando as medidas de proteção necessárias, podendo ainda requisitar serviços públicos nas áreas de saúde, educação, trabalho etc. (ECA, art. 136, III, "a"), bem como encaminhar ao Ministério Público, incluindo o MPT, notícia de fato que constitua infração administrativa ou penal contra os direitos das crianças ou do adolescente (ECA, art. 136, IV).

Assim, verifica-se que diversos são os atores responsáveis por zelar pela garantia dos direitos dos adolescentes no decorrer do contrato do trabalho, especialmente os responsáveis legais destes e os próprios empregadores.

4.1.5. Extinção do contrato de trabalho do adolescente

Após se analisarem questões como capacidade, nulidades, jornada de trabalho, fiscalização entre outras normas que são intrínsecas ao contrato individual de trabalho do adolescente, resta analisar a extinção de tais contratos, sejam eles regulares ou proibidos.

Nos ensinamentos de Mauricio Godinho Delgado (2019, p. 1.340-1.342), a classificação segundo as causas de extinção inclui três modalidades: 1) as provocadas por condutas do empregado; 2) as praticadas pelo empregador e 3) as que ocorrem em razão de fatores externos à vontade das partes contratuais. O trabalho infantil, tratando-se de decretação de nulidade pelo Estado-juiz, se insere no terceiro grupo.

Ainda, o art. 408 da CLT dispõe que ao responsável legal do adolescente é facultado pleitear a extinção do contrato de trabalho, desde que o serviço possa acarretar para ele prejuízos de ordem física ou moral (BRASIL, 1943). Todavia, interpretando o artigo conforme a Constituição e de maneira conjunta com as demais normas de proteção à infância, o disposto no artigo supracitado não se trata de faculdade, mas dever dos responsáveis pelos adolescentes.

A regra geral de extinção do contrato de trabalho do adolescente é positivada no art. 439 da Consolidação das Leis do Trabalho, ao prever que, não obstante ser lícita a firma de recibo de salário pelo adolescente sem assistência de representante legal, tratando-se de quitação por indenização rescisória, esta somente poderá ser feita com assistência dos responsáveis legais (BRASIL, 1943).

É salutar que, na jurisprudência dominante do Tribunal Superior do Trabalho, em que pese o art. 439 da CLT se referir apenas à nulidade da quitação dada sem assistência de seus responsáveis, entende-se que a vedação se aplica também ao pedido de demissão feito sem a assistência dos responsáveis que, ante a mencionada ausência, será considerado nulo.[22]

Por fim, em se tratando de extinção do contrato de trabalho por declaração de nulidade quando evidenciada a situação de trabalho infantil e restando impossibilitada a sua regularização, a modalidade de rescisão do contrato de trabalho será sem justa causa, fazendo jus, a criança ou o adolescente explorado, a todas as verbas rescisórias inerentes à modalidade, visto que, caso fosse aplicada outra modalidade resilitória, estar-se-ia punindo duplamente a vítima. Nesse sentido é o disposto no parágrafo único do art. 407 da CLT que prevê, quando o empregador não tomar as medidas recomendadas pela autoridade para que o adolescente mude de função, restará configurada rescisão indireta do contrato de trabalho na forma prevista no art. 483 da CLT (BRASIL, 1943).

(22) I – AGRAVO DE INSTRUMENTO EM RECURSO DE REVISTA INTERPOSTO SOB A ÉGIDE DA LEI N. 13.467/2017. EMPREGADO MENOR. PEDIDO DE DEMISSÃO SEM ASSISTÊNCIA DOS REPRESENTANTES LEGAIS. IMPOSSIBILIDADE. TRANSCENDÊNCIA SOCIAL RECONHECIDA. 1. A controvérsia enseja a transcendência social do recurso, nos termos do art. 896-A, §1º, III, da CLT. 2. Ante a possível violação do art. 439 da CLT, impõe-se o provimento do agravo de instrumento para melhor exame do recurso de revista. Agravo de instrumento conhecido e provido. II – RECURSO DE REVISTA INTERPOSTO SOB A ÉGIDE DA LEI N. 13.467/2017. EMPREGADO MENOR. PEDIDO DE DEMISSÃO SEM ASSISTÊNCIA DOS REPRESENTANTES LEGAIS. IMPOSSIBILIDADE. TRANSCENDÊNCIA SOCIAL RECONHECIDA. 1. A controvérsia enseja a transcendência social do recurso, nos termos do art. 896-A, §1º, III, da CLT. 2. Discute-se, nos autos, se o empregado menor precisa da assistência dos seus responsáveis legais apenas para dar quitação das parcelas rescisórias ou também para que se reconheça a validade do seu pedido de demissão. 3. Embora a leitura do art. 439 da CLT permita concluir que a necessidade de assistência dos responsáveis legais do empregado menor, no que diz respeito à relação empregatícia, se restringe à quitação das parcelas rescisórias, a jurisprudência desta Corte tem entendimento diverso: por se tratar de norma protetiva, não pode ser interpretada de forma restritiva. Há precedentes. 4. Para a hipótese dos autos, a Corte de origem evidenciou que o autor, embora contasse apenas com 17 anos e 11 meses, pediu demissão do emprego sem a devida assistência dos seus representantes legais. 5. Nesse sentir, tem-se que o menor está livre para iniciar a relação de emprego; entretanto, para o término da relação contratual carece da assistência de seus representantes legais. Estando a decisão regional posta em sentido diverso, merece reforma. 6 . Registre-se ser irrelevante o fato de o autor não ter alegado o inadimplemento das parcelas rescisórias, porquanto a discussão se restringe à validade do pedido de demissão do emprego, nada mencionando acerca do pagamento de verbas que eventualmente lhe seriam devidas. Recurso de revista conhecido por violação do art. 439 da CLT e provido. (RR- 1002472-43.2014.5.02.0241, 7ª Turma, relator Ministro Alexandre de Souza Agra Belmonte, *DEJT* 18.8.2023)

4.2. Capacidade civil *versus* capacidade trabalhista e o trabalho infantil

Outro aspecto que se mostra importante para a análise jurídica do trabalho infantil como contrato de trabalho é, sem dúvida, a capacidade dos agentes envolvidos, principalmente daqueles que prestam o serviço, seja ela capacidade civil ou laboral, pois se é um dos requisitos de validade do aludido negócio, tendo repercussões até mesmo de natureza existencial.

Gonçalves (2017, p. 390) dispõe que os requisitos de validade do negócio, de forma geral, são previstos no art. 104 do Código Civil: a) agente capaz; b) objeto lícito, possível, determinado ou determinável; e c) forma prescrita ou não defesa em lei, onde, havendo a ausência de qualquer destes requisitos, o negócio será considerado inválido.

Não há dúvida que o contrato de trabalho é uma espécie de negócio jurídico, entretanto, regido especificamente pelas disposições da Consolidação das Leis do Trabalho, sendo os ditames da norma civil aplicados apenas de forma subsidiária, pelo menos naquilo em que esta última não contrariar a primeira.

Bezerra Leite (2019, p. 751-751) analisa os elementos constitutivos do contrato de trabalho partindo dos planos de existência e de validade, sendo que este último plano necessita obrigatoriamente daquele outro.

Nos elementos relativos ao plano de existência do contrato, pode-se identificar necessidade de haver, cumulativamente, a manifestação da vontade, a presença de um agente, o objeto e a forma de exteriorização da vontade e do objeto. Nos elementos de validade do contrato laboral, o autor divide tais elementos em dois grupos, sendo eles os essenciais e os acidentais, sendo aqueles primeiros (essenciais) a manifestação livre e de boa-fé da vontade, agente capaz, objeto idôneo e forma prescrita ou não defesa em lei, enquanto que este segundo (acidentais) se refere à existência de termo, condição ou encargo.

Assim, no presente tópico se aborda a incidência da capacidade civil nos contratos de trabalho, bem como a análise da capacidade trabalhista e sua diferença para aquela outra capacidade, e por fim as repercussões da nulidade trabalhista nos casos de trabalho infantil. Ressalte-se que a análise é feita nos casos de trabalho infantil que caracterizam relação de emprego nos termos da Consolidação das Leis do Trabalho.

4.2.1. A capacidade civil e o contrato de trabalho

As regras gerais do negócio jurídico, positivadas nos arts. 104 a 114 do Código Civil, disciplinam que, para este mesmo negócio ser válido, há de ter, cumulativamente, agentes civilmente capazes, objeto lícito, possível, determinado ou que seja de possível determinação, e que a sua forma seja prevista ou mesmo não proibida pela lei (BRASIL, 2002).

A incapacidade, como gênero, comporta as espécies incapacidade absoluta e a incapacidade relativa, nos termos dos arts. 3º e 4º da norma civilista, respectivamente.

Caio Mário da Silva Pereira (2022, p. 231), ao justificar a existência das incapacidades, aduz:

> Tendo em vista a diversidade de condições pessoais dos menores, e a maior ou menor profundidade da redução no discernimento, o Código Civil destaca, de um lado, os que são inaptos para a vida civil na sua totalidade, e, de outro lado, os que são incapazes apenas quanto a alguns direitos ou à forma de seu exercício. E, atendendo à extensão da incapacidade, gradua a forma da proteção, que para os primeiros assume o aspecto de representação, de vez que são completamente impedidos de agir juridicamente, e para os segundos a modalidade da assistência, já que têm o poder de atuar na vida civil, porém sob condição de serem autorizados. Aos primeiros chama absolutamente incapazes e aos segundos relativamente incapazes.

No mesmo sentido lecionam Farias e Rosenvald (2015, p. 274), ao aduzirem que

> O incapaz reclama um tratamento diferenciado, na medida em que não possui o mesmo quadro de compreensão da vida e dos atos cotidianos das pessoas plenamente capacitadas. É a simples aplicação da conhecida regra de que a igualdade se consubstancia tratando desigualmente quem está em posição desigual.

Segundo o escólio de Carlos Roberto Gonçalves (2017, p. 42), a incapacidade absoluta "[...] acarreta a proibição total do exercício, por si só, do direito. O ato somente poderá ser praticado pelo representante legal do absolutamente incapaz. A inobservância dessa regra provoca a nulidade do ato, nos termos do art. 166, I, do Código Civil".

A incapacidade relativa, por seu turno, segundo o escólio de Maria Helena Diniz (2023, p. 166-167):

> [...] diz respeito àqueles que podem praticar por si os atos da vida civil desde que assistidos por quem o direito positivo encarrega deste ofício, em razão de parentesco, de relação de ordem civil ou de designação judicial. O efeito da violação desta norma é gerar a anulabilidade do ato jurídico (CC, art. 171, I), dependendo de iniciativa do lesado, havendo até hipóteses em que poderá ser confirmado ou ratificado tal ato praticado por relativamente incapaz sem a assistência de seu representante.

Com o início da vigência do Código, em 2002, a norma previa três tipos de incapacidades absolutas, sendo elas: a) os menores de dezesseis anos; b) os que, por enfermidade ou deficiência mental, não tiverem o necessário discernimento para a prática desses atos; e c) os que, mesmo por causa transitória, não puderem exprimir sua vontade (BRASIL, 2002).

Porém, com a vigência do Estatuto da Pessoa com Deficiência (Lei n. 13.146, de 6 de julho de 2015), os incisos II e III, do art. 3º, do Código se mostraram capacitistas, desconsiderando a autonomia e prevendo a tutela excessiva sobre a vida das pessoas com deficiência. Também contrariava os princípios da Convenção de Nova Iorque sobre os direitos desse público, ratificada pelo Brasil com hierarquia de norma constitucional (BRASIL, 2015).

Ademais, o rol das incapacidades relativas também foi modificado com a vigência do Estatuto. Inicialmente, a norma previa que as pessoas com deficiência mental com discernimento reduzido, bem como os excepcionais que não tivessem desenvolvimento mental completo, seriam relativamente incapazes. Posteriormente, a Lei n. 13.146/2015 retirou tais deficiências do mencionado rol, e incluiu as pessoas que, por causa transitória ou permanente, não consigam exprimir sua vontade, na lista de incapacidade relativa, visto que anteriormente constava nas incapacidades absolutas.

Gonçalves (2017, p. 115), sobre os efeitos da incapacidade relativa, ensina que:

> A incapacidade relativa permite que o incapaz pratique atos da vida civil, desde que assistido por seu representante legal, sob pena de anulabilidade (CC, art. 171, I). Certos atos, porém, pode praticar sem a assistência de seu representante legal, como ser testemunha (art. 228, I), aceitar mandato (art. 666), fazer testamento (art. 1.860, parágrafo único), exercer empregos públicos para os quais não for exigida a maioridade (art. 5º, parágrafo único, III), casar (art. 1.517), ser eleitor, celebrar contrato de trabalho etc.

Orlando Gomes (1993 *apud* LEITE, 2022, p. 775) adverte que a:

> [...] celebração do contrato de trabalho de pessoa menor, não é permitida a representação legal. É necessária a intervenção do menor que quer empregar-se, visto que só o relativamente incapaz pode, embora assistido, estipular contrato de trabalho. O responsável não tem direito de vinculá-lo a empregador sem que pessoalmente esteja o menor de acordo, dado que o objeto da prestação é um bem personalíssimo.

Dutra (2007, p. 66-67), por seu turno, defende que os adolescentes empregados possuem capacidade para celebrar e romper o contrato laboral, bem como passar recibos dos salários mensais e outros recebimentos, com exceção do termo de quitação da rescisão contratual, na forma do art. 439 da CLT.[23]

---

(23) O art. 439 da CLT dispõe que é lícito ao menor firmar recibo pelo pagamento dos salários. Tratando-se, porém, de rescisão do contrato de trabalho, é vedado ao menor de 18 (dezoito) anos dar, sem assistência dos seus responsáveis legais, quitação ao empregador pelo recebimento da indenização que lhe for devida.

Assim, é evidente a inaplicabilidade da representação no Direito do Trabalho, ainda que se trate de absolutamente incapaz, bem como que a assistência do responsável não tem o condão de obrigar o adolescente a executar trabalho contra a sua vontade, sob pena de se configurar trabalho escravo na modalidade de trabalho forçado — na forma do art. 149 do Código Penal.

Ainda no que tange às incapacidades civis, estas poderão ser cessadas por meio do instituto da emancipação, que por sua vez torna o menor de dezoito anos plenamente capaz para os atos da vida civil, podendo tal emancipação ocorrer por diversas formas, inclusive pelo exercício de determinadas espécies de trabalho, como do exercício de emprego público efetivo (art. 5º, parágrafo único, III) ou pela existência da relação de emprego (art. 5º, parágrafo único, V).

Segundo Caio Mário da Silva Pereira (2022, p. 248), existem três espécies de emancipação, a saber: a voluntária, judicial e legal. As causas pelo exercício do labor, previstas nos incisos III e V, do parágrafo único do art. 5º do CC/02, se enquadram nas espécies de emancipação legal. Pereira (2022, p. 248) aponta que tais emancipações legais independem da idade, diferentemente das emancipações judiciais.

Todavia, a regra da emancipação deve ser interpretada conforme a Constituição, pois, caso contrário, estaríamos afirmando que o exercício do trabalho infantil — que por vezes configura emprego até que seja decretada a nulidade pelo juiz — poderia ser causa de emancipação. Assim, como o próprio inciso condiciona a emancipação ao fato de "[...] desde que, em função deles, o menor com dezesseis anos completos tenha economia própria" (BRASIL, 2002), resta evidente que a causa de emancipação pelo emprego deve respeitar a idade mínima para o trabalho que é prevista na Constituição Federal, bem como não pode ser aplicada aos adolescentes entre quatorze e dezesseis anos que são aprendizes.

Nesse contexto, é possível concluir que a regra da incapacidade absoluta prevista no art. 3º do Código Civil que, para o presente estudo seria aplicável apenas aos casos de aprendizagem profissional entre 14 e 16 anos, não se aplica à celebração do contrato de trabalho por menores de dezoito anos, por não ser permitida a representação e em razão da necessidade de intervenção deste. Em suma, ao trabalho do menor de dezoito anos, por se tratar de uma prestação personalíssima — é o próprio adolescente que irá trabalhar —, não poderiam os seus pais lhe vincular a contrato sem a sua participação no ato.

4.2.2. Sobre as espécies de capacidades trabalhistas

Após analisar a capacidade civil e sua repercussão no Direito do Trabalho, analisaremos outra modalidade de capacidade essencial para o contrato de emprego, que é a capacidade trabalhista.

É fundamental distinguir as capacidades anteriormente analisadas da laboral. As capacidades civis dizem respeito ao exercício de atos da vida civil, tais como firmar contratos etc., enquanto as capacidades trabalhistas dizem respeito à aptidão para a realização de determinados trabalhos. Assim, é possível que um adolescente seja absolutamente incapaz para o direito civil, mas ainda sim possa trabalhar, como ocorre com os adolescentes aprendizes.

Para Furtado (2004, p. 226), a idade biológica do trabalhador importa juridicamente para que haja o cotejo com a legislação vigente, bem como "[...] tem a idade relação com as condições materiais de desenvolvimento físico e mental e de amadurecimento para o desempenho de certas funções, excluindo-se aqueles que por presunção baseada na idade, ainda não estariam aptos, por exemplo, para o exercício de cargo público".

De uma simples análise do conteúdo previsto no art. 7º, XXXIII, da Constituição Federal, pode-se concluir que o Direito do Trabalho brasileiro comporta três espécies de capacidade para o exercício do labor em razão da idade do trabalhador: a) a capacidade trabalhista plena; b) a capacidade trabalhista contida; e c) a capacidade trabalhista restrita.

A capacidade trabalhista plena se constitui no exercício de qualquer labor por parte daqueles que têm mais de dezoito anos, titulares plenos do direito ao trabalho previsto no art. 6º da Constituição Federal. Salvo os casos defesos em Lei e aqueles considerados ilícitos, ao maior de dezoito anos é permitido o exercício de qualquer trabalho, inclusive noturnos, perigosos, penosos ou insalubres, o que não ocorre com menores de dezoito anos em razão da condição peculiar desenvolvimento em que se encontram. Diz-se que é plena justamente por não haver nenhuma restrição em razão da idade.

Por conseguinte, a capacidade trabalhista contida, parafraseando a classificação das eficácias das normas constitucionais proposta por José Afonso da Silva (1968),[(24)] trata-se da idade laboral propriamente dita, sendo aquela em que o adolescente pode exercer os trabalhos não defesos ou proibidos em lei. A contenção se dá justamente na restrição normativa que, diferentemente da eficácia das normas, não se dá por normas infraconstitucionais, mas por comandos contidos na Carta Magna: trabalho noturno, perigoso e insalubre, além de outros previstos na legislação infraconstitucional (BRASIL, 1988). No campo das restrições infraconstitucionais em relação à idade, podemos citar o estabelecimento da idade mínima de dezoito anos para o trabalho doméstico, bem como para o trabalho no serviço público.[(25)]

Aos adolescentes que possuem idade entre 16 e 18 anos é permitido laborar por oito horas diárias, cumprir horas extras, trabalhar na condição de estagiários ou em qualquer outra modalidade de labor, sendo contida apenas em razão das normas de segurança e saúde, visto que o exercício de trabalhos noturnos, perigosos ou insalubres podem afetar seu desenvolvimento físico, psíquico, social e educacional, mostrando-se incompatível com o que o legislador originário positivou no art. 227 da Constituição Cidadã.

Por fim, a capacidade trabalhista restrita diz respeito aos trabalhos realizados por menores de dezesseis anos. Diz-se que é restrita porque, diferentemente das anteriores, somente é permitida a realização dos trabalhos expressamente autorizados pela lei, a exemplo do trabalho na condição de aprendiz a partir dos quatorze anos, com previsão expressa no art. 7º, XXXIII, da Lei Maior (BRASIL, 1988).

O que difere a capacidade restrita das demais é a sua amplitude. Ao adolescente que possui idade entre dezesseis e dezoito anos lhes são permitidos realizar qualquer trabalho, exceto aqueles proibidos pela própria lei, o que não ocorre com os menores de dezesseis anos, pois a estes últimos é vedado qualquer trabalho, com exceção da aprendizagem aos quatorze (CF, art. 7º, XXXIII).

(24) José Afonso da Silva (1968) propôs a classificação das normas constitucionais em i) normas de eficácia plena e aplicabilidade direta; ii) normas de eficácia contida e aplicação imediata; e as iii) normas de eficácia limitada.

(25) A Lei n. 8.112, de 11 de dezembro de 1990, estabelece em seu art. 5º, V, a idade mínima de 18 (dezoito) anos para ingresso no serviço público.

Mauricio Godinho Delgado (2019, p. 255) classifica a capacidade trabalhista ora denominada de capacidade trabalhista restrita como "incapacidade absoluta". Porém, não nos parece tratar-se de incapacidade absoluta, visto que, não obstante a proibição expressa de trabalho aos menores de dezesseis anos feita pela Constituição (CF, art. 7º, XXXIII), a própria norma autoriza o trabalho na condição de aprendiz a partir dos quatorze anos de idade. Além disso, como já citado, a Convenção n. 138 da OIT (OIT, 1973), em seu art. 8º, autoriza a participação de crianças e adolescentes em trabalhos artísticos. Dessa forma, não se poderia chamar de incapacidade trabalhista absoluta, pois aquilo que é absoluto não comporta exceções, o que não ocorre neste caso, pois a própria Constituição autoriza o trabalho como aprendiz a partir dos 14 anos (CF, art. 7º, XXXIII) e a Convenção 138 da OIT ratificada pelo Brasil autoriza o trabalho artístico também abaixo dos dezesseis anos (C138, art. 8º).

Assim sendo, a incapacidade trabalhista absoluta ocorre abaixo dos quatorze anos, sendo esta sim a idade mínima que não permite qualquer exceção, e não aos dezesseis conforme proposto por Delgado (2019, p. 255).

O art. 7º, XXXIII, da CF/88 prevê uma única exceção ao trabalho do menor de dezesseis anos, qual seja o trabalho na condição de aprendiz, que pode ser realizado a partir dos quatorze anos (BRASIL, 1988). Como mencionado, a legislação infraconstitucional prevê ainda as hipóteses do trabalho artístico e o desportivo aos menores de dezesseis anos — que é de duvidosa constitucionalidade, pois afronta diretamente o disposto no artigo retromencionado —, com previsão na Convenção 138 e na Lei n. 9.615/1998, respectivamente.

Finalmente, após se analisar o conteúdo das diferentes modalidades de capacidades trabalhistas existentes no Brasil, merece destaque as consequências jurídicas que se originam da ausência da mencionada capacidade na execução do trabalho.

4.2.3. A nulidade do contrato de trabalho nos casos de trabalho infantil

Conforme analisado, o trabalho infantil constitui, em regra, espécie de trabalho proibido, sendo nulo de pleno direito. Porém, ainda que nulo, o mencionado contrato de trabalho reverbera no mundo jurídico produzindo efeitos, em razão da teoria juslaboralista das nulidades.

As nulidades constituem gênero das quais são espécies as nulidades relativas — ou anulabilidades — e as nulidades absolutas.

A nulidade absoluta, segundo Maria Helena Diniz (2023, p. 541):

> [...] é uma penalidade que, ante a gravidade do atentado à ordem jurídica, consiste na privação da eficácia jurídica que teria o negócio, caso fosse conforme a lei. De maneira que um ato negocial que resulta em nulidade é como se nunca tivesse existido desde sua formação, pois a declaração de sua invalidade produz efeito *ex tunc*, retroagindo à data da sua celebração.

Por conseguinte, as nulidades relativas, diferentemente daquelas primeiras, não possuem sanção tão rígida, podendo haver a correção do vício, pois a imperfeição é de razão privada, *inter partes*, não afrontando o interesse público. Nesse sentido leciona Caio Mário da Silva Pereira (2022, p. 547):

> Não tem o mesmo alcance da nulidade, nem traz o mesmo fundamento a anulabilidade do negócio jurídico. Nela não se vislumbra o interesse público, porém a mera conveniência das partes, já que na sua instituição o legislador visa à proteção de interesses privados. O ato é imperfeito, mas não tão grave nem profundamente defeituoso, como nos casos de nulidade, razão pela qual a lei oferece ao interessado a alternativa de pleitear a obtenção de sua ineficácia, ou deixar que os seus efeitos decorram normalmente, como se não houvesse irregularidade, o que se reflete no problema dos efeitos [...]. Daí ficar restrita a legitimação para postulação do decreto anulatório às pessoas que intervêm originariamente no ato, ou ainda em certos casos às que lhes sucedam em direitos, quer por sub-rogação inter vivos, quer por sucessão causa mortis, ou também a determinados terceiros que lhes sofram as consequências (como o credor prejudicado pela alienação fraudulenta).

Nos termos do art. 171 do Código Civil, de aplicação subsidiária ao Direito do Trabalho, são anuláveis os contratos de emprego: a) por incapacidade relativa do agente e b) por vício resultante de erro, dolo, coação, estado de perigo, lesão ou fraudes contra credores (BRASIL, 2002).

Ao se analisar o mencionado dispositivo do Código Civil, mais especificamente no que tange à incapacidade relativa do agente, verifica-se que a sua incidência no Direito do Trabalho não tem os mesmos efeitos que no campo civilista, visto que a própria Constituição estabelece a idade de dezesseis anos como idade mínima para o trabalho e, considerando que o contrato de trabalho é uma modalidade que pode ser acordada tácita ou expressamente, verbalmente ou por escrito (CLT, art. 443), desde que não seja forma de trabalho proibida ou ilícita, não haverá interferência na validade do negócio a mera ausência de assistente.

Ademais, vaticina o art. 116 do Código Civil que é nulo o negócio quando: a) celebrado por pessoa absolutamente incapaz; b) for ilícito, impossível ou indeterminável o seu objeto; c) o motivo determinante, comum a ambas as partes, for ilícito; d) não revestir a forma prescrita em lei; e) for preterida alguma solenidade que a lei considere essencial para a sua validade; f) tiver por objetivo fraudar lei imperativa; e g) a lei taxativamente o declarar nulo, ou proibir-lhe a prática, sem cominar sanção (BRASIL, 2002).

Bezerra Leite (2022, p. 766), ao analisar as nulidades positivadas no art. 166 do Código Civil brasileiro, faz uma adaptação ao Direito do Trabalho:

> Adaptando tais regras à principiologia do direito do trabalho, é factível presumir que a nulidade absoluta do contrato de trabalho se dá quando não observados alguns dos elementos essenciais que o compõem, como: a) a capacidade das partes; b) a idoneidade do seu objeto; c) a forma prescrita ou não defesa em lei; d) a fraude à aplicação das normas laborais de ordem pública; e) quando a lei expressamente declara a nulidade do contrato ou proíbe-lhe a prática, sem cominação de sanção.

Dessa forma, conclui-se que, para fins do presente estudo, são nulos os contratos de trabalho celebrados por menores de dezesseis anos, salvo na condição de aprendiz, que tenha por objeto a atividade ilegal ou ilícita, ou que não obedeça a forma prescrita em lei, não podendo, portanto, ser convalidados ou ter a sua nulidade sanada.

Ainda que adaptada ao Direito do Trabalho, a teoria das nulidades trabalhistas se diferencia das previstas na norma civilista, principalmente no que tange à produção de efeitos dos atos declarados nulos. Sobre isso aduz Mauricio Godinho Delgado (2019, p. 633):

> O Direito do Trabalho é distinto, nesse aspecto. Aqui vigora, em contrapartida, como regra geral, o critério da irretroação da nulidade decretada, a regra do efeito *ex nunc* da decretação judicial da nulidade percebida. Verificada a nulidade comprometedora do conjunto do contrato, este, apenas a partir de então, é que deverá ser suprimido do mundo sociojurídico; respeita-se, portanto, a situação fático-jurídica já vivenciada. Segundo a diretriz trabalhista, o contrato tido como nulo ensejará todos os efeitos jurídicos até o instante de decretação da nulidade — que terá, desse modo, o condão apenas de inviabilizar a produção de novas repercussões jurídicas, em face da anulação do pacto viciado.

Em mesmo sentido leciona Mário de La Cueva (1969, p. 512):

> [...] *la obligacion de pagar el salario es independiente de que se obtenga una utilidad económica y subsiste aun en el supuesto que se originenn pérdidas. En las relaciones de trabajo, el riesgo es a cargo del patrono, lo cual implica que, para el derecho del trabajo, toda prestación de servicios debe ser remunerada, cualquiera sea el resultado económico.*
>
> *Por otra parte, si se quiere hacer producir a la nulidad sus efectos normales, habría que retrotraer las cosas al estado que tenían antes de la formación de la relación de trabajo y de la fecha en que se inició la prestación de servicios, o sea, habría que devolver al trabajador su energía de trabajo, pues, procediendo de otra manera, se hace producir a la nulidad efectos retroactivos unilaterales, lo que no es admisible;*

> *y como la dévolución de esa energía de trabajo no es posible, es evidente que no queda otro camino que hacerle únicamente producir efectos para el futuro.*

Evidencia-se também que a teoria da irretroatividade trabalhista encontra amparo na doutrina mundial, a exemplo do México, Alemanha, França e Itália.(26)

Leite (2022, p. 1.301), ao analisar o trabalho executado por crianças e adolescentes em forma proibida, afirma que todo o período trabalhado deverá ser considerado como se a relação laboral válida fosse, produzindo todos os direitos inerentes a um contrato de trabalho regular:

> Caso seja realizado contrato de emprego com adolescente com idade inferior a 16 anos (salvo se for contrato especial de aprendizagem, a partir dos 14 anos), ainda assim terá ele direito a todos os direitos trabalhistas como se válida fosse a relação empregatícia, uma vez que o tomador do serviço não pode se beneficiar de um trabalho prestado por uma pessoa humana em desenvolvimento que o ordenamento proíbe de trabalhar. O juiz, todavia, deverá mandar cessar imediatamente a prestação do serviço e ordenar o pagamento de todos os direitos trabalhistas e previdenciários.

A produção de efeito *ex nunc* encontra explicações de ordem lógica, pois é faticamente impossível que a relação jurídica retorne ao *status quo ante*. Em resumo, não há como o trabalhador ter de volta a força de trabalho gasta, razão por que deve ser indenizado por isso. No que tange ao trabalho infantil, a irretroatividade da nulidade encontra explicações de cunho protetivo do sujeito de direitos, pois, se tal relação de trabalho maculada não gerasse direitos à criança ou ao adolescente, estar-se-ia beneficiando aquele que roubou o precioso tempo do desenvolvimento infantil, pois não seria

---

(26) Neste sentido são Santoro-Passarelli (*Nozione di Diritto del Lavoro, Napoli*, 1969, p. 147-148); G. H. Camerlynck e Gérard Lyon-Caen (*Droit du Travail, Paris,* 1975, p. 142); Werner Flume (*Das Rechtsgeschäft, Berlim,* 1979, p. 95.102); Hans Brox (*Allgemeines Schuldrecht, München,* 1982, p. 33-36*)*.

obrigada a pagar qualquer verba ao sujeito de direitos explorado, da mesma forma que estaríamos diante de um verdadeiro incentivo à contratação de crianças por esses mesmos empregadores.

Em suma, o trabalho infantil, seja em razão de trabalho abaixo da idade mínima ou realizado em condição por lei proibida, configura verdadeiro contrato de trabalho nulo, mas sua nulidade só produzirá efeitos após a declaração pelo Estado-juiz, fazendo jus a criança ou o adolescente aos mesmos direitos que um trabalhador adulto teria se estivesse nas mesmas condições. Porém, após a declaração de nulidade, não só o juiz, mas a família e o Poder Público também devem agir para cessar a violação dos direitos do sujeito.

4.3. Trabalho infantil: Entre o trabalho ilícito, o trabalho proibido e a conduta ilícita do empregador

Como exaustivamente apontado, o trabalho infantil é espécie de trabalho proibido (CF, art. 7º, XXXIII). Entretanto, há outras modalidades de trabalhos que possuem naturezas jurídicas distintas daquela primeira, a saber: trabalhos ilícitos e as condutas ilícitas praticadas pelo empregador, esta última também pode interferir na ilicitude ou não da prestação de serviços.

A diferenciação é de suma importância porque, a depender da qualificação do tipo de trabalho infantil, poderá haver o reconhecimento de todas as verbas trabalhistas ou de nenhuma destas, em razão da modalidade de nulidade a ser aplicada no caso concreto.

Inicialmente, tanto os trabalhos proibidos quanto os ilícitos dizem respeito especificamente ao objeto do contrato de trabalho, ou seja, à própria prestação feita pelo trabalhador ao seu tomador de serviços, diferentemente das consideradas condutas ilícitas do empregador, que não necessariamente se vinculam a tal prestação.

Os trabalhos proibidos podem ser definidos como espécies de prestações de serviço que se encontrem em desacordo com a ordem jurídica trabalhista, tornando-se, geralmente, irregular em razão do sujeito que executa o labor que, todavia, poderia ser considerado lícito caso fosse realizado por outra categoria de trabalhadores, a exemplo do trabalho noturno que é proibido aos menores de dezoito anos de idade, mas permitido aos demais obreiros, inclusive gerando direito ao percebimento do adicional correspondente. Apesar de irregular, a proibição não interfere na licitude do objeto, razão por que o Direito do Trabalho reconhece a sua nulidade, mas resguarda os direitos oriundos da relação viciada. Nesse mesmo sentido assevera Garcia (2020, p. 163-164):

> Nesses casos, embora o trabalho ocorra em afronta de norma trabalhista de ordem pública, todos os efeitos do contrato são resguardados, pois a disposição que tutela o trabalhador não pode ser interpretada e aplicada de forma contrária a quem ela visa a proteger. Constatado o labor pelo menor de idade, a autoridade competente deve tomar as providências necessárias para fazer cessá-lo, de modo a se restaurar a ordem jurídica violada, fazendo jus o menor trabalhador ao recebimento de todos os direitos decorrentes do trabalho já prestado.

Sobre a nulidade e os efeitos que se originam dos tipos de trabalhos considerados como proibidos, destaca Delgado (2019, p. 626):

> O Direito do Trabalho tende a conferir efeitos justrabalhistas plenos à prestação empregatícia de trabalho irregular (ou trabalho proibido) — desde que a irregularidade não se confunda também com um tipo legal criminal. A teoria justrabalhista de nulidades [...] incide firmemente em tais situações, garantindo plenas consequências trabalhistas ao contrato maculado por irregularidade em seu objeto. Evidente que o reconhecimento de efeitos justrabalhistas não elimina a necessidade de determinar-se a correção do vício percebido ou extinguir-se o contrato, caso inviável semelhante correção.

Por conseguinte, os trabalhos ilícitos se referem às prestações feitas pelo trabalhador que constituem verdadeiros crimes ou contravenção penal, adentrando, dessa forma, na esfera da ilicitude penal e não apenas trabalhista. Em resumo, o patrão exige de seu prestador de serviço que este realize um crime ou uma contravenção penal, como é o caso daqueles que se envolvem com a prática do jogo do bicho, ou mesmo de agiotagem e de pistolagem, sendo o objeto do contrato um verdadeiro crime. Nesse sentido, o Tribunal Superior do Trabalho, consubstanciando tal entendimento, firmou o entendimento, em sua Orientação Jurisprudencial 199, da SDI-I, de que "é nulo o contrato de trabalho celebrado para o desempenho de atividade inerente à prática do jogo do bicho, ante a ilicitude de seu objeto, o que subtrai o requisito de validade para a formação do ato jurídico" (TST, 2010).

Nesses casos, o Direito não poderia gerar nenhum direito àquele que comete crime, ainda que a mando do seu patrão, sob pena de incentivar a prática de condutas criminosas, não se aplicando, para esses casos, o princípio da irretroatividade das nulidades trabalhistas e não gerando, tais contratos de ilicitude, quaisquer repercussões no âmbito trabalhista.

Delgado (2019) afirma que há duas espécies de trabalhos ilícitos, sendo aqueles em que a própria prestação feita é ilícita, a exemplo da pistolagem ou do tráfico de drogas, e outros em que, embora a conduta do empregador seja ilícita, o contrato de determinado empregado é lícito, como o contrato do obreiro que trabalha na prestação de serviços gerais de uma casa de tolerância.

Entende-se, todavia, que tal definição se mostra equivocada, visto que, ao se analisar a proibição ou a ilicitude de determinado trabalho, em verdade, analisa-se o objeto do contrato de trabalho, diferentemente das condutas ilícitas do empregado. Assim, se o patrão comete condutas ilícitas e o trabalho do empregado é a execução dessas mesmas condutas, e estará diante do chamado trabalho ilícito, ainda que apenas como partícipe do crime. Nas condutas ilícitas do empregador, a prestação do serviço pelo obreiro não é contaminada com a atividade ilícita daquele primeiro.

Sobre a diferença entre a conduta ilícita do patrão e o trabalho ilícito nos ensina Adalberto Martins (2011, p. 118):

> Deve ser feita distinção entre a atividade ilícita do empregador e a ilicitude do trabalho desenvolvido pelo empregado. Nesse sentido, será nulo o contrato que envolva a venda de entorpecente, de cambista do jogo do bicho, entre outros; mas não

vemos nenhum óbice a que a recepcionista ou a faxineira do prostíbulo sejam reconhecidamente empregadas, com todos os direitos assegurados.

As consideradas condutas ilícitas do empregador, em regra, dizem respeito a atos praticados pelo patrão contra o seu empregado, em que, por vezes, aludidas condutas não interferem na licitude do objeto do contrato de trabalho, a exemplo do crime de redução de empregado a condições de trabalho análogas à escravidão (tipificado no art. 149 do Código Penal), visto que o objeto desse tipo de labor pode perfeitamente ser a prestação de serviços de corte e costura, de pastoreio de animais ou mesmo de trabalho em colheitas, prestações estas que visivelmente não têm caráter ilícito, todavia, é a conduta do patrão, consistente em escravizar seu empregado, que macula a relação jurídica.

Assim, ao se abordarem as condutas ilícitas do empregador, *a priori*, não se estará analisando o objeto do contrato laboral, muito provavelmente estaremos diante de outra modalidade de vício negocial, em especial o vício de consentimento, que impede o hipossuficiente de se insurgir contra o seu patrão pelos abusos por ele cometidos, em razão de coações de natureza física ou moral.

Todavia, em se tratando de trabalho precoce, nas situações de conduta ilícita do patrão, obrigatoriamente o labor exercido pelo sujeito de direito há de ser considerado, mesmo que não tenha qualquer relação com a atividade criminosa praticada por aquele outro. É o caso do adolescente que trabalha como garçom em casa de prostituição, pois, ainda que não tenha qualquer relação com o rufianismo, o seu trabalho (de garçom) é proibido para a sua idade em razão de ser desenvolvido em contato com bebidas alcoólicas e em local prejudicial à sua moralidade.

Por fim, pode-se concluir que o trabalho infantil pode se exteriorizar como qualquer uma das formas verificadas, sendo que, nas condições de trabalho ilícito não há qualquer produção de efeitos para fins de aquisição de direitos trabalhistas, previdenciários etc., enquanto que no trabalho proibido e nas condutas do empregador a decretação de nulidade não afeta os direitos até ali produzidos.

4.4. A necessidade do reconhecimento do princípio da hiperproteção em contraposição à hipervulnerabilidade de crianças e adolescentes no mundo do trabalho

O Superior Tribunal de Justiça, em 2017, ao julgar o REsp 1.517.973/PE,[(27)] caso de dano moral coletivo em que crianças e adolescentes figuravam como vítimas, incluiu tais sujeitos de direitos (crianças e adolescentes) no rol dos consumidores hipervulneráveis.

A condição de hipervulnerabilidade, ou vulnerabilidade agravada (MARQUES JÚNIOR, 2018), segundo Schmitt (2014, p. 233), pode ser definida como situação social fática e objetiva de agravamento da vulnerabilidade da pessoa física consumidora, em razão de características pessoais aparentes ou conhecidas pelo fornecedor, a exemplo de crianças, idosos, pessoas com deficiência etc.

---

(27) RECURSO ESPECIAL. AÇÃO CIVIL PÚBLICA. DIGNIDADE DE CRIANÇAS E ADOLESCENTES OFENDIDA POR QUADRO DE PROGRAMA TELEVISIVO. DANO MORAL COLETIVO. EXISTÊNCIA. 1. O dano moral coletivo é aferível in re ipsa, ou seja, sua configuração decorre da mera constatação da prática de conduta ilícita que, de maneira injusta e intolerável, viole direitos de conteúdo extrapatrimonial da coletividade, revelando-se despicienda a demonstração de prejuízos concretos ou de efetivo abalo moral. Precedentes. 2. Na espécie, a emissora de televisão exibia programa vespertino chamado "Bronca Pesada", no qual havia um quadro que expunha a vida e a intimidade de crianças e adolescentes cuja origem biológica era objeto de investigação, tendo sido cunhada, inclusive, expressão extremamente pejorativa para designar tais hipervulneráveis. 3. A análise da configuração do dano moral coletivo, na espécie, não reside na identificação de seus telespectadores, mas sim nos prejuízos causados a toda sociedade, em virtude da vulnerabilização de crianças e adolescentes, notadamente daqueles que tiveram sua origem biológica devassada e tratada de forma jocosa, de modo a, potencialmente, torná-los alvos de humilhações e chacotas pontuais ou, ainda, da execrável violência conhecida por bullying. 4. Como de sabença, o art. 227 da Constituição da República de 1988 impõe a todos (família, sociedade e Estado) o dever de assegurar às crianças e aos adolescentes, com absoluta prioridade, o direito à dignidade e ao respeito e de lhes colocar a salvo de toda forma de discriminação, violência, crueldade ou opressão. 5. No mesmo sentido, os arts. 17 e 18 do ECA consagram a inviolabilidade da integridade física, psíquica e moral das crianças e dos adolescentes, inibindo qualquer tratamento vexatório ou constrangedor, entre outros. 6. Nessa perspectiva, a conduta da emissora de televisão — ao exibir quadro que, potencialmente, poderia criar situações discriminatórias, vexatórias, humilhantes às crianças e aos adolescentes — traduz flagrante dissonância com a proteção universalmente conferida às pessoas em franco desenvolvimento físico, mental, moral, espiritual e social, donde se extrai a evidente intolerabilidade da lesão ao direito transindividual da coletividade, configurando-se, portanto, hipótese de dano moral coletivo indenizável, razão pela qual não merece reforma o acórdão recorrido. 7. Quantum indenizatório arbitrado em R$ 50.000,00 (cinquenta mil reais). Razoabilidade e proporcionalidade reconhecidas. (STJ - 4ª Turma, rel. Min. Luis Felipe Salomão, julgado em 16.11.2017)

Marques Júnior (2018, p. 312) destaca que a mencionada vulnerabilidade decorre de valores constitucionais, com vistas a proteger os diversos sujeitos vulneráveis:

> A gradação da vulnerabilidade agravada (hipervulnerabilidade) decorre da aplicação dos valores constitucionais de proteção de sujeitos vulneráveis nas múltiplas relações privadas, especialmente por intermédio do valor constitucional da solidariedade que irradia seus efeitos na órbita jurídico-consumerista. Utilização de termos como "hipervulnerável", vulnerabilidade agravada, especial vulnerabilidade, ou extensa vulnerabilidade são utilizados recorrentemente na doutrina e jurisprudência majoritárias que entendem certas categorias de consumidores, tais como idosos, crianças, indígenas, pessoas com deficiência, tendo sua vulnerabilidade aumentada no tocante ao consumidor mediano. A delimitação conceitual de hipervulnerabilidade é fruto da proibição constitucional de discriminação, ou seja, dos postulados da dignidade da pessoa humana, da igualdade e da solidariedade.

Ademais, ainda que inicialmente a tutela protetiva da vulnerabilidade tenha se mostrado eficaz na proteção dos consumidores, o conceito de vulnerabilidade se mostrou insuficiente na proteção de determinados grupos de consumidores em razão de suas particularidades, conforme asseveram Cavalcante e Koury (2020, p. 58):

> [...] Isso ocorreu em face da acentuação das diferenças individuais no mundo contemporâneo, que representa um novo desafio para a proteção efetiva das ditas categorias, a exemplo das crianças, dos idosos, das pessoas com deficiência, dos portadores de enfermidades específicas, dos analfabetos, dentre outras categorias, em que o enquadramento como consumidores reclama uma tutela mais diferenciada ainda que assegurada ao consumidor padrão.

Dessa forma, características específicas de consumidores, como as crianças e os idosos, por exemplo, agravam a sua condição natural de consumidor vulnerável, tornando-os mais suscetíveis a sofrerem violações no âmbito consumerista do que o chamado "consumidor padrão".

Ainda que o reconhecimento de tal condição, pelo STJ, tenha se dado em matéria consumerista, é evidente que as crianças e os adolescentes, no mundo do trabalho, estão em condição de desigualdade quando comparados aos trabalhadores adultos, estes que, não obstante sua condição de hipossuficientes, dispõem de mais conhecimento e de mais possibilidades de insurgirem ou de acionarem o Poder Judiciário, motivo pelo qual se deve reconhecer a mencionada condição (de hipervulnerabilidade) no âmbito do Direito do Trabalho.

Por analogia, hipervulnerabilidade, para o Direito Laboral seria a hipossuficiência do trabalhador sendo agravada por determinadas condições pessoais de grupos específicos, determinando uma aplicação mais atenta, efetiva e extensiva do que o dado à média geral dos demais trabalhadores.

O princípio da proteção, como se sabe, é o principal fundamento do Direito do Trabalho, responsável por buscar a maior justiça dentro do contrato de trabalho, principalmente no que tange à assimetria existente entre o empregado e o empregador. Sobre ele nos ensina Delgado (2001, p. 23):

> [...] o princípio tutelar influi em todos os segmentos do Direito Individual do Trabalho, influindo na própria perspectiva desse ramo ao construir-se, desenvolver- se e atuar como direito. Efetivamente, há ampla predominância nesse ramo jurídico especializado de regras essencialmente protetivas, tutelares da vontade e interesse obreiros; seus princípios são fundamentalmente favoráveis ao trabalhador; suas presunções são elaboradas em vista do alcance da mesma vantagem jurídica retificadora da diferenciação social prática. Na verdade, pode-se afirmar que sem a ideia protetiva-retificadora o Direito Individual do Trabalho não se justificaria histórica e cientificamente.

Em idêntico sentido Arnaldo Lopes Süssekind *et al.* (2003, p. 144):

> O princípio da proteção do trabalhador resulta das normas imperativas, e, portanto, de ordem pública, que caracterizam a intervenção básica do Estado nas relações de trabalho, visando a opor obstáculos à autonomia da vontade. Essas regras cogentes formam a base do contrato de trabalho.

Assim, visto que o empregado não está em condições de igualdade contratual com o seu patrão, o Direito se impõe no sentido de aplicar normas em face do empregador, para que a dignidade, a integridade e os direitos fundamentais do obreiro não sejam preteridos pelo capital, bem como busca o mínimo de equidade contratual em razão da assimetria fática existente entre as partes.

Conforme destacado, as desvantagens e as desigualdades que um trabalhador não adulto enfrenta no exercício do labor são ampliadas em razão da sua tenra idade e de sua condição peculiar de desenvolvimento, fazendo com que esses sujeitos necessitem de uma maior proteção jurídica pelo Direito do Trabalho, bem como de uma atuação efetiva por parte de sua família, seu empregador e do próprio Estado.

Dessa forma, a hiperproteção ora defendida trata das normas especiais aplicadas aos trabalhos desenvolvidos por determinadas categorias de trabalhadores, em razão de suas peculiaridades. Aqui, mais especificamente, se abordam aqueles desenvolvidos por crianças e adolescentes em razão de sua condição peculiar de desenvolvimento humano, da prioridade absoluta e do direito à proteção integral que gozam.

A título de exemplo da aplicação prática do princípio no Direito do Trabalho, podemos destacar o início da prescrição das verbas trabalhistas, seja ela bienal ou quinquenal, começar a contar da maioridade daqueles (CLT, art. 440) ou mesmo direito de se fazer coincidência das férias do emprego com as escolares (CLT, art. 136, § 2º), o que interfere diretamente no poder diretivo do empregador.

Dentre os fundamentos desse princípio podemos destacar a proteção dada aos trabalhadores em geral, bem como a proteção integral e a prioridade absoluta previstas no art. 227 da Constituição Federal e o princípio do superior interesse da criança previsto no art. 3º da Convenção Sobre os Direitos das Crianças da ONU, de 1989.

Em especial o fundamento da proteção integral — pelo menos no âmbito de aplicação do princípio às relações de trabalho envolvendo crianças e adolescentes — oriundo do Direito da Criança e do Adolescente, observa-se que esse princípio possui aplicação plena no âmbito das relações laborais, atribuindo ao empregador a responsabilidade de zelar pelo cumprimento dos direitos fundamentais do empregador menor de dezoito anos, demandando, por exemplo, uma maior atenção às normas de higiene, saúde e segurança do trabalho para os mencionados sujeitos.

Cunha *et al.* (2019, p. 49), sobre a proteção integral, aduzem:

> A proteção integral revela, pois, que crianças e adolescentes são "titulares de interesses subordinantes frente à família, à sociedade e ao Estado", indicando-se um "conjunto de normas jurídicas concebidas como direitos e garantias frente ao mundo adulto". Nesse sentido, as pessoas em desenvolvimento têm o direito de que os adultos façam coisas em favor delas, isso porque "trata-se de uma situação real baseada em uma condição existencial ineliminável: o filhote humano [...] é incapaz de crescer por si; durante um tempo muito mais longo do que aquele de outras espécies não humanas, ele precisa de adultos que o alimentem, o criem, o eduquem, e estes adultos, inevitavelmente, têm instrumentos de poder, de autoridade, em relação aos pequenos. Isto vale não apenas no que tange à relação entre filhos menores e pais, os primeiros e mais diretos protetores, como, também na relação entre crianças e outros adultos, de regra, os pais".

Outro fundamento da hiperproteção é o princípio da igualdade positivado na Constituição Federal e que, no entendimento da jurisprudência consolidada do Supremo Tribunal Federal, conforme explicitado na ADI 3.330, consiste em tratar os iguais conforme a sua igualdade e os desiguais na exata medida de suas desigualdades.[28] Assim sendo e considerando que as desigualdades materiais assolam os menores de dezoito anos no mundo do trabalho, para que seja efetivada a igualdade material é preciso tratamento diferenciado pelo direito, na medida da desigualdade que lhes afetam, de modo a concretizar a igualdade ideal.

Delgado (2019, p. 969), ao refletir sobre as regras especiais que incidem sobre os trabalhos dos menores de dezoito anos, afirma que tais normas além de não ferirem a Constituição efetivam os valores e mandamentos nela contidos:

> Não é incompatível, como se sabe, com a Constituição uma diferenciação protetiva do trabalhador menor. Ao contrário: o

(28) Programa Universidade para Todos (PROUNI). Ações afirmativas do Estado. Cumprimento do princípio constitucional da isonomia. [...] A educação, notadamente a escolar ou formal, é direito social que a todos deve alcançar. Por isso mesmo, dever do Estado e uma de suas políticas públicas de primeiríssima prioridade. A Lei 11.096/2005 não laborou no campo material reservado à lei complementar. Tratou, tão somente, de erigir um critério objetivo de contabilidade compensatória da aplicação financeira em gratuidade por parte das instituições educacionais. Critério que, se atendido, possibilita o gozo integral da isenção quanto aos impostos e contribuições mencionados no art. 8º do texto impugnado. Não há outro modo de concretizar o valor constitucional da igualdade senão pelo decidido combate aos fatores reais de desigualdade. O desvalor da desigualdade a proceder e justificar a imposição do valor da igualdade. A imperiosa luta contra as relações desigualitárias muito raro se dá pela via do descenso ou do rebaixamento puro e simples dos sujeitos favorecidos. Geralmente se verifica pela ascensão das pessoas até então sob a hegemonia de outras. Que para tal viagem de verticalidade são compensadas com este ou aquele fator de supremacia formal. Não é toda superioridade juridicamente conferida que implica negação ao princípio da igualdade. O típico da lei é fazer distinções. Diferenciações. Desigualações. E fazer desigualações para contrabater renitentes desigualações. A lei existe para, diante desta ou daquela desigualação que se revele densamente perturbadora da harmonia ou do equilíbrio social, impor uma outra desigualação compensatória. A lei como instrumento de reequilíbrio social. Toda a axiologia constitucional é tutelar de segmentos sociais brasileiros historicamente desfavorecidos, culturalmente sacrificados e até perseguidos, como, verbi gratia, o segmento dos negros e dos índios. Não por coincidência os que mais se alocam nos patamares patrimonialmente inferiores da pirâmide social. A desigualação em favor dos estudantes que cursaram o ensino médio em escolas públicas e os egressos de escolas privadas que hajam sido contemplados com bolsa integral não ofende a Constituição pátria, porquanto se trata de um *descrímen* que acompanha a toada da compensação de uma anterior e factual inferioridade ("ciclos cumulativos de desvantagens competitivas"). Com o que se homenageia a insuperável máxima aristotélica de que a verdadeira igualdade consiste em tratar igualmente os iguais e desigualmente os desiguais, máxima que Rui Barbosa interpretou como o ideal de tratar igualmente os iguais, porém na medida em que se igualem; e tratar desigualmente os desiguais, também na medida em que se desigualem. (ADI 3.330, rel. Min. Ayres Britto, j. 3.5.2012, P, *DJE* de 22.3.2013)

> Texto Máximo de 1988 expressamente a determina, ao vedar o trabalho noturno, perigoso ou insalubre aos menores de dezoito anos (art. 7º, XXXIII) e ao se referir a uma proteção especial à criança e ao adolescente (art. 227, CF/88). Dessa maneira, preservam-se como válidas as normas da CLT que fixam restrições e especificidades no tocante ao trabalho realizado pelo menor de dezoito anos.

Finalmente, reconhecer a existência do princípio da hiperproteção é, consequentemente, concretizar o caminho para a efetivação da pretendida justiça no contrato de trabalho, principalmente nos trabalhos proibidos pela legislação, que caracterizam verdadeira exploração da mão de obra de meninos e meninas, na busca de dignidade e isonomia.

Capítulo 5

O Reconhecimento dos Direitos Trabalhistas de Crianças e Adolescentes em Situação de Trabalho Infantil pelos Tribunais Superiores: Análise de Casos do Supremo Tribunal Federal e do Tribunal Superior do Trabalho

"Quando nenhuma outra política majoritária é capaz de frear a exploração do trabalho de crianças e adolescentes, cabe ao Judiciário fazê-lo em nome da Constituição".
Autoral.

Após se observar o tratamento dado pelo ordenamento brasileiro à exploração do trabalho de crianças, é necessário verificar como os Tribunais, ao exercerem seu papel de intérpretes da legislação e de aplicadores do Direito, se manifestam ao julgar processos relacionados à exploração do trabalho de crianças e adolescentes.

Ao Poder Judiciário, como um todo, cabe o papel de aplicação do ordenamento jurídico, bem como de intérprete da legislação, a exemplo do Supremo Tribunal Federal, órgão responsável por guardar e interpretar a Constituição Federal, e do Tribunal Superior do Trabalho, responsável por guardar e interpretar legislação trabalhista infraconstitucional.

Em matéria de trabalho infantil, as Cortes Superiores, especialmente o Supremo Tribunal Federal e o Tribunal Superior do Trabalho, já precisaram analisar o tema em estudo sob as mais diversas óticas, merecendo destaque para as áreas do Direito Constitucional, do Direito do Trabalho e do Direito Previdenciário.

Observa-se que as demandas mancionadas envolviam questões relativas ao reconhecimento de vínculo empregatício, a caracterização de dano moral coletivo oriundo da exploração do trabalho dos sujeitos de direitos, assim como do reconhecimento de efeitos previdenciários originados do trabalho precoce, a exemplo da concessão de auxílio-maternidade, auxílio-doença acidentário e do próprio cômputo do tempo trabalhado para fins de aposentadoria.

Dessa forma, no presente capítulo se analisam os principais julgados das Cortes Superiores relativos ao trabalho infantil, especialmente os considerados mais relevantes em termos de inovação e pertinência com o assunto, bem como aqueles que já foram objeto de pacificação pelos Tribunais por meio de súmulas ou de outras formas de uniformização da jurisprudência.

Também merece destaque o papel do Poder Judiciário na prevenção e no combate ao trabalho infantil, mormente os órgãos da Justiça Especializada do Trabalho, ramo do Judiciário competente para julgar as questões relativas às relações de trabalho.

5.1. O papel do Poder Judiciário brasileiro no combate ao trabalho infantil

Antes de se abordar a jurisprudência dos Tribunais em matéria de trabalho infantil, é crucial destacar o papel-dever constitucional que o Poder Judiciário possui ao desempenhar o combate à exploração laboral de crianças e adolescentes.

Dentre os Poderes do Estado moderno, o Executivo, o Legislativo e o Judiciário possuem funções típicas, inerentes às suas atribuições fundamentais, de forma que aquele primeiro é responsável por executar as políticas, bem como fomentar e gerenciar a máquina pública; o segundo é responsável por criar leis (em sentido *lato*) e fiscalizar a coisa pública; e a este último incumbe julgar as lides que chegam à sua apreciação.

Os Poderes Legislativo e Executivo podem atuar diretamente no combate ao trabalho infantil. O primeiro ao proibir e criar mecanismos legislativos — a exemplo de sanções fiscais a quem explora a mão de obra infantil — de combate à mencionada prática; ao último, o dever de executar as políticas públicas de educação, assistência social, cultura etc., que visam enfrentar esse problema social.

Sabe-se, também, que o Poder Judiciário sofre limitações em sua atuação por não ser o detentor do orçamento estatal, o que o impede de criar políticas econômicas e sociais que reduzam os índices mencionados, tampouco possui o poder de criar normas ou mesmo fiscalizar a execução daqueles primeiros serviços.

Sobre os referidos desafios à atuação do Poder Judiciário, Arruda (2008, p. 79) nos ensina:

> Entre os diversos obstáculos à atuação do Judiciário, deve-se ressaltar o fato deste Poder não gerir o orçamento estatal, além da ausência de competência funcional e representatividade política para definir políticas públicas, por ser contrário ao princípio constitucional democrático, cabe, contudo, ao Judiciário, decidir sobre quais os direitos que as pessoas têm sob uma dada órbita constitucional [...].

Posto isso, questiona-se sobre de que forma o Poder Judiciário, dentro de sua função típica de julgar, poderia contribuir para o combate à exploração do trabalho infantil.

De uma forma geral, o Judiciário pode atuar de duas maneiras, interna e externamente, no combate à exploração do trabalho infantil. Internamente, no sentido de mudar a sua própria estrutura funcional, a exemplo da formação de servidores e de magistrados sobre temáticas envolvendo os direitos das crianças e dos adolescentes, assim como priorizar as demandas em que as vítimas sejam menores de dezoito anos, a criação de normas que estabelecem protocolos próprios de julgamentos envolvendo tais sujeitos etc. A atuação externa, por seu turno, diz respeito a um fazer do Judiciário para a sociedade como um todo, como é o caso da promoção de campanhas relativas aos direitos das crianças, e de uma maior publicização das decisões envolvendo a garantia de direitos desses que são considerados como prioridades absolutas.

Mencione-se, ainda, que o Judiciário deve atuar de forma conjunta com o Sistema de Garantia de Direitos das Crianças e dos Adolescentes (SGDCA), inclusive na promoção de políticas de acesso à justiça e de proteção às ameaças ou violações de direitos daqueles que são considerados como prioridades absolutas.

Assim, o Poder Judiciário é convocado a ser agente de transformação social. Nesse contexto, ao decretar a nulidade do contrato de trabalho de uma criança ou adolescente, também deve determinar que o empregador se abstenha de recontratá-la, bem como de contratar outras crianças e adolescentes para executar trabalhos proibidos em seu estabelecimento, como forma de prevenir novas explorações.

Também podem ocorrer casos em que o trabalhador apenas aciona o Judiciário após a sua maioridade, seja por questões de capacidade processual, de falta de acesso à informação sobre os seus direitos ou outro fator que o impedia de reclamar na menoridade. Não obstante, a ação trabalhista proposta na fase adulta busca reparar a injusta violação de direitos ocorrida na infância ou na adolescência do reclamante. Assim sendo, a resposta do Poder Judiciário não deve ser mais no sentido de cessar a violação de direito, mas no de reparar o dano ou mesmo declarar uma situação — como são os casos de reconhecimento do contrato de trabalho para fins estritamente previdenciários.

Com a promulgação da Constituição de 1988 e das Convenções ns. 138 e 182 da OIT, a competência do juiz de menores — atuais juízes da infância e da juventude — para autorizar o trabalho de crianças e adolescentes, a exemplo do disposto no art. 405, § 2º, da CLT, não foi recepcionada pela CRFB/88, o que impossibilita o Poder Judiciário autorizar o exercício de trabalho abaixo da idade mínima.

Nesse sentido é o Enunciado n. 18 da 1ª Jornada de Direito Material e Processual do Trabalho (TST, 2007):

> PRINCÍPIO DA PROTEÇÃO INTEGRAL. TRABALHO DO ADOLESCENTE. ILEGALIDADE DA CONCESSÃO DE AUTORIZAÇÃO JUDICIAL. A Constituição Federal veda qualquer trabalho anterior à idade de dezesseis anos, salvo na condição de aprendiz, a partir dos quatorze anos (art. 7º, inciso XXXIII, CF, arts. 428 a 433 da CLT). Princípio da proteção integral que se impõe com prioridade absoluta (art. 227, *caput*), proibindo a emissão de autorização judicial para o trabalho antes dos dezesseis anos.

Merece destaque o fato de que o STF, no julgamento do RE 592.581/RS (Rel. Ministro Ricardo Lewandowski, julgado em 13/8/2015), Tema 220 da Repercussão Geral, decidiu ser constitucional o Poder Judiciário impor à Administração Pública a realização de políticas públicas no sistema prisional, com vistas a dar efetividade ao postulado da dignidade humana, o que justifica a intervenção judicial, destacando, ainda, não ser oponível às referidas decisões judiciais o argumento da reserva do possível nem o princípio da separação dos Poderes (BRASIL, 2015).

Em 2023, o STF firmou o Tema 698[29] (Rel. Min. Luís Roberto Barroso, julgado em 3.7.2023), firmando a tese de que não fere o dispositivo de separação dos Poderes a intervenção do Poder Judiciário em políticas públicas que visem à concretização de direitos fundamentais, quando constatada a ausência ou deficiência grave dos referidos serviços.

Em mesmo sentido, naquele Tribunal, são diversos acórdãos que reconhecem a possibilidade, de forma excepcional, de o Poder Judiciário impor à Administração Pública, sem que seja considerada violação à separação de poderes, a realização de políticas públicas direcionadas à concretização de direitos fundamentais como à educação (RE 1.250.595 AgR, rel. Marco Aurélio, 1ª Turma, julgado em 15.5.2020), moradia (RE 909.943 AgR, rel.

(29) 1. A intervenção do Poder Judiciário em políticas públicas voltadas à realização de direitos fundamentais, em caso de ausência ou deficiência grave do serviço, não viola o princípio da separação dos poderes. 2. A decisão judicial, como regra, em lugar de determinar medidas pontuais, deve apontar as finalidades a serem alcançadas e determinar à Administração Pública que apresente um plano e/ou os meios adequados para alcançar o resultado.

Edson Fachin, 2ª Turma, julgado em 2.6.2017), segurança (RE 559.646-AgR/PR, 2ª Turma, relª. Minª. Ellen Gracie, *DJe* de 24.6.2011) e saúde (RE 642.536-AgR, 1ª Turma, Rel. Ministro Luiz Fux, *DJE* de 27.2.2013).

Na verdade, tais imposições de obrigações de fazer possuem caráter complementar ao sistema político e como últimas alternativas dos cidadãos ante a completa ausência ou a grave deficiência na prestação administrativa, sob pena de violar as atribuições originárias de cada um dos Poderes.

Arruda (2008, p. 45) defende que "a adoção de políticas públicas mobiliza o Poder Judiciário ao exercício de um novo papel, para o qual muitas vezes não se encontra preparado ou sequer consegue compreender a relevância de sua atuação para a sociedade", atuando na garantia do mínimo existencial de populações, em sua maioria vulneráveis, que sofrem com a omissão da Administração na execução de políticas sociais públicas.

Existem outras ações que o Poder Judiciário pode realizar no combate ao trabalho infantil, inclusive de ordem interna, com a própria estrutura dos Tribunais, a exemplo da Recomendação Conjunta n. 25, de 2022, feita pelo Tribunal Superior do Trabalho, pelo Conselho Superior da Justiça do Trabalho (CSJT) e pela Corregedoria-Geral da Justiça do Trabalho (CGJT), que recomendou aos Tribunais Trabalhistas e aos juízes do trabalho a prioridade na tramitação, bem como o julgamento, de determinados tipos de processos, dentre ele aqueles que versem sobre a exploração do trabalho infantil e sobre a aprendizagem profissional (BRASIL, 2022).

Mais especificamente no que tange ao ramo especializado trabalhista, Marcos Neves Fava (2015, p. 145-148) defende que a Justiça do Trabalho pode atuar de duas formas no combate ao trabalho precoce (endógena e exógena).

Naquela primeira, o Judiciário Trabalhista deve, segundo o autor: I) lutar pela consolidação da competência para autorizações de trabalho infantil, tendo sempre em vista que se trata exclusivamente de trabalho artístico infantil, mediante alvará clausulado e estrita fiscalização; II) buscar estreitar as relações com a Justiça da Infância e da Juventude, com o intuito de resolver problemas que estão fora da competência da Justiça Especializada; III) construir uma jurisprudência clara e firme de severa punição para a exploração do trabalho infantil; e IV) atuar firmemente na repreensão das fraudes nos contratos de estágio e aprendizagem profissional.

Na atuação exógena, Fava (2015, p. 147-148) destaca que a Justiça do Trabalho deve: a) engajar-se para educar a comunidade, dispondo-se a participar de programas de cidadania, palestras, encontros, debates etc.; b)disseminar informação de combate ao trabalho precoce por meio de meio de campanhas, cartilhas, folhetos etc.; c) incluir-se nos organismos não governamentais de combate ao labor infantil; d) articular-se com organismos de solução de problemas que ultrapassam os que envolvem o trabalho em si; e e) promova e estimule o desenvolvimento de contratos de aprendizagem institucionais.

Evidencia-se, na maioria dos países democráticos, que as minorias são protegidas por Tribunais que têm a coragem de, mesmo indo na contramão do processo político majoritário, defendê-las em nome da Constituição. Assim, a partir do neoconstitucionalismo inclusivo, o Poder Judiciário assume nova função, a de protetor das minorias que são invisibilizadas pelos demais atores sociais, garantindo, por meio do Direito, que elas possam exercer suas garantias em face das maiorias.

Assim, abordam-se decisões importantes nos acórdãos dos Tribunais Superiores, em especial STF, TST e STJ, relativos ao trabalho infantil e que ultrapassam os horizontes do Direito do Trabalho, interferindo em outros ramos do Direito Privado e Direito Público, a exemplo do Direito Previdenciário.

5.2. O Direito ao recebimento das verbas contratuais e rescisórias em contratos declarados nulos pela exploração do trabalho de crianças ou adolescentes

Conforme abordado, por vezes, não há como o Poder Judiciário fazer cessar a exploração propriamente dita, de forma a impedir que o explorador se beneficie, pois, a força de trabalho da criança ou do adolescente já fora gasta, e o referido empregador obteve lucro da violação de direitos.

O Direito do Trabalho prima pela realidade do contrato laboral, estabelecendo que os efeitos reais têm prevalência sobre a formalidade contratual.

Assim, o trabalhador que não tem vínculo de trabalho formalmente reconhecido não pode ter menos direitos do que qualquer outro trabalhador em razão da ausência de formalidade contratual.

Em mesmo sentido se tem o trabalho desenvolvido por sujeitos menores de dezoito anos de idade, que, estando presentes os requisitos constitutivos do vínculo empregatício constante nos arts. 2º e 3º da CLT, devem gozar da mesma proteção dada aos trabalhadores adultos.

Sendo o trabalho infantil uma violação às normas proibitivas do trabalho de crianças e adolescentes ou uma desvirtuação delas, o negócio jurídico que se originou daquela relação jurídica resulta em um contrato de trabalho nulo por ausência de capacidade trabalhista de uma das partes.

Em razão do princípio da irretroatividade das nulidades trabalhistas, anteriormente mencionado, existe uma verdadeira produção de efeitos para fins de reconhecimento de Direitos Trabalhistas. Neste mesmo sentido é o Enunciado n. 19 da 1ª jornada de Direito Material e Processual da Justiça do Trabalho, ao destacar que devem ser reconhececidos os direitos dos menores de dezoitos anos em situação de trabalho proibido como se nesta condição não estivessem (TST, 2015):

> TRABALHO DO MENOR. DIREITOS ASSEGURADOS SEM PREJUÍZO DE INDENIZAÇÃO SUPLEMENTAR. A proibição de trabalho ao menor visa protegê- lo e não prejudicá-lo (exegese CF, art. 7º, *caput* e XXXIII e art. 227). De tal sorte, a Justiça do Trabalho, apreciando a prestação de labor pretérito, deve contemplá-lo com todos os direitos como se o contrato proibido não fosse, sem prejuízo de indenização suplementar que considere as peculiaridades do caso.

Neste sentido tem sido a quase totalidade das decisões relativas ao reconhecimento de vínculo de emprego envolvendo crianças e adolescentes que chegam à Corte Superior Trabalhista, que, ao verificar a existência dos requisitos do vínculo empregatício, concede eficácia plena ao contrato de trabalho e posteriormente à declaração de sua nulidade, resguardando, *in casu*, o rol de direitos dali adquiridos.

Dentre as suas Orientações Jurisprudenciais (OJ), o TST previu a necessidade de estabelecer o dever de não discriminação, conforme é possível se extrair da OJ n. 26, que prevê que os empregados menores de dezoito anos não podem ser discriminados em cláusula de norma coletiva que fixa salário mínimo profissional da categoria (Brasil, 1998), fazendo jus à mesma remuneração que os trabalhadores adultos de sua categoria laboral.

Como intérprete e guardião da legislação trabalhista, o TST registra algumas jurisprudências, a exemplo do Recurso de Revista n. 131300-42.2008.5.15.0041[(30)] (TST – 1ª Turma, Rel. Des. Conv. Marcelo Pertence, julgado em 28.09.2016), em que nega o conhecimento do Recurso de Revista, manteve a decisão do TRT da 15ª Região que reconheceu o vínculo de emprego de jovem que iniciou os trabalhos na carvoaria aos quatorze anos de idade e ali permaneceu até os dezenove anos, bem como manteve a condenação no pagamento de adicional de insalubridade e dano moral.

Dentre os Tribunais Regionais do Trabalho, competentes pela última palavra nas questões de fato — o que inclui reconhecer a existência, no que se refere aos fatos dos requisitos caracterizadores de vínculo empregatício —, observa-se que as jurisprudências são neste mesmo sentido, a exemplo do Tribunal Regional do Trabalho (TRT) da 3ª Região que, por diversas vezes, reconheceu o vínculo do trabalho de empregadores com crianças e adolescentes, como o caso do entregador de pães de 13 anos de idade[(31)], da menina babá aos 12 anos de idade[(32)], dentre outros.

---

(30) RECURSO DE REVISTA. INTERPOSIÇÃO DE EMBARGOS DE DECLARAÇÃO. INDENIZAÇÃO E MULTA POR LITIGÂNCIA DE MÁ-FÉ. [...] VÍNCULO DE EMPREGO. MATÉRIA FÁTICA. 1. É insuscetível de revisão, em sede extraordinária, a decisão proferida pelo Tribunal Regional à luz da prova carreada aos autos. Somente com o revolvimento do substrato fático-probatório dos autos seria possível afastar a premissa sobre a qual se erigiu a conclusão consagrada pela Corte de origem, no sentido de que foi demonstrado o preenchimento dos requisitos previstos no art. 3º da CLT. Incidência da Súmula n. 126 do Tribunal Superior do Trabalho. 2. Recurso de Revista não conhecido. ADICIONAL DE INSALUBRIDADE. CARACTERIZAÇÃO. MATÉRIA FÁTICA. VALORAÇÃO DA PROVA. 1. O debate sobre a valoração da prova efetivamente produzida — ônus objetivo de prova — tende à reavaliação do conjunto probatório dos autos, o que, induvidosamente, não rende ensejo ao Recurso de Revista, em face de sua natureza extraordinária. Óbice da Súmula n. 126 desta Corte superior. 2. Recurso de Revista não conhecido. DANOS MORAIS. TRABALHO DE MENOR DE IDADE EM CONDIÇÕES INSALUBRES. DUPLO FUNDAMENTO. RECURSO DE REVISTA DESFUNDAMENTADO. 1. Encontra óbice na Súmula n. 422, item I, desta Corte superior o conhecimento do Recurso de Revista quando o Tribunal Regional utiliza mais de um fundamento para proferir sua decisão e o recorrente limita-se a atacar apenas um deles, ignorando por completo a outra razão de decidir sobre o qual erigida a decisão, suficiente para sustentá-la de forma autônoma. 2. Recurso de Revista não conhecido.

(31) A sentença do juízo de primeiro grau, que reconheceu o vínculo empregatício, foi confirmada pela Corte Regional nos autos do Recurso Ordinário n. 0010571-53.2014.5.03.0156. (TRT3 – 3ª Turma, rel. Des. Milton Vasques Thibau de Almeida, julgado em 31.03.2017)

(32) A 8ª Turma do TRT da 3ª Região, nos autos do Recurso Ordinário n. 0010890-61.2017.5.03.0141 (TRT3 – Rel. Des. Sérgio Oliveira de Alencar, julgado em 20.09.2023), manteve a sentença que

Assim, nota-se que os Tribunais Trabalhistas brasileiros seguem o entendimento já pacificado sobre reconhecimento de vínculo empregatício nestes casos, garantindo todos os direitos oriundos da relação laboral viciada, originados antes da declaração de nulidade.

Destaque-se que o TST reconhece a necessidade de notação do vínculo de emprego na CTPS das vítimas de trabalho infantil, independentemente da idade da vítima, conforme é possível observar nos autos do AIRR 18800-82.2011.5.17.0005[33] (7ª Turma, relator Ministro Douglas Alencar Rodrigues,

---

reconheceu o vínculo empregatício de uma menina que foi levada de sua Cidade, Araçuai/MG, para trabalhar como doméstica em Salgueiro/PE aos 12 anos de idade.

(33) AGRAVO DE INSTRUMENTO EM RECURSO DE REVISTA NÃO REGIDO PELA LEI 13.015/2014. AGRAVO DE INSTRUMENTO EM RECURSO DE REVISTA NÃO REGIDO PELA LEI 13.015/2014. 1. MINISTÉRIO PÚBLICO DO TRABALHO. AÇÃO CIVIL PÚBLICA. UNIÃO: DEVER DE EXPEDIÇÃO DE CTPS A TRABAHADORES MENORES DE 16 ANOS. DISTINÇÃO NECESSÁRIA ENTRE TRABALHO IRREGULAR E TRABALHO ILÍCITO . IMPOSSIBILIDADE DE PRIVAÇÃO DOS EFEITOS JURÍDICOS DO CONTRATO. TUTELA DOS INTERESSES DOS MENORES, DESTINATÁRIOS DA PROTEÇÃO CONSTITUCIONAL. Trata-se de ação civil pública movida pelo Ministério Público do Trabalho, com o propósito de impor à União a obrigação de expedir CTPS a todos os menores de 16 anos que forem flagrados na condição de empregados, à margem da relação jurídica de aprendizagem. De acordo com o art. 7º, XXXIII, da Constituição Federal, o trabalho do menor de 16 anos apenas se legitima a partir dos 14 anos e , ainda assim , na condição de aprendiz. No entanto, nas situações em que presentes os requisitos dos arts. 2º e 3º da CLT, sem que exista relação jurídica de aprendizagem, devem ser preservados os efeitos jurídicos do pacto laboral, ainda que sem prejuízo de sua manifesta irregularidade e da própria incidência das sanções legais cabíveis aos contratantes de trabalhadores menores, transgressores da ordem jurídica. Não se pode, porém, compreender a regra inscrita no art. 7º, XXXIII, da CF de forma contrária aos interesses daqueles a quem buscou preservar, beneficiando os contratantes transgressores, inclusive com a exclusão das obrigações de cunho trabalhista, previdenciário e fiscal. Ao trabalho irregular, também verificado nestas situações, doutrina e jurisprudência atribuem plenos efeitos, com repercussões na ordem jurídica trabalhista. O direito à identificação profissional compõe o conjunto de regras mínimas de proteção social, viabilizando o acesso a diversos direitos, inclusive e especialmente no âmbito da Seguridade Social. Ainda que socialmente indesejável, o trabalho de menores, com todos os prejuízos que encerra para a educação e o próprio futuro dessas crianças, constitui realidade que deve ser combatida por diversas formas, inclusive com a participação da sociedade civil, mas que não pode, quando detectado, gerar prejuízos aos menores e benefícios aos contratantes transgressores. Não prosperam as teses de ofensa ao princípio da separação dos poderes — art. 2º da CF —, na medida em que o Tribunal Regional, ao determinar a emissão de CTPS ao menor encontrado em situação irregular de trabalho, agiu nos estritos limites de sua competência (arts. 5º, XXXV, e 114 da Constituição Federal) e procedeu à interpretação e aplicação das normas que compõem o ordenamento jurídico quanto ao trabalho irregular e ao trabalho do menor. Tampouco há afronta ao art. 7º, XXXIII, da CF, pois esse preceito, como antes assinalado, não foi concebido para punir os menores que, por razões de ordem econômica, cultural e social, são precocemente incorporados ao mercado de trabalho, em condições

DEJT 24.02.2017), processo em que a 7ª Turma do TST condenou a União Federal na obrigação de fazer constante em emitir a CTPS de todas as crianças e adolescentes que exerçam trabalho abaixo da idade mínima no país, e que a União exerça as cobranças das contribuições previdenciárias destas relações laborais proibidas, sem que isso representasse incentivo ao trabalho precoce.

Imperativo destacar que o reconhecimento de vínculo laboral serve também como forma de penalizar aqueles que explorem a mão de obra infantil, bem como coibir que os réus nestes processos aliciem mais crianças ou adolescentes para o exercício de trabalhos proibidos, por meio de condenações ao pagamento de verbas trabalhistas.

A ausência de reconhecimento do referido vínculo possibilita aos empregadores de trabalho infantil enriquecem injustamente, pois, ao empregarem crianças e adolescentes inadequadamente, se desoneram de obrigações básicas do contrato de trabalho como o pagamento de verbas saláriais, de férias, fundo de garantia, previdência social, dentre outras. Desta forma, quem utiliza a mão de obra infantil age com deslealdade para com os demais empregadores que cumprem com as obrigações contratuais trabalhistas, pois, ao burlarem o pagamento de direitos trabalhistas, maximizam seu lucro.

Destaque-se que o Direito não poderia beneficiar, por meio da isenção do cumprimento das obrigações trabalhistas, aqueles que se valem da vulnerabilidade de crianças para ganhar massa de trabalho, com a simples justificativa de que a relação juridica é nula em razão da incapacidade de uma das partes.

---

usualmente precárias, com sérios prejuízos à sua formação educacional, reproduzindo-se o ciclo de pobreza e miséria que assalta os imensos contingentes populacionais privados do acesso à educação. Igualmente não se divisa violação dos arts. 21, XXIV, e 22, I, da Constituição Federal, na medida em que não se nega à União a competência constitucional para organizar, manter e executar a inspeção do trabalho, ditando normas sobre direito do trabalho. A rigor, como antes anotado, este Poder Judiciário, com base na realidade social que lhe é submetida, apenas interpreta e aplica as disposições da ordem jurídica que são pertinentes ao debate proposto, o que decorre do exercício de sua função precípua, na exata conformidade dos arts. 5º, XXXV, e 114 da CF. [...] (AIRR-18800-82.2011.5.17.0005, 7ª Turma, relator Ministro Douglas Alencar Rodrigues, *DEJT* 24.02.2017)

O não reconhecimento da irretroatividade das nulidades trabalhistas seria beneficiar os que se valem da própia torpeza, ao manter na mais completa irregularidade a relação laboral, para se eximir de cumprir com deveres que lhes são inerentes.

5.3. O reconhecimento de danos morais coletivos oriundos do trabalho infantil pela Justiça do Trabalho

Além do reconhecimento das verbas trabalhistas — contratuais e rescisórias — propriamente ditas, os Tribunais Trabalhistas brasileiros vêm reconhecendo a existência de efeitos reflexos da exploração do trabalho de crianças, a exemplo dos danos morais e materiais originados da prática.

Referente aos danos morais, verifica-se a existência de jurisprudência no sentido de se reconher tanto danos morais individuais quanto danos coletivos pela prática de exploração do trabalho infantil.

Sabe-se que o dano moral ocorre quando qualquer dos direitos inerentes à personalidade, aos direitos fundamentais ou à dignidade humana de determinado sujeito é violado, nascendo da citada violação o legítimo direito à reparação pelos danos sofridos, conforme é possível se extrair da literalidade do art. 927 do Código Civil (BRASIL, 2002).

O fundamento da reparação pelo dano é positivado na Constituição da República, em seu art. 5º, V, que prevê o direito à reparação por dano moral, material ou à imagem, elencando o referido direito no rol dos direitos e das garantias fundamentais.

No que se refere à responsabilidade civil, o Código Civilista positiva, em seu art. 186, que "aquele que, por ação ou omissão voluntária, negligência ou imprudência, violar direito e causar dano a outrem, ainda que exclusivamente moral, comete ato ilícito", da mesma forma atribui ilicitude ao "titular de um direito que, ao exercê-lo, excede manifestamente os limites impostos pelo seu fim econômico ou social, pela boa-fé ou pelos bons costumes" (CC/02, art. 187), originando, dos referidos ilícitos, o direito à reparação (BRASIL, 2002).

O legislador, reconhecendo a necessidade de incluir a hipótese de reparação por danos patrimoniais e extrapatrimoniais oriundos das relações laborais no âmbito do Direito do Trabalho brasileiro, incluiu o Título II-A na Consolidação das Leis do Trabalho, para dispor sobre os danos decorrentes das relações de trabalho, definindo (CLT, art. 223-B) que "causa dano de natureza extrapatrimonial a ação ou omissão que ofenda a esfera moral ou existencial da pessoa física ou jurídica..." (BRASIL, 1943).

Nas palavras de Mauricio Godinho Delgado (2019, p. 739), o "dano moral decorrente da violação da intimidade, vida privada, honra e imagem das pessoas — e sua respectiva indenização reparadora — são situações claramente passíveis de ocorrência no âmbito empregatício".

Além do dano tido como comum, existem outras categorias de danos que vão além da moral de uma única pessoa, podendo afetar determinado grupo ou mesmo toda a coletividade de sujeitos, de forma difusa. Esses, para a doutrina, são classificados de danos morais coletivos, originando-se de violações que ofendem uma coletividade determinada ou indeterminada de pessoas, que fazem jus à indenização pelo mal sofrido.

Nas palavras de Xisto Tiago Medeiros Neto (2007, p. 137), o dano moral coletivo pode ser definido como a "lesão injusta e intolerável a interesses ou direitos titularizados pela coletividade (considerada em seu todo ou em qualquer de suas expressões — grupo, classes ou categorias de pessoas), os quais possuem natureza extrapatrimonial, refletindo valores e bens fundamentais para a sociedade".

Destaque a distinção dos efeitos do contrato de trabalho lecionada por Maurício Delgado (2022, p. 730), que, segundo o autor, podem ser classificados em efeitos próprios e efeitos conexos. Aqueles primeiros dizem respeito aos efeitos inerentes ao próprio contrato de trabalho em razão de sua natureza, como é o caso da obrigação de o empregador pagar o salário de seus funcionários e da obrigação de o empregado prestar serviços ao seu patrão. Os efeitos conexos, por seu turno, podem ser definidos como aqueles que se acoplam ao contrato de trabalho por meio assessório ou de conexão. Para Delgado, os danos morais e patrimoniais se incluem na categoria de efeitos conexos, pois não tratam de obrigações originárias do próprio contrato, mas derivadas delas.

Como é possível observar, o trabalho infantil é uma violação que fere direitos humanos e fundamentais de crianças e adolescentes, roubando--lhes o precioso tempo de sua fase peculiar de desenvolvimento, qual seja o de sua infância, que deveria ser destinado ao aprendizado, ao lazer, à ludicidade, impondo a esse sujeito a adultização precoce por meio do trabalho.

No âmbito do TST, encontram-se julgados que consideram a existência de danos morais individuais nos casos de trabalho infantil, reconhecendo o próprio exercício do labor precoce como fato ensejador de danos na vida da criança, em razão de, por vezes, impedir que ela se desenvolva e se capacite plenamente, bem como tenha condições de, no futuro, ocupar bons espaços no mercado de trabalho e na vida educacional.

Além disso, deve-se mencionar que o exercício do labor infantil expõe o sujeito de direitos a diversos riscos ofensivos à saúde e à sua segurança, ocasionando, por vezes, doenças ocupacionais ou mesmo acidentes de trabalho, além de sequelas e incapacidades para o resto de sua vida. As situações também os expõem a situações de assédios, morais e sexuais, e violências, que nitidamente agravam o prejuízo ao seu desenvolvimento pleno.

Observa-se, todavia, que a exploração, por si, afeta não apenas a própria vítima, mas toda a sociedade, pois, ao impedir que uma criança ou um adolescente se desenvolva de forma plena, aludida exploração prejudica a perspectiva de futuro do sujeito, e consequentemente da comunidade à qual pertence, da mesma forma que atrasa o desenvolvimento social, perpetuando a pobreza nas camadas mais desfavorecidas e vulnerabilizada da sociedade.

Evidente, portanto, que a conduta de explorar crianças e adolescentes, prejudicando o seu desenvolvimento educacional, social e psíquico, bem como roubando o período fundamental de sua infância, não afeta apenas o sujeito explorado, mas a toda a sociedade, pois impede o pleno desenvolvimento coletivo, e fere diversas normas de direitos humanos e direitos sociais.

O debate sobre a possibilidade de condenção por danos coletivos chegou à apreciação do Judiciário por diversas vezes, especialmente na Justiça do Trabalho, onde Ações Civis Públicas (ACP) foram ingressadas pelo

Ministério Público do Trabalho (MPT) contra empregadores ou tomadores de serviço de crianças e adolescentes, visando à condenação destes ao pagamento de indenização por danos morais coletivos motivados pela exploração do trabalho de menores de dezoito anos, independentemente de serem várias ou uma única vítima.

Há diversos julgados do Tribunal Superior do Trabalho que reconhecem a existência de danos morais coletivos ocasionados pela exploração do trabalho de uma única vítima, a exemplo do Recurso de Revista n. 64100-69.2009.5.05.0038 (TST – 5ª Turma, rel. Min. José Lavenhagen, julgado em 15.3.2017), que a 5ª Turma do TST reconheceu a existência de dano moral coletivo pela exploração do trabalho doméstico análogo à escravidão de uma menina, que havia permanecido nessas condições por mais de dez anos. Para a 5ª Turma (TST, 2017):

> [...] a prática de trabalho infantil doméstico aliada à condição degradante e análoga ao trabalho escravo, ainda que direcionada a uma vítima em particular, representa nítido dano moral coletivo, na medida em que a lesão sofrida se irradia de forma difusa e generalizada para toda a categoria dos trabalhadores domésticos.

Outro caso importante que chegou à apreciação do TST envolvendo danos coletivos decorrentes do trabalho infantil foi o julgamento, pela 1ª Turma, do AIRR n. 182400-69- 2007.5.13.0027[34] (TST – 1ª Turma, rel.

(34) [...] EXPLORAÇÃO SEXUAL COMERCIAL INFANTOJUVENIL. DANO MORAL COLETIVO. CARACTERIZAÇÃO. AUSÊNCIA DE ATAQUE AOS FUNDAMENTOS DA DECISÃO AGRAVADA. NÃO CONHECIMENTO. Súmula n. 422, I, DO TST. 1. No tema, o recurso de revista teve seu seguimento denegado ao fundamento de que "a decisão recorrida, com base no conjunto probatório dos autos, reconheceu a relação de trabalho, onde os réus foram reconhecidos como participantes de atividade ilícita trabalhista, condenando-os ao pagamento de danos morais coletivos, deixando assente que, no caso, ficou expresso que houve um dano à sociedade, em razão dos atos praticados pelos embargantes, restando configurado o dano (arts. 186 e 927 do Código Civil). Nesse norte, uma suposta modificação do julgado, como desejam os recorrentes, importaria, necessariamente, no reexame de fatos e provas, o que é inviável nessa esfera recursal, a teor da Súmula n. 126 da Alta Corte Trabalhista". 2. Os agravantes, contudo, nas razões do presente apelo, apenas repetem as razões esgrimidas no recurso de revista, passando ao largo do fundamento erigido no despacho agravado, relativo à necessidade de revolvimento do conjunto fático-probatório (Súmula n. 126/TST). 3. Aplicável, assim, como óbice ao conhecimento do agravo de instrumento no particular, o item I da Súmula n. 422 do TST ("Não se conhece de recurso para o Tribunal Superior do Trabalho se as razões do recorrente não impugnam os fundamentos da

Min. Hugo Scheuermann, julgado em 20.4.2016), em que a Corte reconheceu a existência de dano moral coletivo contra partícipes de uma rede de exploração sexual de meninas na Paraíba, que tinha sua sede na cidade de Sapé (PB), bem como declarou a responsabilidade solidária entre os referidos exploradores sexuais pelo pagamento da indenização estabelecida.

Outro caso emblemático de dano coletivo que chegou à apreciação do TST foi o Recurso de Revista de n. 24062-83-2018.5.24.0001(35) (TST – 1ª Turma, rel. Min. Hugo Carlos Scheuermann, *DEJT* 28.4.2023), oriundo de uma Ação Civil Pública ajuizada pela Procuradoria Regional do Trabalho da 24ª Região contra um lava-jato de Campo Grande (MS) e o seu sócio, em razão da morte de um adolescente de dezessete anos que laborava no local e faleceu em decorrência de uma suposta brincadeira feita pelo proprietário do estabelecimento.

Recentemente, o TST (RR-10777-62.2015.5.15.0006, 2ª Turma, relª. Minª. Helena Mallmann, *DEJT* 28.4.2023) deu provimento aos recursos do Ministério Público do Trabalho e manteve o acórdão do TRT da 15ª Região que condenou duas empresas ao pagamento de danos coletivos pela utilização da mão de obra infantojuvenil nos serviços de panfletagem, bem como aumentou o *quantum* indenizatório a ser suportado pela rés.

---

decisão recorrida, nos termos em que proferida"). Agravo não conhecido, no tema. [...] (AIRR-182400-69.2007.5.13.0027, 1ª Turma, rel. Ministro Hugo Carlos Scheuermann, *DEJT* 25.4.2016)

(35) [...] III – RECURSO DE REVISTA DO AUTOR. AÇÃO CIVIL PÚBLICA. DANO MORAL COLETIVO. CARACTERIZAÇÃO. TRABALHO DE EMPREGADO MENOR EM AMBIENTE INSALUBRE. LAVA-RÁPIDO. EXPOSIÇÃO A ABUSO FÍSICO, PSICOLÓGICO E SEXUAL. REALIZAÇÃO DE "BRINCADEIRA" QUE CULMINOU COM A MORTE DO EMPREGADO MENOR. INDENIZAÇÃO DEVIDA. 1. A prática adotada pela empresa demandada — no sentido de impor trabalho insalubre a menor de idade, em evidente infração à Constituição Federal (art. 7º, XXXIII), CLT (art. 405, I), Decreto n. 6.481/2008 (art. 2º) e Estatuto da Criança e do Adolescente (art. 67, II) — configura o alegado dano moral coletivo, pois o trabalho realizado por menor de idade em condições insalubres ultrapassa a esfera individual de interesse dos trabalhadores, evidenciando-se a lesão aos interesses e direitos de toda a coletividade, relativos à contratação de menor em conformidade com a ordem jurídica vigente. 2. Ao caso em apreço, lamentavelmente, ainda se soma a grave violação à dignidade da pessoa humana, pela indecente submissão do trabalhador, ainda adolescente, a "brincadeira" que, não bastasse o potencial dano ao seu desenvolvimento psíquico e moral, acabou por lhe ceifar a vida. Tragédia essa que, para além dos danos extrapatrimoniais de natureza subjetiva, causa profundo abalo à sociedade, não podendo escapar ao dever de reparação inerente ao dano moral coletivo, por sua função sancionatória e pedagógica. Recurso de revista conhecido e provido. (TST – RR-24062-83.2018.5.24.0001, 1ª Turma, rel. Ministro Hugo Carlos Scheuermann, *DEJT* 28.4.2023)

Além dos danos coletivos, há Tribunais Regionais Trabalhistas que vão além e reconhecem o próprio exercício de trabalho infantil como causa de dano presumido, dispensando, assim, a comprovação de dor, humilhação ou sofrimento nesses casos, pois compreendem que a prática do labor precoce, por si, presume a situação de dano na vida e no desenvolvimento do sujeito de direitos.

Dentre as vanguardas nesse sentido podemos citar o Recurso Ordinário de n. 0000354-54.2012.5.03.0015, julgado pelo Tribunal Regional do Trabalho da 3ª Região,[36] de 2013, que reconheceu o trabalho precoce como espécie de dano *in re ipsa* (da própria coisa), desnecessitando, assim, a comprovação de quaisquer dos efeitos, pois, "demonstrado que a trabalhadora exercia atividade insalubre, especialmente em se tratando de pessoa em desenvolvimento (adolescente de 16 anos) [...] o dano moral é evidente e decorre diretamente do ato ilícito à guisa de presunção natural (dano *in re ipsa*)" (BRASIL, 2013).

Em sentido parecido decidiu o Superior Tribunal de Justiça ao entender que "a injustiça da conduta da agressão, verbal ou física, de um adulto contra uma criança ou adolescente, independe de prova e caracteriza atentado à dignidade dos menores",[37] caracterizando, dessa forma, dano presumido (BRASIL, 2017).

(36) EMENTA: INDENIZAÇÃO POR DANOS MORAIS. TRABALHO INFANTIL. ATIVIDADE INSALUBRE. LISTA DAS PIORES FORMAS DE TRABALHO INFANTIL – DECRETO N. 6.841/2008. Demonstrado que a trabalhadora exercia atividade insalubre, especialmente em se tratando de pessoa em desenvolvimento (adolescente de 16 anos), tutelada pelo princípio da proteção integral consagrado nos arts. 227 da CF e 1º e 3º do ECA, bem como na Convenção 182 da OIT, o dano moral é evidente e decorre diretamente do ato ilícito à guisa de presunção natural (dano "*in re ipsa*"). Imperioso lembrar que o art. 7º, inciso XXXIII, CR proíbe o trabalho insalubre para os menores de 18 anos, sendo certo que o labor em contato com solventes consta da Lista das Piores Formas de Trabalho Infantil (Decreto n.. 6.481/2008). A gravidade da situação faz exsurgir a necessidade de reparar o dano, além dos limites tarifados da parcela, contudo levando em consideração o tempo de exposição ao agente insalutífero por cerca de 01 (um) mês. Apelo provido, em parte. (TRT da 3ª Região; Processo: 0000354-54.2012.5.03.0015 RO; Data de Publicação: 18.03.2013; Disponibilização: 15.03.2013, *DEJT*, Página 321; Órgão Julgador: Sexta Turma; relator convocado Carlos Roberto Barbosa; revisor: Anemar Pereira Amaral).

(37) EMENTA: CIVIL. AÇÃO DE COMPENSAÇÃO POR DANO MORAL. EMBARGOS DE DECLARAÇÃO. CARÁTER INFRINGENTE. POSSIBILIDADE. AGRESSÃO VERBAL E FÍSICA. INJUSTIÇA. CRIANÇA. ÔNUS DA PROVA. DANO MORAL IN RE IPSA. ALTERAÇÃO DO VALOR. IMPOSSIBILIDADE. 1. Ação de compensação por dano moral ajuizada em 1º.04.2014. Agravo em Recurso especial atribuído ao gabinete em

Por fim, verificada a capacidade de repercussão ordinária e conexa do trabalho infantil na esfera laboral, cabe destacar, ainda, a possibilidade de reconhecimento dos efeitos previdenciários, a exemplo da redução do tempo de contribuição para fins de aposentadoria e da concessão de auxílios dessa natureza para pessoas que se encontram na condição mencionada.

5.4. Da extensão do auxílio-doença acidentário previsto na Lei n. 8.213/91 às crianças e aos adolescentes vítimas de acidente de trabalho

Em levantamento feito pelos pesquisadores Élida Azevedo Hennington e Flávio Astolpho Vieira Souto Rezende, da Fundação Oswaldo Cruz (Fiocruz), foi constatado que, entre os anos de 2011 e 2020, o Brasil registrou cerca de 24.909 acidentes de trabalho e 466 mortes de crianças e adolescentes em situações relacionadas ao trabalho (HENNINGTON e REZENDE, 2023, p. 4).

Por meio do levantamento, Hennington e Rezende (2023, p. 7), sobre as ocupações em que ocorriam os maiores índices de acidente, constataram que:

> O maior percentual de acidentes de trabalho em crianças e adolescentes por sexo e ocupação foi classificado nos grandes grupos da CBO "trabalhadores dos serviços, vendedores do

04.07.2016. Julgamento: CPC/2015.2. Cinge-se a controvérsia a definir ocorrência de violação do art. 535 do CPC; e, se as alegadas agressões físicas e verbais sofridas pela recorrida lhe geraram danos morais passíveis de compensação. 3. Admite-se, excepcionalmente, que os embargos de declaração, ordinariamente integrativos, tenham efeitos infringentes desde que constatada a presença de um dos vícios do art. 535 do CPC/73, cuja correção importe alterar a conclusão do julgado. Precedente. 4. As crianças, mesmo da mais tenra idade, fazem jus à proteção irrestrita dos direitos da personalidade, assegurada a indenização pelo dano moral decorrente de sua violação, nos termos dos arts. 5º, X, *in fine*, da CF e 12, *caput*, do CC/02. 5. A sensibilidade ético-social do homem comum na hipótese, permite concluir que os sentimentos de inferioridade, dor e submissão, sofridos por quem é agredido injustamente, verbal ou fisicamente, são elementos caracterizadores da espécie do dano moral *in re ipsa*. 6. Sendo presumido o dano moral, desnecessário o embate sobre a repartição do ônus probatório. 7. A alteração do valor fixado a título de compensação por danos morais somente é possível, em recurso especial, nas hipóteses em que a quantia estipulada pelo Tribunal de origem revela-se irrisória ou exagerada. 8. Recurso especial parcialmente conhecido, e nessa parte, desprovido. (STJ – Resp 1.642.318/MS, 3ª Turma, relatora Ministra Nancy Andrighi, julgado em 7.2.2017).

> comércio em lojas e mercados" e "trabalhadores da produção de bens e serviços industriais", que englobam atividades como, por exemplo, de alimentação, serviços domésticos, cuidadores, serviços de embelezamento e higiene, embaladores e alimentadores de linha de produção, dentre outras.

Referidos dados, além dos grandes casos de subnotificações de acidentes no país, apenas reforçam que as crianças e os adolescentes, quando do exercício do trabalho infantil, são mais suscetíveis a acidentes de trabalho, às doenças ocupacionais e às doenças do trabalho, que da exploração se originam.

Os acidentes de trabalho, como gênero (*lato sensu*), comportam duas espécies: acidentes de trabalho propriamente ditos e os eventos equiparados a acidentes de trabalhos para fins previdenciários. Estes últimos dividem-se em três subespécies: a) as doenças ocupacionais em sentido amplo; b) os acidentes ou doenças decorrentes de concausalidade; e c) os acidentes ou doenças decorrentes de causalidade indireta. As doenças ocupacionais se dividem em doenças profissionais e doenças do trabalho. Convém lembrar que, nos termos do art. 20 da Lei n.. 8.213/91, a doença profissional e a doença do trabalho são equiparadas ao acidente de trabalho para todos os fins (BRASIL, 1991).

Ademais, destaque-se que o trabalhador que, durante a execução de seu labor, sofre acidente que o faça se afastar do trabalho por período superior a quinze dias, faz *jus* ao percebimento do auxílio-doença acidentário, a ser custeado pela previdência social no período de recuperação do empregado.

Referidp auxílio-doença constitui um benefício de natureza previdenciária, concedido pelo INSS aos trabalhadores que necessitem se afastar do trabalho por um período superior a quinze dias, conforme mencionado, em razão de acidente ocorrido no contexto de trabalho, até que este tenha condições de voltar plenamente a execução das atividades, ou, em não sendo possível tal retorno, até que o beneficiário acidentário se torne beneficiário de aposentadoria.

Discute-se muito se crianças e adolescentes em situação de trabalho infantil teriam direito a garantias previdenciárias em razão da precariedade da situação contratual em que se encontram, pois, conforme abordado, sendo nulo o contrato de trabalho, deve-se reconhecer todos os direitos originados antes da referida declaração — desde que não haja prejuízo à criança ou ao adolescente.

Os Tribunais brasileiros já apreciaram demandas que versavam sobre a possibilidade de conceder o referido auxílio acidentário a menores de dezoito anos de idade que foram vítimas de acidente de trabalho quando da execução de trabalhos proibidos.

No âmbito do STF, há decisões nesse sentido ainda sob a vigência da Constituição Federal de 1967, conforme se observa nos acórdãos do AgRAI 105.794[(38)] (2ª Turma, rel. Aldir Passarinho, *DJ* 2.5.86) e no Recurso Extraordinário n. 104.654[(39)] (2ª Turma, rel. Francisco Rezek, *DJ* 25.4.86). Em ambos os casos, a 2ª Turma do STF concedeu auxílio-doença acidentário a pessoas menores de doze anos — então idade mínima para o trabalho — que sofreram acidentes laborais.

Trata-se de julgados vanguardistas sobre o entendimento de que as normas restritivas do trabalho precoce, dado seu caráter tuitivo, não podem ser interpretadas em desfavor das crianças e dos adolescentes que se encontram

(38) Menor de 12 anos. Acidente do trabalho. Art. 165, X, da Constituição Federal, e inc. XVI, do mesmo artigo. Embora seja certo que o art. 165, X, da Constituição Federal, vede o trabalho de menor de 12 anos, em razão do que não poderia ter o acidentado sido admitido como empregado, tem-se que o inc. XVI, do mesmo artigo da Lei Maior assegura ao trabalhador direito a benefício acidentário, mediante seguro obrigatório. Assim, ante dois preceitos, e sendo certo que o primeiro visa a proteção do menor e o seguro também visa amparar o acidentado no trabalho, há de ter-se como havendo direito do menor acidentado a receber o benefício acidentário. Quanto à responsabilidade do INPS, no pagamento do benefício acidentário, não é de considerar-se seu argumento de não lhe caber suportar o ônus, por não ter participado da infração ao inc. X do art. 163 da C. F., se é certo que somente na via do extraordinário é que veio a alegar não ter recebido as prestações do seguro. (AI-AgR 105.794, rel. Min. Aldir Passarinho, Segunda Turma, *DJ* 2.4.1986).

(39) ACIDENTE DO TRABALHO. SEGURO OBRIGATÓRIO ESTABELECIDO NO ART. 165-XVI DA CONSTITUIÇÃO: ALCANCE. CONTRATO LABORAL COM AFRONTA A PROIBIÇÃO CONSTITUCIONAL DO TRABALHO DO MENOR DE DOZE ANOS. Menor de doze anos que prestava serviços a um empregador, sob a dependência deste, e mediante salário. Tendo sofrido o acidente de trabalho, faz jus ao seguro próprio. Não obsta ao benefício a regra do art. 165-x da Carta da República, que foi inscrita na lista das garantais [*sic*] dos trabalhadores em proveito destes, não em seu detrimento. Recursos extraordinários conhecidos e providos. (RE 104.654- 6, rel. Min. Franscisco Rezek, Segunda Turma, *DJ* 25.4.1986)

nessas situações. Pelo contrário, os julgados reforçam o caráter protetivo que as normas laborais proibitivas em razão da idade devem possuir, inclusive no tocante à sua interpretação.

O STJ, por seu turno, há muito já decide pela extensão dos direitos previdenciários às crianças que iniciam o labor antes da idade permitida, a exemplo do REsp 331.568/RS(40) (STJ, 6ª Turma, rel. Min. Fernando Gonçalves, julgado em 23.10.2001), que, em 2001, reconheceu o período trabalhado antes da idade mínima para o trabalho de doze anos prevista na Constituição de 1967, determinando a contabilização do tempo de serviço de um trabalhador rurícola, que iniciou suas atividades laborais antes da idade mínima para o trabalho estabelecida à época, para a integralização em seu tempo de serviço para fins de aposentadoria.

No mesmo sentido decidiu o Tribunal Regional Federal (TRF) da 4ª Região ao se deparar com o processo de um ex-trabalhador infantil que sofrera acidente de trabalho aos quinze anos de idade. No julgamento da AC de n. 5003110-79.2019.4.04.9999,(41) o Tribunal concluiu que a proibição contida na Constituição Federal, dado seu caráter protetivo, não tem condão de afastar o direito ao recebimento do auxílio-doença por acidente de trabalho ocorrido na adolescência (BRASIL, 2019).

---

(40) PROCESSUAL CIVIL. RECURSO ESPECIAL. TEMPO DE SERVIÇO. RURÍCOLA. MENOR DE 12 ANOS. LEI N. 8.213/91, ART. 11, INCISO VII. PRECEDENTES. SÚMULA N. 07/STJ. 1 – Demonstrado o exercício da atividade rural do menor de doze anos, em regime de economia familiar, o tempo de serviço é de ser reconhecido para fins previdenciários, porquanto as normas que proíbem o trabalho do menor foram editadas para protegê-lo e não para prejudicá-lo. Precedentes. 2 – Recurso especial conhecido. (STJ, REsp 331.568/RS, Sexta Turma, rel. Min. Fernando Gonçalves, julgado unânime em 23.10.2001, *DJ* 12.11.2001)

(41) PREVIDENCIÁRIO. AUXÍLIO-DOENÇA. QUALIDADE DE SEGURADO ESPECIAL COMPROVADA. MENOR DE 16 ANOS DE IDADE. ART. 7º, XXXIII, DA CF DE 1988. HONORÁRIOS ADVOCATÍCIOS. 1. Incabível a evocação da proibição do art. 7º, inciso XXXIII, da Constituição Federal de 1988, para indeferir o pedido do autor, ante o caráter protetivo da norma. 2. Não havendo controvérsia quanto à incapacidade laborativa na DER nem ao fato de o autor ter exercido a atividade rural em período superior ao da carência, e tendo ele 15 anos na data de início da incapacidade, é de ser reformada a sentença para conceder o auxílio- doença no período entre a DER (11.03.14) até 24.08.14. 3. Nas ações previdenciárias, os honorários advocatícios devem ser fixados no percentual de 10% (dez por cento) sobre o valor das parcelas devidas até a data da decisão deferitória do benefício requerido, em consonância com as Súmulas ns. 76 desta Corte e 111 do STJ. (TRF4, AC 5003110-79.2019.4.04.9999, SEXTA TURMA, relator JOÃO BATISTA PINTO SILVEIRA, juntado aos autos em 5.9.2019)

Dessa forma, asseverando a tese defendida por Maria Zuíla Lima Dutra (2007, p. 132), as legislações previdenciárias, especialmente a Lei n. 8.213, de 1991, que trata dos planos de benefício da previdência social, e o Decreto n. 3.048, de 1999, que aprova o regulamento da previdência social brasileira, "devem ser revisadas, objetivando incluir todos os trabalhadores brasileiros, sem qualquer exceção, entre os beneficiários das prestações relativas a acidente de trabalho infantil" (DUTRA, 2007, p. 132).

Assim, visto que a nulidade do contrato de trabalho opera efeitos *ex nunc*, até que haja a decretação da nulidade as crianças ou adolescentes que se encontram em situação de exploração laboral possuem os mesmos direitos trabalhistas de um empregado adulto, sob pena de violação da isonomia. A isonomia ora defendida se insere nos desdobramentos ocasionados pelo acidente de trabalho e por eventuais doenças ocupacionai, pois não poderia a legislação lhes conceder menos direitos do que concede ao trabalhador adulto.

Dessa forma, preenchendo a criança ou o adolescente os mesmos requisitos que a legislação estabelece aos beneficiários adultos, deve fazer *jus* a perceber o auxílio mencionado, sob pena de afrontar, além do princípio da igualdade já mencionado, o princípio constitucional da prioridade absoluta e da proteção integral dos sujeitos de direitos.

Destaque-se que o empregado adulto, quando vítima de acidente de trabalho (*lato sensu*), goza de estabilidade acidentária pelo período de doze meses após a cessação do auxílio-doença concedido pela previdência social, nos termos do art. 118[42] da Lei n. 8.213/1991. Em razão da mencionada estabilidade, o trabalhador não pode ser dispensado sem justa causa antes de decorrido o prazo de um ano, que começa a contar da data do retorno do empregado ao trabalho. Assim, havendo a equiparação integral aos trabalhadores adultos, pode-se falar em estabilidade acidentária ao trabalhador menor de dezoito anos?

(42) O art. 118 da Lei n. 8.213, de 1991, dispõe que "o segurado que sofreu acidente do trabalho tem garantida, pelo prazo mínimo de doze meses, a manutenção do seu contrato de trabalho na empresa, após a cessação do auxílio-doença acidentário, independentemente de percepção de auxílio-acidente".

Não foram encontrados acórdãos, dentre os julgados dos Tribunais Superiores, que tratem da garantia de estabilidade acidentária aos trabalhadores menores de dezoito anos que foram vítimas de acidentes de trabalho.

Todavia, entende-se que a conservação dos direitos adquiridos antes da declaração de nulidade ou mesmo do término da relação laboral atinge, também, o direito à estabilidade provisória prevista na Lei n. 8.213/91. Porém, em razão da impossibilidade de continuidade da relação de trabalho infantil, essa estabilidade deverá, obrigatoriamente, ser convertida em pecúnia.

Pode-se argumentar, ainda, que, para haver o direito à mencionada estabilidade, há anecessidade de afastamento do trabalho por período superior a quinze dias e a percepção de auxílio-doença para que se tenha direito à referida estabilidade prevista no art. 118, da Lei n. 8.213/91, conforme disposto na Súmula n. 378, II, do TST.(43) Porém, entender dessa forma seria desconsiderar a realidade social brasileira, bem como desconsiderar que os sujeitos de direitos, que são vítimas do trabalho precoce, quando nessa condição, se encontram em uma situação de violação de seus direitos, não podendo ser penalizados ou vítimizados novamente.

Dessa forma, restando impossibilitado o cumprimento dos pressupostos previstos na Súmula n. 378, II, do TST, em razão dos ilícitos cometidos pelo empregador e da situação de hipervulnerabilidade vivida pelo sujeito menor de dezoito anos, não poderia o ordenamento jurídico penalizá-lo ao afastar o reconhecimento do direito mencionado em razão de negligência praticada por um terceiro.

Entende-se, portanto, que os pressupostos contidos previstos pela Súmula n. 378, II, devem ser afastados quando se tratar de crianças ou adolescentes vítimas de acidentes de trabalho, em cumprimento aos postulados da proteção integral e da hiperproteção desses sujeitos de direitos.

---

(43) O item II da Súmula n. 378 do TST estabelece que o afastamento do trabalho superior a quinze dias e a percepção do auxílio-doença acidentário são pressupostos para a concessão da estabilidade prevista no art. 118 da Lei n. 8.213/91, com a exceção de ser constatada, após a despedida, doença profissional que guarde relação de causalidade com a execução do contrato de emprego.

Outro ponto que merece destaque é a ausência de emissão da Comunicação de Acidente de Trabalho (CAT) pelos empregadores de crianças e adolescente, pois, como se sabe, o labor infantil é caracterizado pela mais completa irregularidade contratual, em que, na quase a totalidade dos casos, não há nenhuma formalização do contrato laboral, motivo esse que faz com que aqueles que exploram a mão de obra infantil sequer emitam a CAT, que por sua vez é obrigatória às empresas e aos empregadores domésticos, nos termos do art. 22, da Lei n. 8.213, de 1991 (BRASIL, 1991).

Nesses casos em que os empregadores não emitem a CAT, a própria Lei n. 8.213/91 e a IN PRESS/INSS n. 128/2022 estabelecem a legitimação de responsáveis subsidiários para emitir a Comunicação de Acidente de Trabalho à Previdência Social, que deverão informar sobre a moléstia que atinge o trabalhador.

O art. 22 da Lei n. 8.213/91 dispõe que "na falta de comunicação por parte da empresa, podem formalizá-la o próprio acidentado, seus dependentes, a entidade sindical competente, o médico que o assistiu ou qualquer autoridade pública" (BRASIL, 1991). Porém, observa-se que a subsidiariedade prevista na norma não inclui os trabalhadores menores de dezoito anos, pois não inserem como responsáveis indiretos pela emissão da CAT os garantidores dos direitos desses sujeitos, como por exemplo os pais, os tutores ou os demais responsáveis legais.

Em razão da interpretação da norma conforme os princípios constitucionais, especialmente o princípio da proteção integral, entende-se que os conselheiros tutelares estão incluídos no conceito de autoridade pública, previsto no art. 22 da Lei n. 8.213/91, sendo legitimados indiretos, portanto, para emitir a CAT à previdência social em caso de acidente de trabalho envolvendo crianças ou adolescentes.

Por fim, outro ponto que merece destaque é a possibilidade de concessão do seguro-desemprego resgatado a crianças ou adolescentes vítimas de trabalho em condições análogas à escravidão. Referido benefício foi criado em 2002 para amparar os trabalhadores resgatados em condições de trabalho análogas à escravidão, concedendo-lhes três parcelas no valor de um salário mínimo cada, para que os trabalhadores resgatados nessas condições tenham a possibilidade de se reestabelecer economicamente, ainda que de forma temporária.

A Lei n. 10.608, de 20 de dezembro de 2002, incluiu o Art. 2º-C na Lei n. 7.998, que é responsável por regular o programa seguro-desemprego, o abono salarial e por instituir o Fundo de Amparo ao Trabalhador (FAT), para prever a concessão desse seguro a trabalhadores submetidos ao trabalho forçado ou reduzido a condições análogas à escravidão (BRASIL, 2002):

> Art. 2º-C. O trabalhador que vier a ser identificado como submetido a regime de trabalho forçado ou reduzido a condição análoga à de escravo, em decorrência de ação de fiscalização do Ministério do Trabalho e Emprego, será dessa situação resgatado e terá direito à percepção de três parcelas de seguro-desemprego no valor de um salário mínimo cada, conforme o disposto no § 2º deste artigo.

Fagundes e Castro (2022, p. 213-216) apontam que, em duas oportunidades diferentes, a Secretaria de Inspeção do Trabalho do então Ministério do Trabalho e Emprego (MTE) emitiu as Notas Técnicas n. 318/2010/SIT/MTE e a n. 101/2015/SIT/MTE defendendo que não seria devido o direito à percepção do referido seguro por crianças ou adolescentes resgatados em situação de trabalho infantil.

Posteriormente, a Subsecretaria de Inspeção do Trabalho (SIT), reviu as interpretações constantes nas Notas Técnicas de 2010 e de 2015, o que levou à edição da Nota Técnica n. 105/2017/SIT, que, segundo Fagundes e Castro (2022, p. 215), "[...] priorizou aspectos legais para a concessão do benefício, ressaltando que o seguro-desemprego do trabalhador resgatado possui natureza mais ampla que o seguro-desemprego comum", possibilitando, dessa forma, a concessão do auxílio a menores de dezoito anos.

A regra da nulidade do contrato de trabalho infantil não impossibilita, conforme visto, a aquisição dos auxílios previdenciários originados de violações de direitos trabalhistas, especialmente no que se refere aos acidentes de trabalho e a doenças ocupacionais, sendo o referido entendimento replicado e amparado pela ampla jurisprudência do STF, do STJ e dos Tribunais Regionais Federais.

5.5. O reconhecimento do tempo de trabalho precoce para fins de aposentadoria e demais fins previdenciários

Além dos auxílios acidente e maternidade, que possuem natureza previdenciária, verifica-se, no âmbito das Cortes Superiores, a existência de debate sobre a possibilidade de se aplicar o tempo de labor irregular realizado por crianças e adolescentes para fins de concessão de aposentadoria. Apesar de esse debate não ser recente no âmbito dos Tribunais, ainda que com a evolução jurisprudencial sobre assunto, não houve nenhuma jurisprudência vinculante sobre o tema, razão pela qual o debate volta constantemente à tona nos referidos órgãos.

O Supremo Tribunal Federal, repetidamente, julgou demandas em que se questionava a aplicação das garantias previdenciárias a esses sujeitos, sob argumento de uma possível afronta ao positivado no art. 7º, XXXIII, da CF/88, que, como visto, veda determinadas formas de trabalho desenvolvidas por menores de dezoito anos.

Como mencionado, o STF entende que a proibição contida no inciso XXXIII do art. 7º da Constituição não pode ser interpretada de forma a prejudicar ou a penalizar ainda mais o sujeito vítima da exploração (RE 537.040, Rel. Min. Dias Toffoli). Dessa forma, tanto a aplicação direta da proibição nas relações de trabalho, quanto os efeitos reflexos porventura ocasionados, a exemplo da garantia de direitos previdenciários, devem ser aplicadas de forma a não violar a proteção integral e o interesse superior da criança.

Aludido entendimento possui suas origens em demandas analisadas ainda sob a vigência da Constituição de 1967, mais especificamente nos julgamentos do AgRAI 105.794 (2ª T., rel. Aldir Passarinho, *DJ* 2.5.86) e do Recurso Extraordinário n. 104.654 (2ª T., rel. Francisco Rezek, *DJ* 25.4.86), ambos oriundos da 2ª Turma do STF, que concederam efeitos previdenciários a relações laborais proibidas pela Constituição então vigente.

Em trecho do voto do Ministro Francisco Rezek (STF, 1985) no Recurso supracitado, observa-se que, desde 1985, o Supremo já estava inclinado a reconhecer a garantia de direitos trabalhistas e previdenciários às vítimas de trabalho precoce:

> Está claro, ainda, que a regra do inciso X do mesmo dispositivo constitucional — proibindo qualquer trabalho ao menor de doze anos — foi inscrita na lista das garantias dos trabalhadores em proveito destes, e não em seu detrimento. Não me parece, assim, razoável o entendimento da origem, que invoca justamente uma norma voltada para a melhoria da condição social do trabalhador, e faz dela a premissa de uma conclusão que contraria o interesse de seu beneficiário, como que a prover nova espécie de ilustração para a secular ironia *summum jus, summa injuria.*

Outra decisão importante da Corte Suprema relativa ao tema foi o julgamento, em 2004, do Agravo de Instrumento n. 529.694-1/RS[(44)] (STF, 2ª Turma, rel. Min. Gilmar Mendes, julgado em 30.11.2004), em que o Instituto Nacional da Seguridade Social (INSS) visava desconstituir decisão da 3ª Turma do STJ que reconheceu o cômputo do tempo de trabalho infantil para fins de aposentadoria, alegando que o entendimento do STJ violava os arts. 5º, XXXVI, e 87 da Constituição Federal. Todavia, o STF entendeu que o julgado do STJ estava em consonância com a sua própria jurisprudência.

Posteriormente, em 2019, o ministro Gilmar Mendes ratificou o posicionamento de sua decisão de 2004, invocando os mesmos precedentes da 2ª Turma, ao conceder o salário- maternidade a uma adolescente indígena com idade inferior a dezesseis anos, reiterando que "[...] a norma que busca impedir o trabalho por menores não pode ser interpretada de modo a negar acesso a um direito que protege mulheres gestantes" (RE 1.086.351/RS,

(44) Agravo regimental em agravo de instrumento. 2. Trabalhador rural ou rurícola menor de quatorze anos. Contagem de tempo de serviço. Art. 11, VII, da Lei n. 8.213. Possibilidade. Precedentes. 3. Alegação de violação aos arts. 5º, XXXVI; e 97, da CF/88. Improcedente. Impossibilidade de declaração de efeitos retroativos para o caso de declaração de nulidade de contratos trabalhistas. Tratamento similar na doutrina do direito comparado: México, Alemanha, França e Itália. Norma de garantia do trabalhador que não se interpreta em seu detrimento. Acórdão do STJ em conformidade com a jurisprudência desta Corte. 4. Precedentes citados: AgRAI 105.794, 2ª T., rel. Aldir Passarinho, *DJ* 02.05.86; e RE 104.654, 2ª T., rel. Francisco Rezek, *DJ* 25.4.86 5. Agravo regimental a que se nega provimento. (AI 476950 AgR, relator(a): GILMAR MENDES, Segunda Turma, julgado em 30.11.2004, *DJ* 11.03.2005 PP-00041).

rel. Min. Gilmar Mendes, julgado em 24.4.2019). No mesmo sentido são os acórdãos do STF, a exemplo do RE n. 1.061.044 e do RE n.. 600.616:

> AGRAVO INTERNO NO RECURSO EXTRAORDINÁRIO. PREVIDENCIÁRIO. AÇÃO CIVIL PÚBLICA. SALÁRIO-MATERNIDADE. SEGURADA ESPECIAL. GENITORA INDÍGENA COM IDADE INFERIOR A 16 ANOS. ART. 7º, XXXIII, DA CONSTITUIÇÃO FEDERAL. NORMA PROTETIVA QUE NÃO PODE PRIVAR DIREITOS. PRECEDENTES. ACÓRDÃO RECORRIDO EM HARMONIA COM A JURISPRUDÊNCIA DO SUPREMO. VIOLAÇÃO À CLÁUSULA DE RESERVA DE PLENÁRIO. INOCORRÊNCIA. RECURSO INTERPOSTO SOB A ÉGIDE DO NOVO CÓDIGO DE PROCESSO CIVIL. AUSÊNCIA DE CONDENAÇÃO EM HONORÁRIOS ADVOCATÍCIOS NO JUÍZO RECORRIDO. IMPOSSIBILIDADE DE MAJORAÇÃO NESTA SEDE RECURSAL. ART. 85, § 11, DO CPC/2015. AGRAVO INTERNO DESPROVIDO. (RE 1.061.044- AgR/RS, rel. Min. Luiz Fux)
>
> AGRAVO REGIMENTAL EM RECURSO EXTRAORDINÁRIO. DIREITO PREVIDENCIÁRIO. TRABALHADORA RURAL. MENOR DE 16 ANOS DE IDADE. CONCESSÃO DE SALÁRIO-MATERNIDADE. ART. 7º, XXXVIII, DA CONSTITUIÇÃO FEDERAL. NORMA PROTETIVA QUE NÃO PODE PRIVAR
>
> DIREITOS. PRECEDENTES. Nos termos da jurisprudência do Supremo Tribunal Federal, o art. 7º, XXXIII, da Constituição "não pode ser interpretado em prejuízo da criança ou adolescente que exerce atividade laboral, haja vista que a regra constitucional foi criada para a proteção e defesa dos trabalhadores, não podendo ser utilizada para privá-los dos seus direitos" (RE 537.040, rel. Min. Dias Toffoli). Agravo regimental a que se nega provimento (RE 600.616- AgR/RS, rel. Min. Roberto Barroso).

Ainda no âmbito do STF, verificam-se os acórdãos dos RE 1.146.902/RS, rel. Min. Marco Aurélio; RE 1.140.879/SC, rel. Min. Roberto Barroso; RE 953.372/MG, rel. Min. Alexandre de Moraes; RE 920.290/RS, rel. Min. Teori Zavascki; RE 920.686, rel. Min. Dias Toffoli; AI 476.950-AgR/RS, rel. Min. Gilmar Mendes; AI 502.246/RS, Relª. Minª. Cármen Lúcia; e RE 633.797/SP, rel. Min. Luiz Fux.

Outros Tribunais também vêm seguindo o mesmo entendimento do Supremo, a exemplo do Superior Tribunal de Justiça e das Turmas de Uniformização de Jurisprudência dos Juizados Especiais.

O STJ, que possui o papel de guardião e de intérprete da Legislação Federal, incluindo a Lei n. 8.213, de 1991, que trata dos planos de benefício da previdência social, por vezes julgou demandas contra o Instituto Nacional da Seguridade Social (INSS) que versavam sobre o reconhecimento, para fins de efeitos previdenciários, do tempo de trabalho antes da idade permitida.

A jurisprudência majoritária[45] da mencionada Corte Superior é firme no sentido de se computar o tempo do trabalho exercido antes da idade permitida para fins de concessão de aposentadoria, replicado diretamente o entendimento predominante no STF desde a década de 1980 em seus julgados.

O STJ há muito já decide pela extensão dos direitos previstos na Lei n. 8.213/91 para crianças vítima de acidente de trabalho, a exemplo do decidido no REsp 331.568/RS[46] (STJ, 6ª Turma, rel. Min. Fernando Gonçalves, julgado em 23.10.2001), que reconheceu o período trabalhado antes da idade mínima para o trabalho de doze anos prevista na Constituição de 1967 para integralizar no cômputo do tempo de contribuição previdenciária de um trabalhador rural.

Ademais, a decisão da 1ª turma do STJ, constante nos autos do AgInt no AREsp 956.558/SP (rel. Min. Napoleão Nunes Filho, julgado em 2.6.2020), enfatizou que não se deve estabelecer uma idade mínima

---

(45) AGRAVO INTERNO. PREVIDENCIÁRIO. MATÉRIA CONSTITUCIONAL. PREQUESTIONAMENTO. IMPOSSIBILIDADE. INOVAÇÃO NO ÂMBITO DO AGRAVO INTERNO. IMPOSSIBILIDADE. RURÍCOLA. LABOR DE MENOR DE 12 ANOS DE IDADE. RECONHECIMENTO. POSSIBILIDADE. PRECEDENTES.1. É assente nesta Corte que a via especial não se presta à apreciação de alegação de ofensa a dispositivo da Constituição da República, ainda que para fins de prequestionamento, não sendo omisso o julgado que silencia acerca da questão. 2. Impossível o conhecimento de questão não suscitada nas razões do recurso especial, no âmbito do agravo interno, sob pena de inovação recursal. 3. É firme neste Superior Tribunal de Justiça o entendimento no sentido da possibilidade de cômputo do labor rural comprovadamente desempenhado por menor de doze anos de idade. 4. Agravo ao qual se nega provimento. (AgRg no REsp n. 1.150.829/SP, relator Ministro Celso Limongi (Desembargador convocado do TJ/SP), Sexta Turma, julgado em 14.9.2010, *DJe* de 4.10.2010)

(46) PROCESSUAL CIVIL. RECURSO ESPECIAL. TEMPO DE SERVIÇO. RURÍCOLA. MENOR DE 12 ANOS. LEI N. 8.213/91, ART. 11, INCISO VII. PRECEDENTES. SÚMULA N. 07/STJ. 1 – Demonstrado o exercício da atividade rural do menor de doze anos, em regime de economia familiar, o tempo de serviço é de ser reconhecido para fins previdenciários, porquanto as normas que proíbem o trabalho do menor foram editadas para protegê-lo e não para prejudicá-lo. Precedentes. 2 – Recurso especial conhecido. (STJ, REsp 331.568/RS, Sexta Turma, rel. Min. Fernando Gonçalves, julgado unânime em 23.10.2001, *DJ* 12.11.2001)

nesses casos, visto que o julgador deverá analisar caso a caso para então decidir (STJ, 2020):

> A rigor, não há que se estabelecer uma idade mínima para o reconhecimento de labor exercido por crianças e adolescentes, impondo-se ao julgador analisar em cada caso concreto as provas acerca da alegada atividade rural, estabelecendo o seu termo inicial de acordo com a realidade dos autos e não em um limite mínimo de idade abstratamente pré-estabelecido. Reafirma-se que o trabalho da criança e do adolescente deve ser reprimido com energia inflexível, não se admitindo exceção que o justifique; no entanto, uma vez prestado o labor o respectivo tempo deve ser computado, sendo esse cômputo o mínimo que se pode fazer para mitigar o prejuízo sofrido pelo infante, mas isso sem exonerar o empregador das punições legais a que se expõe quem emprega ou explora o trabalho de menores.

De fato, o entendimento da primeira turma do STJ é o que mais se coaduna com a realidade, pois há dados que apontam a existência de trabalho realizado por crianças aos cinco anos de idade. Dessa forma, estabelecer o limite mínimo de doze, quatorze, ou dezesseis anos,(47) por mais que incluísse mais de 70% das vítimas do trabalho infantil, ainda excluiria uma parcela considerável desse público (IBGE, 2023).

Outro ponto que merece destaque é a realidade social vivida no país, como fatores econômicos e de desenvolvimento social que se modificam no decorrer das décadas, pois a referida realidade influencia na maneira com que as famílias, a sociedade e o próprio Poder Público respondem à prática do trabalho. Assim, a análise do caso concreto também deve considerar a época do labor, visto que o tempo em que se solicita a aposentadoria, em regra, é anos ou décadas posterior ao da violação do direito ocorrida ainda na menoridade.

Em mesmo sentido é o entendimento da Turma Nacional de Uniformização (TNU)(48) dos Juizados Especiais, que no pedido de uniformização de

---

(47) Referidos limites são propostos em razão das diversas idades mínimas para o trabalho já estabelecidas pela legislação brasileira, sendo que, de 1967 a 1988, durante a vigência da CF/67, a idade mínima era aos 12 anos; de 1988 a 1998, pela redação original da CF/88, aos 14 anos de idade; e de 1998 até a atualidade, após a vigência da EC n. 20/98, é aos 16 anos de idade.

(48) A Turma Nacional de Uniformização é um órgão que funciona junto ao Conselho da Justiça Federal (CJF), sendo composta por doze juízes federais oriundos das turmas recursais dos

interpretação da Lei n. 10.259, de 2001, firmou, no Tema n. 219/TNU,(49) a tese de que "é possível o cômputo do tempo de serviço rural exercido por pessoa com idade inferior a 12 (doze) anos na época da prestação do labor campesino" (BRASIL, 2022).

A fixação do Tema foi de fundamental importância visto que, em algumas Turmas Regionais, o reconhecimento do mencioado direito previdenciário era obstado em razão da exigência do trabalho prestado pela criança

---

juizados especiais, sendo a criação, competência e o funcionamento da TNU são arregimentados pela Lei dos Juizados Especiais (Lei n. 10.259/2001), possuindo competência para apreciar os pedidos de uniformização de interpretação de lei, em questões de direito material, fundado em divergência entre decisões de turmas recursais de diferentes regiões ou em contrariedade à súmula ou jurisprudência dominante do Superior Tribunal de Justiça.

(49) PEDIDO DE UNIFORMIZAÇÃO REPRESENTATIVO DA CONTROVÉRSIA. TEMA 219/TNU. QUESTÃO SUBMETIDA A JULGAMENTO: SABER SE É POSSÍVEL O CÔMPUTO DO TEMPO DE SERVIÇO RURAL ÀQUELE QUE TENHA MENOS DE 12 ANOS DE IDADE. RE 1.225.475, QUE TEM POR OBJETO AÇÃO CIVIL PÚBLICA AJUIZADA PELO MINISTÉRIO PÚBLICO FEDERAL EM FACE DO INSTITUTO NACIONAL DO SEGURO SOCIAL, PARA QUE A AUTARQUIA SE ABSTENHA DE FIXAR IDADE MÍNIMA PARA FINS DE RECONHECIMENTO DE TEMPO DE SERVIÇO E DE CONTRIBUIÇÃO PELO EXERCÍCIO DAS ATIVIDADES PREVISTAS NO ART. 11 DA LEI N. 8.213/91. ENTENDIMENTO DO STF NO SENTIDO DE QUE "O ART. 7º, XXXIII, DA CONSTITUIÇÃO FEDERAL NÃO PODE SER INTERPRETADO EM PREJUÍZO DA CRIANÇA OU ADOLESCENTE QUE EXERCE ATIVIDADE LABORAL. REGRA CONSTITUCIONAL QUE BUSCA A PROTEÇÃO E DEFESA DOS TRABALHADORES NÃO PODE SER UTILIZADA PARA PRIVÁ-LOS DOS SEUS DIREITOS, INCLUSIVE, PREVIDENCIÁRIOS". AS ATIVIDADES RURAIS, POR SUA PRÓPRIA NATUREZA, EXIGEM, REGRA GERAL, BOM VIGOR FÍSICO PARA SUA EXECUÇÃO, POIS SÃO EXERCIDAS DE MODO RÚSTICO, EM CÉU ABERTO, COM EXPOSIÇÃO ÀS INTEMPÉRIES. EM DECORRÊNCIA DESSA CIRCUNSTÂNCIA, HÁ ENTENDIMENTO NO SENTIDO DE NÃO SER CRÍVEL QUE UMA CRIANÇA DE ATÉ DOZE ANOS DE IDADE INCOMPLETOS, POSSUA VIGOR FÍSICO NECESSÁRIO PARA O EXERCÍCIO PLENO DA ATIVIDADE RURAL, SENDO SUA PARTICIPAÇÃO NAS LIDES CAMPESINAS, COMO REGRA, DE CARÁTER LIMITADO, SECUNDÁRIO. TODAVIA, CADA SER HUMANO TEM SUA PRÓPRIA COMPLEIÇÃO FÍSICA, POSSIBILITANDO EXCEÇÃO À REGRA DE QUE ALGUÉM COM IDADE INFERIOR A 12 (DOZE) ANOS NÃO TENHA "VIGOR FÍSICO NECESSÁRIO PARA O EXERCÍCIO PLENO DA ATIVIDADE RURAL". HAVENDO COMPROVAÇÃO DE QUE A PESSOA COM IDADE INFERIOR A 12 (DOZE) ANOS TENHA, DE FATO, EXERCIDO ATIVIDADE RURAL, DEVESE (sic) RECONHECER O LABOR CAMPESINO EFETIVAMENTE COMPROVADO, E NÃO FECHAR OS OLHOS PARA A REALIDADE FÁTICA, PREJUDICANDO AQUELES A QUEM SE DEVERIA CONFERIR MAIOR PROTEÇÃO SOCIAL. PRECEDENTES DO SUPERIOR TRIBUNAL DE JUSTIÇA E DA TURMA NACIONAL DE UNIFORMIZAÇÃO DOS JUIZADOS ESPECIAIS FEDERAIS. PEDIDO DE UNIFORMIZAÇÃO PROVIDO. RETORNO DOS AUTOS À TURMA RECURSAL DE ORIGEM, PARA QUE REANALISE A QUESTÃO, ADOTANDO A SEGUINTE TESE: É POSSÍVEL O CÔMPUTO DO TEMPO DE SERVIÇO RURAL EXERCIDO POR PESSOA COM IDADE INFERIOR A 12 (DOZE) ANOS NA ÉPOCA DA PRESTAÇÃO DO LABOR CAMPESINO. (CJF – TNU, rel. Juízes Erivaldo Ribeiro dos Santos e Jairo da Silva Pinto, julgado em 23.6.2022)

ou pelo adolescente ser de "complementariedade" e não de "indispensabilidade", como é possível observar nos acórdãos dos processos n. 5003316-78.2020.4.04.7115 (4ª Turma Recursal do RS, relator Gerson Godinho da Costa, julgado em 6.12.2021) e 5001356-23.2020.4.04.7007 (TRF4, Turma Regional Suplementar do PR, rel. Luiz Fernando Wowk, julgado em 15.12.2021), que negaram o reconhecimento do tempo de serviço na infância para fins de integralização previdenciária. Referidos entendimentos se mostram desconexos e incompatíveis com a realidade brasileira, pois contrariam a própria lógica da economia familiar.

Finalmente, pode-se concluir que o STF e o STJ possuem vasta jurisprudência no sentido de se reconhecerem os efeitos e as repercussões do trabalho precoce no âmbito previdenciário, decidindo pela concessão de auxílios a esse público, a exemplo daquele específico para as mães, bem como reconhece o tempo despendido no trabalho infantil como efetivo labor para fins de aposentadoria.

5.6. A competência da Justiça do Trabalho para julgar demandas de políticas públicas sobre o trabalho infantil

Outro tema que se demonstra fundamental é o debate sobre a competência da Justiça Especializada do Trabalho para julgar as ações em face do Poder Público que visam à implementação de políticas públicas de prevenção e erradicação do trabalho precoce.

Como se sabe, o Poder Judiciário não detém a competência, em regra, para a promoção de políticas públicas de promoção aos direitos das crianças e dos adolescentes, especialmente as que visam prevenir e erradicar a exploração do trabalho infantil. Todavia, o referido Poder pode contribuir, inclusive por meio de sua função típica, com a pauta de combate à referida exploração.

Discutia-se muito se as causas relativas às políticas públicas de combate ao trabalho infantil estariam incluídas dentre as relações de trabalho, o que possibilitaria trazer essas lides para o campo de competência da Justiça do Trabalho previsto no art. 114 da Constituição Federal, já que não se estaria, pelo menos diretamente, buscando reconhecer uma relação contratual ou mesmo direitos trabalhistas dela oriundos, mas buscando que o Poder Público faça ações em prol das crianças e dos adolescentes.

O assunto chegou à apreciação da Corte Superior trabalhista por meio de diversos processos, em que parte das Turmas reconhecia a competência da Justiça do Trabalho para apreciar tais demandas, enquanto outras, a exemplo das 4ª e 5ª Turmas,(50) entendiam que este não seria o ramo do Judiciário competente para julgar as referidas demandas.

Essas Turmas entendiam que as lides não se encontravam inseridas no rol constitucional de competências da Justiça do Trabalho, pois que não tratavam de relação de trabalho, muito menos de emprego, concluindo que "[...] a Justiça do Trabalho não tem competência para impor a obrigação de produzir leis nem de adicionar rubrica orçamentária, eis que essas são questões estranhas à relação de trabalho (e de relação de trabalho esta ação não cuida)" (TST, 2013 e 2017), bem como se tratava de afronta ao princípio de separação dos Poderes esculpido no art. 2º da CRFB/88.

Coube então à Subseção I Especializada em Dissídios Individuais (SDI-1) do TST, colegiado responsável por unificar a jurisprudência no âmbito do Tribunal Superior do Trabalho, pacificar o tema ao reunir para julgamento os E-RR-44-21.2013.5.06.0018 e E-RR-24325-63.2014.5.24.0096, ações em que o Ministério Público do Trabalho pleiteava a condenação de Municípios em obrigações de fazer consistentes em implementar políticas sociais públicas de combate ao trabalho infantil e de promoção da aprendizagem profissional.

Ambos os processos de originaram de Turmas do Tribunal Superior do Trabalho, que, ao analisarem os referidos Recursos de Revista, indeferiram o pleito do Ministério Público do Trabalho sob o argumento de que, além de não ser a Justiça do Trabalho o foro competente para a tramitação das demandas, estar-se-ia violando o princípio Constitucional da separação dos Poderes Públicos. Na SDI-1 os processos ficaram sob relatoria dos ministros Lélio Bentes Correa e Augusto César Carvalho.

---

(50) É possível observar o posicionamento contrário à fixação da competência da Justiça Trabalhista nestas demandas por meio dos acórdãos constantes no Recurso de Revista n. 44-64.2013.5.09.0009 (Rel. Min. João Oreste Dalazen, julgado em 4.10.2017, 4ª Turma, *DEJT* 20.10.2017) e no Recurso de Revista 589- 86.2011.5.23.0051 (Rel. Min. João Batista Brito Pereira, julgado em 26.11.2013, 5ª Turma, *DEJT* 19.12.2013), respectivamente.

Segundo o relator Lélio Correa, nos autos do E-RR – 44-21.2013.5.06.0018 (SDI-1, rel. Ministro Lélio Bentes Correa, *DEJT* 12.11.2021), é a Justiça Laboral o ramo do Poder Judiciário que possui maior afinidade com o tema:

> Não há cogitar de outro ramo do Poder Judiciário que detenha maior afinidade com o tema relacionado à implementação de **políticas efetivas e necessárias para a eliminação do trabalho infantil**, indiscutivelmente indissociável da matéria pertinente à relação de trabalho, nos termos dos incisos I e IX do art. 114 da Constituição da República – ainda que se cuide de trabalho proibido, cuja eliminação consubstancia o objeto da presente demanda. (Grifos originais)

Nas palavras do magistrado, é a Justiça Especializada do Trabalho o ramo do Judiciário competente, por força de mandamento constitucional, para determinar a implementação das políticas que visam eliminar referido trabalho proibido.

Destaque-se que a mesma SDI-1, pouco tempo antes, havia julgado dois processos em que reconhecia a competência constitucional da Justiça do Trabalho para apreciar as referidas demandas, quais sejam o E-RR-44-64.2013.5.09.0009 (SDI-1, relator Ministro Alberto Luiz Bresciani, *DEJT* 18.12.2020) e E-RR-589-86.2011.5.23.0051 (SDI-1, rel. Ministro Alberto Luiz Bresciani, *DEJT* 26.3.2021):

> [...] Se é da competência da Justiça do Trabalho coibir a prática do trabalho infantil, bem como o julgamento de ações envolvendo atos irregulares dos entes da administração pública municipal, estadual e federal, também é de sua competência o julgamento da inércia do poder público em adotar políticas públicas constitucionalmente previstas visando erradicar o trabalho infantil (art. 227 da CF).
>
> 6. Assim, a competência inscrita no art. 114 não se limita a casos de relação de trabalho existente . É o direito subjetivo das crianças ao não trabalho que está sendo tutelado pelo pedido de criação e implementação de políticas públicas . O Judiciário não se pode furtar à provocação do Executivo quanto à omissão inconstitucional constatada pelo Ministério Público, no que tange a direito fundamental tão caro, nacional e internacionalmente (Convenção n. 182 da OIT). (E-RR-589- 86.2011.5.23.0051, SDI-1, rel. Ministro Alberto Luiz Bresciani, *DEJT* 26.3.2021)

Outro ponto a se destacar é que os ditos julgados da SDI-1 possuem precedentes favoráveis no TST para corroborar o entendimento da Subseção I, como é o caso do Recurso de Revista n. 32100-09.2009.5.16.0006[51] (2ª Turma, rel. Ministro José Roberto Freire Pimenta, *DEJT* 11.9.2015), do Recurso de Revista n. 75700-37.2010.5.16.0009[52] (3ª Turma, rel.

---

(51) COMPETÊNCIA DA JUSTIÇA DO TRABALHO. AÇÃO CIVIL PÚBLICA AJUIZADA PELO MINISTÉRIO PÚBLICO DO TRABALHO, VISANDO IMPOR AO ENTE PÚBLICO A OBRIGAÇÃO DE ADOTAR POLÍTICAS PÚBLICAS PARA ERRADICAÇÃO E PREVENÇÃO DO TRABALHO INFANTIL. LITÍGIO INSERIDO NA EXPRESSÃO "RELAÇÕES DE TRABALHO ", PREVISTA NO Art. 114, INCISOS I E IX, DA CONSTITUIÇÃO FEDERAL. Discute-se se a Justiça do Trabalho é competente para apreciar e julgar Ação Civil Pública ajuizada pelo Ministério Público do Trabalho para compelir o Município de Chapadinha a cumprir obrigação de fazer e não fazer — implementar políticas públicas para erradicar e prevenir o trabalho infantil. [...] Diversamente dessa interpretação restritiva do dispositivo constitucional, faz-se necessário adotar uma visão ampla da competência da Justiça do Trabalho, o que dará efetividade aos direitos fundamentais, que, segundo o art. 5º, § 1º, da Constituição Federal, são de aplicação imediata. A expressão "relações de trabalho", dentro de uma visão vanguardista, abrange a discussão relativa à pretensão do parquet de erradicar o trabalho infantil, por meio da imposição ao ente público da adoção de medidas concretas. Por outro lado, não se pode negar que a Justiça do Trabalho possui vocação para dirimir questões sociais relacionadas ao trabalho, como é a hipótese dos autos. Ressalta-se que a Constituição Federal, no seu art. 227, estabelece o dever do Estado de assegurar dignidade das crianças e adolescentes e de protegê-las de qualquer forma de exploração, como é o caso do trabalho nessa faixa etária. Assim, o réu, se omisso na adoção de políticas públicas para a prevenção e erradicação do trabalho infantil, deve responder perante esta Justiça especializada pela omissão do seu dever legal. Portanto, como a tutela inibitória pretendida pelo Ministério Público do Trabalho é a erradicação e a prevenção do trabalho por crianças e adolescentes, é exatamente a Justiça do Trabalho a única constitucionalmente competente para apreciá-la. Recurso de revista conhecido e provido. (RR-32100- 09.2009.5.16.0006, 2ª Turma, relator Min. José Roberto Freire Pimenta, *DEJT* 11.9.2015).

(52) RECURSO DE REVISTA. AÇÃO CIVIL PÚBLICA. COMPETÊNCIA DA JUSTIÇA DO TRABALHO. EFETIVAÇÃO DE PRINCÍPIOS E REGRAS CONSTITUCIONAIS E INTERNACIONAIS RATIFICADOS, RELATIVOS À PESSOA HUMANA E ÀS RELAÇÕES DE TRABALHO. TRABALHO DECENTE E COMBATE IMEDIATO E PRIORITÁRIO AO TRABALHO INFANTIL E ÀS PIORES FORMAS DE TRABALHO DO ADOLESCENTE. OIT: CONSTITUIÇÃO DE 1919; DECLARAÇÃO DA FILADÉLFIA DE 1944; DECLARAÇÃO DE PRINCÍPIOS E DIREITOS FUNDAMENTAIS NO TRABALHO DE 1998; CONVENÇÃO 182 DA OIT. EFETIVIDADE JURÍDICA NO PLANO DAS RELAÇÕES DE TRABALHO [...] O Estado Democrático de Direito — estruturado pela Constituição da República e que constitui também o mais eficiente veículo para implementar esses comandos do Texto Máximo da República e dos documentos normativos da OIT — impõe ao Poder Público a adoção de medidas normativas e administrativas para o cumprimento prioritário dessas normas constitucionais e internacionais ratificadas e absolutamente imperativas. A lesão ao direito difuso de crianças e adolescentes, manifestamente desrespeitado no Município, submetidos a relações de trabalho flagrantemente proibidas ou gravemente irregulares, pode ser levada ao Poder Judiciário, mediante Ação Civil Pública, pelo Ministério Público do Trabalho (art. 5º, XXXV, CF; art. 129, I, II e III, CF), sendo competente

Min. Mauricio Godinho Delgado, *DEJT* 20.9.2013) e do AIRR-10501-98.2013.5.12.0001[53] (8ª Turma, relª. Minª. Maria Cristina Irigoyen Peduzzi, *DEJT* 17.3.2017), em que as ditas Turmas reconheciam a competência da Justiça do Trabalho para a apreciação das demandas relativas às políticas públicas de combate ao trabalho precoce.

Com o reconhecimento da competência mencionada, a Justiça do Trabalho torna-se aliada fundamental à erradicação do trabalho infantil, pois, havendo omissão do Poder Público em cumprir com o seu papel constitucionalmente estabelecido de combater a exploração do trabalho infantil, o Ministério Público do Trabalho ou qualquer outro agente social legitimado para tanto poderá acionar o Judiciário Trabalhista pleiteando a efetivação do direito fundamental ao não trabalho previsto no art. 7º, XXXIII, da Constituição da República.

---

a Justiça do Trabalho para conhecer e julgar a ACP (art. 114, I e IX, CF). O fulcro da lide são as relações de trabalho irregulares, ao passo que o Município é potencial devedor de medidas públicas eficazes para sanar ou reduzir a lesão – circunstâncias que enquadram, inapelavelmente, o litígio nos marcos da competência da Justiça do Trabalho. Recurso de revista conhecido e provido. RECURSO DE REVISTA. AÇÃO CIVIL PÚBLICA. COMPETÊNCIA DA JUSTIÇA DO TRABALHO. IMPLEMENTAÇÃO DE POLÍTICAS PÚBLICAS QUE VISAM À ERRADICAÇÃO DO TRABALHO INFANTIL. EFETIVIDADE DE DIREITOS SOCIAIS. [...] Resta claro, portanto, que a erradicação do trabalho infantil é medida de manifesto interesse ao Direito do Trabalho e, com igual razão, ao campo de atuação do Ministério Público do Trabalho. No presente caso, discute-se pedido decorrente de relação de trabalho que visa à implantação de políticas públicas, pelo Município de Codó, no tocante ao combate ao trabalho infantil e a outras formas degradantes de trabalho. A atuação do Poder Judiciário, em caso de omissão do administrador público para a implementação de tais políticas públicas previstas na CF, insere-se na competência material da Justiça do Trabalho, definida em razão da matéria, nas hipóteses disciplinadas no art. 114, I a IX, da CF . Precedentes do STF. Recurso de revista conhecido e provido. (RR-75700-37.2010.5.16.0009, 3ª Turma, Relator Ministro Mauricio Godinho Delgado, *DEJT* 20.09.2013).

(53) I – AGRAVO DE INSTRUMENTO DO ESTADO DE SANTA CATARINA – RECURSO DE REVISTA INTERPOSTO SOB A ÉGIDE DA LEI N. 13.015/14 – COMPETÊNCIA DA JUSTIÇA DO TRABALHO – TRABALHO INFANTIL . Esta Justiça Especializada é competente para julgar todas as relações de trabalho, aí incluídas as que dizem respeito à exploração do trabalho infantil. Julgados. [...] Agravo de Instrumento a que se nega provimento. (AIRR-10501-98.2013.5.12.0001, 8ª Turma , Relatora Ministra Maria Cristina Irigoyen Peduzzi, *DEJT* 17.3.2017)

Capítulo 6

Considerações Finais

A exploração do trabalho infantil é uma chaga social presente desde as sociedades mais antigas, em que as crianças, assim como as mulheres, desenvolviam trabalhos de natureza mais doméstica. Na modernidade, o trabalho precoce teve grande aumento durante as revoluções industriais inglesas e devido ao seu impacto nos demais países da Europa, onde as mulheres e crianças eram submetidas a jornadas exaustivas e percebiam remunerações baixas.

O trabalho infantil pode ser definido como qualquer forma de trabalho exercido por crianças ou adolescentes fora das hipóteses de trabalho legalmente previstas ou as extrapolando, resultando em violação de direitos fundamentais, humanos ou trabalhistas desse público, além de provocar danos físicos, morais ou psicológicos, obstando seu processo de desenvolvimento pleno.

No Brasil, o processo de exploração da mão de obra de crianças e adolescentes no mundo do trabalho ocorreu de modo diferente da Europa industrial. Elisiane Santos (2020) aponta que o trabalho infantil foi inserido no Brasil com a colonização portuguesa, ainda com a chegada das primeiras embarcações, no início do século XVI, quando crianças judias laboravam na limpeza das embarcações e, posteriormente, expandida para as crianças indígenas e africanas, estas últimas sob a forma de escravidão.

Com a abolição formal da escravatura no país, a população recém-liberta ficou à própria sorte, sem nenhuma indenização por parte do Governo, até mesmo as crianças mais novas desenvolviam atividades econômicas nas ruas, nas praças e nas lavouras "lutando pela sobrevivência, cenário que não destoa muito da realidade que encontramos no Brasil dos dias atuais" (SANTOS, 2020, p. 142).

As crianças ficaram à própria sorte, excluídas do processo formal de educação, bem como excluídas da garantia de serviços básicos à existência humana, como a saúde, e, desde muito cedo, inseridas no mundo laboral para desempenhar trabalhos braçais, em condições precárias e sub-remuneradas, nas ruas, nas praças e nos morros.

Irma Rizzini (2004, p. 376) destaca que, após 1888, as crianças escravizadas ou as descendentes dessa população foram preparadas para o trabalho na indústria e na agricultura, fato que deu origem ao debate sobre o trabalho como a resolução para o problema do "menor abandonado/delinquente". Para a autora, a escravidão havia demonstrado que a criança constituía mão de obra mais dócil, mais barata e que possuía mais facilidade de adaptação no trabalho.

Nas décadas seguintes, o país presenciou uma transformação social que acompanhava os movimentos internacionais em defesa da infância, pois, com um viés mais assistencialista e tutelar, as crianças passaram a ser vistas como objetos do Direito, do Estado e de suas famílias, fator que motivou a edição de diversas normas e a crição de políticas estatais visando a esse fim.

A primeira delas foi a publicação, em 1927, do Código de Menores, que unificava toda a legislação de proteção ao menor e positiva a doutrina da situação irregular, buscando, por um viés punitivo e criminalizador, restabelecer a situação de normalidade na vida dos referidos sujeitos (MIRANDA, 2016, p. 63). Destaque-se que o aludido Código foi a primeira norma a fixar uma idade mínima nacional para o trabalho, estabelecendo-a em doze anos de idade (BRASIL, 1927).

Posteriormente, em 1941, foi editada a Lei de Emergência, que instituiu o Serviço de Atendimento ao Menor (SAM), responsável por sistematizar, fiscalizar e regulamentar as verbas para assistência aos menores, bem como para abrigá-los e recolhê-los(54), dentre outras atribuições (BRASIL, 1941).

Após o golpe civil-militar, de março de 1964, houve a instauração de uma nova perspectiva para a vida civil no Brasil, a política higienista

(54) No referido período, havia verdadeiros "depósitos de menores", onde eram levados os adolescentes que se encontravam em situação de abandono, delinquência etc.

então vigente foi substituída pela Doutrina da Segurança Nacional (DSN), responsável por consolidar a doutrina da situação irregular em nosso ordenamento jurídico, modificando parte considerável das normas dedicadas à infância do país.

Em dezembro de 1964, com a vigência da Lei n. 4.513, foi instituída a Política Nacional do Bem-Estar do Menor, representando a política da segurança nacional que posteriormente viria a ser fixada no Decreto-lei n. 314, de 1967. Dentre as diretrizes para a política nacional de assistência, esta que ficou a cargo da Funabem, o legislador incluiu a prioridade aos programas que visassem integrar o "menor" na comunidade (BRASIL, 1964).

Em 1979, com a necessidade de modificar o ordenamento do Código Mello de Matos, com o intuito de incluir a Doutrina da Segurança Nacional (DSN) nas normas relativas à infância, foi publicado o segundo Código de Menores por meio da Lei n. 6.697. Referido Código consolidou a doutrina da situação irregular no ordenamento brasileiro que fora iniciada com a política nacional do bem-estar do menor de 1964, tratando os "menores" em situação de vulnerabilidade como anormais cuja situação de anormalidade precisava ser corrigida pelo Estado.

Com a queda do regime ditatorial, em 1985, e o avanço do processo de redemocratização, um novo olhar pairou sobre os direitos e as garantias fundamentais, posto que a própria Constituição Federal de 1988 positivou a dignidade humana como fundamento da República.

O reconhecimento da dignidade reverberou também no campo dos direitos e das garantias fundamentais das crianças e dos adolescentes, levando o constituinte originário a considerá-los como sujeitos de direitos detentores de proteção integral com absoluta prioridade (BRASIL, 1988).

Não obstante todo o avanço normativo de proteção ao grupo supracitado, o combate ao trabalho infantil no Brasil ainda é uma pauta que demanda ações mais efetivas para erradicar as explorações já existentes assim como para coibir novos casos. Dados do IBGE (2024) apontam que no ano de 2023 cerca de 1,9 milhão de pessoas com idades entre cinco e dezessete anos se encontram nestas condições, das quais mais de 756 mil estão nas consideradas piores formas de trabalho infantil por desenvolverem atividades prejudiciais à sua saúde, segurança ou moralidade.

Diversos são os fatores que sustentam na atualidade a persistência da exploração da mão de obra infantil, principalmente aqueles de natureza social, econômica e cultural, em especial os considerados mitos do trabalho infantil, responsáveis por reformar supostos aspectos positivos da manutenção de crianças e adolescentes no trabalho irregular, da mesma forma que ocorria no Brasil pós-abolição conforme apontado por Rizzini (2004, p. 376).

Os referidos mitos se utilizam de problemas sociais graves, a exemplo da fome e da criminalidade, promovendo o trabalho irregular de crianças e adolescentes como uma possível resolução para os referidos problemas, como é o caso da falácia de que "é melhor a criança estar trabalhando do que roubando", que limitando as possibilidades que determinado sujeito pode percorrer no decorrer de sua existência a apenas duas — o trabalho ou a criminalidade —, desconsiderando outras possibilidades como a educação, a profissionalização e outras alternativas consideradas menos prejudiciais ao seu desenvolvimento.

Para Kümmel (2012, p. 74), a história mostra que os adultos apenas se preocuparam em estabelecer uma restrição ao trabalho das crianças quando esse mesmo trabalho ameaçou a existência do trabalho dos próprios adultos, como ocorreu na época da grande depressão, quando crianças, por serem uma mão de obra mais barata, acabavam por ocupar os postos de trabalhos que outrora pertenceram aos adultos.

Associado a isso, o próprio reconhecimento da necessidade de proteger crianças no ambiente de trabalho, assim como garantir que esses tivessem um desenvolvimento pleno e saudável, fez com que os países e as organizações internacionais editassem diversas normas com o instituto de acabar com as condições indignas de trabalho a que os referidos sujeitos de direitos eram submetidos.

O Brasil, buscando acompanhar o contexto internacional de proteção à infância, editou diversas normas de limitação ao exercício do trabalho por crianças, sendo a primeira delas de 1890, o Decreto n. 1.313 estabeleceu diversas idades mínimas laborais, a exemplo da idade de doze anos para o labor em fábricas e a proibição de trabalho noturno por menores de quinze anos (BRASIL, 1890). Posteriormente, em 1923, o Decreto n. 16.300 proibiu o trabalho de menores de dezoito anos em indústrias de tabaco e estabeleceu uma jornada de trabalho de seis horas diárias para estes (Brasil). Diversas outras normas alteraram dispositivos relativos ao trabalho de menores de dezoito anos, culminando na Emenda Constitucional n. 20, de 1998, que estabeleceu a atual idade para o trabalho no país como sendo aos dezesseis anos (BRASIL, 1998).

No âmbito internacional, mais especificamente nas normas internacionais de Direitos Humanos, é possível observar um processo de inserção da proibição do trabalho infantil como um direito humano das crianças. Dentre tais normas, merecem destaque a Declaração de Genebra sobre os Direitos das Crianças, de 1924, a Declaração Universal dos Direitos Humanos, de 1948, e a Convenção sobre os Direitos das Crianças, de 1989, esta última reconhecendo, de forma expressa, o direito das crianças à não exploração e ao não trabalho (ONU, 1989).

A Organização Internacional do Trabalho (OIT), agência da ONU responsável por ditar o direito internacional do trabalho, desde a sua fundação, em 1919, editou diversas Convenções, Resoluções e Recomendações relativas aos trabalhos executado por menores de dezoito anos de idade, com destaque para as Convenções de n. 5 (1919), sobre a idade mínima de admissão nos trabalhos industriais; de n. 6 (1919), relativa ao trabalho de menores na indústria; de n. 7 (1920) sobre a idade mínima para a admissão de menores no trabalho marítimo; de n. 138 (1973) que dispõe sobre a idade mínima geral para o trabalho; e a de n. 182 (1999), relativa às piores formas de trabalho infantil.

Não obstante a regra do trabalho infantil ser a ilicitude trabalhista, algumas espécies de labor desenvolvido por crianças e adolescentes são tão gravosas que se inserem na esfera da ilicitude penal, a exemplo da exploração sexual de crianças ou adolescentes (CP, art. 218-B), da exploração do trabalho em condições análogas à escravidão (CP, art. 149) ou que haja o emprego de maus-tratos (CP, art. 136), exigindo uma atuação penal contra essa violação de direitos.

O arcabouço normativo brasileiro evoluiu consideravelmente nesse sentido, partindo de nenhuma previsão sobre direitos das crianças na primeira Constituição, de 1824, ao reconhecimento de direitos e prioridade absoluta na Constituição de 1988. No mesmo sentido o combate ao trabalho infantil foi positivado pelo constituinte originário ao elevar a idade mínima laboral e fixou o dever do Poder Público, da sociedade e da família para garantir os direitos de crianças e dos adolescentes, além de colocá-los a salvo de explorações, inclusive no trabalho (BRASIL, 1988).

Ademais, observa-se que os trabalhos irregulares desenvolvidos por menores de dezoito anos produzem diversas consequências jurídicas, visto que se trata, em regra, de um contrato de trabalho celebrado por incapaz, tanto no âmbito civil quanto laboral, bem como um trabalho essencialmente proibido.

No âmbito do Direito do Trabalho, há a previsão de diversas normas de caráter protetivo que visam coibir qualquer ameaça ou violação aos direitos de crianças e adolescentes, dentre os quais a prescrição diferenciada (CLT, art. 440), o direito à coincidência entre as férias escolares e as do trabalho (CLT, art. 136, §2º), a multiplicidade de fiscalizadores da regularidade do trabalho de adolescentes e a necessidade de assistência para dar quitação às verbas trabalhistas (CLT, art. 439).

Por conseguinte, verifica-se a existência de três espécies de capacidade trabalhista no ordenamento trabalhista brasileiro, quais sejam a capacidade trabalhista plena, a capacidade trabalhista contida e a capacidade trabalhista restrita. Aquela primeira forma de capacidade diz respeito aos trabalhos executados por pessoas maiores dos dezoito anos de idade, aquela segunda diz respeito aos trabalhos realizados por pessoas entre dezesseis e dezoito anos de idade, e este último diz respeito aos realizados por pessoas entre quatorze e dezesseis anos de idade. Ademais, abaixo dos quatorze anos de idade teríamos a incapacidade trabalhista absoluta propriamente dita, visto que, após a promulgação da EC n. 20/98, ficaram proibidos todos os trabalhos abaixo dos quatorze anos (BRASIL, 1998).

Destaca-se, a possibilidade de o Poder Judiciário atuar no combate ao trabalho precoce, de forma endógena (internamente) e exógena (externamente), sendo aquela primeira as ações do Judiciário para si, enquanto esta segunda diz respeito às ações dela para a sociedade, como são os casos das próprias sentenças que extinguem a exploração ou que declaram o vínculo de emprego e da promoção de campanhas relativas ao tema.

A bem da verdade, os Tribunais Superiores, ao apreciarem demandas relativas ao trabalho infantil, reconheceram a reverberação de seus efeitos nas esferas trabalhista e previdenciária, garantindo os direitos oriundos da relação jurídica viciada e determinando o afastamento de criança ou adolescente do exercício do trabalho que lhe prejudique social, física ou moralmente.

No âmbito do TST, há julgados reconhecendo o direito às verbas contratuais e rescisórias oriundo das mencionadas relações jurídicas, que condenam os empregadores ao pagamento de salários, férias, 13º salário, FGTS não depositados, dentre outras, bem como condenando na obrigação de fazer constante em assinar a Carteira de Trabalho e Previdência Social do adolescente, aplicando o princípio da irretroatividade das nulidades.

Verifica-se, ainda, que a mais alta Corte trabalhista reconhece a existência de danos morais, sejam individuais ou coletivos, ocasionados pela exploração do trabalho da criança, reconhecendo que o exercício do trabalho antes da idade mínima, por si, pode ocasionar danos que ferem a moralidade do sujeito de direitos, em razão de violar a sua dignidade, os direitos fundamentais e os direitos da personalidade.

Observa-se que o STF, desde 1986, reconhece a existência de direitos previdenciários oriundos do labor executado abaixo da idade mínima, a exemplo da extensão do auxílio-doença acidentário a adolescentes vítimas de acidente de trabalho, da concessão da licença-maternidade às menores de dezoito anos gestantes e do cômputo do referido tempo de trabalho para fins de aposentadoria.

Sustenta-se, ainda, a necessidade de se reconhecer o princípio da hiperproteção no âmbito trabalhista, como forma de reduzir a agravada assimetria existente entre crianças e adolescentes no mundo do trabalho, assim como outros segmentos de vulneráveis, e os seus empregadores ou tomadores de serviço, ou mesmo quando comparados aos trabalhadores adultos.

Conclui-se que os Tribunais Superiores brasileiros, no âmbito de suas competências, ao julgarem demandas relativas ao trabalho precoce aplicam os princípios constitucionais da prioridade absoluta e da proteção integral, assim como o princípio convencional do superior interesse da criança, em razão da condição peculiar de desenvolvimento que estas vivenciam, reconhecendo os efeitos do contrato de trabalho quando se evidenciarem os requisitos previstos na legislação trabalhista.

Por fim, para a superação do quadro de exploração laboral infantojuvenil no Brasil, acredita-se que o Poder Judiciário pode ser sujeito ativo nesse sentido, podendo instituir políticas públicas judiciárias, dentre as quais se destaca: I) a criação de um protocolo para julgamento com perspectiva da infância nos diversos âmbitos do Judiciário, principalmente da Justiça do Trabalho, em relação aos casos que versem sobre trabalho infantil; II) a implementação dos Juizados Especiais da Infância e Adolescência no âmbito da Justiça do Trabalho; III) a exigência, nos concursos para ingresso na magistratura, de conhecimentos relativos à matéria de Direito da Criança e do Adolescente; e IV) a prioridade de tramitação de processos de que tratem de interesses das crianças e dos adolescentes, em especial daquelas que se encontram em situação de vulnerabilidade.

O Sistema de Justiça pode ser efetivo aliado no combate ao trabalho infantil, principalmente no que tange à cessação da violação e da própria reparação jurídica do ilícito laboral, ao impor aos exploradores o dever de indenizar pelas verbas trabalhistas e outras delas decorrentes, permitindo-nos concluir que, não obstante a regra proibitiva do art. 7º, XXXIII, da CF/88, crianças e adolescentes em situação de trabalho precoce têm direitos trabalhistas oriundos dessa situação, com vistas a reparar-lhes pela exploração sofrida, bem como para garantir-lhes a plenitude da dignidade e de direitos.

Referências

ARENDT, Hannah. *A condição humana.* 11. ed. Rio de Janeiro: Forense Universitária, 2010.

ARIZA, Marília Bueno de Araujo. Crianças/Ventre Livre. In: SCHARCZ, Lilia; GOMES, Flávio (Orgs.). *Dicionário da Escravidão e Liberdade, 50 textos críticos.* São Paulo: Companhia das Letras, 2018. p. 169-175.

ARRUDA, Kátia Magalhães. *A atuação do judiciário trabalhista e a precarização do trabalho:* as decisões do TST e TRT do Maranhão e sua relação com a terceirização e flexibilização do trabalho, 2008. 138 f. Dissertação (Mestrado em Políticas Públicas) – Centro de Ciências Sociais, Programa de Pós-Graduação em Políticas Públicas, Universidade Federal do Maranhão, São Luís, 2008.

______. As piores formas de trabalho e o direito fundamental à infância. In: SENA, Adriana Goulart de; DELGADO, Gabriela Neves; NUNES, Raquel Portugal (Coords.). *Dignidade humana e inclusão social:* caminhos para a efetividade do Direito do Trabalho no Brasil. São Paulo: LTr, 2010. p. 34-44.

BEZERRA LEITE, Carlos Henrique. *Curso de Direito do Trabalho.* 14. ed. São Paulo: SaraivaJur, 2022.

BITENCOURT, Cezar Roberto. *Parte especial:* crimes contra a pessoa. 20. ed. São Paulo: Saraiva Educação, 2020. (Coleção Tratado de Direito Penal; 2).

BRASIL. [Constituição (1988)]. *Constituição da República Federativa do Brasil de 1988.* Brasília, DF: Presidência da República, 1988. Disponível em: https://www.planalto.gov.br/ccivil_03/constituicao/constituicao.htm. Acesso em: 2 fev. 2024.

______. *Constituição da República dos Estados Unidos do Brasil, de 24 de fevereiro de 1891.* Nós, os representantes do povo brasileiro, reunidos em Congresso Constituinte, para organizar um regime livre e democrático, estabelecemos, decretamos e promulgamos a seguinte. Rio de Janeiro: Presidência da República, 1891. Disponível em: https://www.planalto.gov.br/ccivil_03/constituicao/constituicao91.htm. Acesso em: 5 fev. 2024.

______. *Constituição da República dos Estados Unidos do Brasil,de 16 de julho de 1934*. Nós, os representantes do povo brasileiro, pondo a nossa confiança em Deus, reunidos em Assembleia Nacional Constituinte para organizar um regime democrático, que assegure à Nação a unidade, a liberdade, a justiça e o bem-+estar social e econômico, decretamos e promulgamos a seguinte. Rio de Janeiro: Presidência da República, 1934. Disponível em: https://tinyurl.com/mryve6b3. Acesso em: 5 fev. 2024.

______. *Constituição da República Federativa do Brasil de 1967*. Brasília, DF: Presidência da República, 1967. Disponível em: https://www.planalto.gov.br/ccivil_03/constituicao/constituicao67.htm. Acesso em: 5 fev. 2024.

______. *Constituição dos Estados Unidos do Brasil, de 10 de novembro de 1937*. Rio de Janeiro: Presidência da República, 1937. Disponível em: https://www.planalto.gov.br/ccivil_03/constituicao/constituicao37.htm. Acesso em: 5 fev. 2024.

______. *Constituição dos Estados Unidos do Brasil, de 16 de setembro de 1946*. A Mesa da Assembleia Constituinte promulga a Constituição dos Estados Unidos do Brasil e o Ato das Disposições Constitucionais Transitórias, nos termos dos seus arts. 218 e 36, respectivamente, e manda a todas as autoridades, às quais couber o conhecimento e a execução desses atos, que os executem e façam executar e observar fiel e inteiramente como neles se contêm. Rio de Janeiro: Presidência da República, 1946. Disponível em: https://www.planalto.gov.br/ccivil_03/constituicao/constituicao46.htm. Acesso em: 5 fev. 2024.

______. *Constituição Politica do Imperio do Brazil, de 25 de março de 1824*. Constituição Política do Império do Brasil, elaborada por um Conselho de Estado e outorgada pelo Imperador D. Pedro I, em 25.03.1824. Rio de Janeiro: Coleção de Leis do Império do Brasil, 1824. Disponível em: https://www.planalto.gov.br/ccivil_03/constituicao/constituicao24.htm. Acesso em: 5 fev. 2024.

______. *Decreto-lei n. 229, de 28 de fevereiro de 1967*. Altera dispositivos da Consolidação das Leis do Trabalho, aprovada pelo Decreto-lei n. 5.452, de 1º de maio de 1943, e dá outras providencias. Brasília, DF: Presidência da República, 1967. Disponível em: https://www.planalto.gov.br/ccivil_03/Decreto-lei/del0229.htm. Acesso em: 2 fev. 2024.

______. *Decreto-lei n. 2.318, de 30 de dezembro de 1986*. Dispõe sobre fontes de custeio da Previdência Social e sobre a admissão de menores nas empresas. Brasília, DF: Presidência da República, 1986. Disponível em: https://www.planalto.gov.br/ccivil_03/Decreto-lei/1965-1988/del2318.htm. Acesso em: 5 fev. 2024.

______. *Decreto-lei n. 2.848, de 7 de dezembro de 1940*. Código Penal. Rio de Janeiro: Presidência da República, 1940. Disponível em: https://www.planalto.gov.br/ccivil_03/Decreto-lei/del2848.htm. Acesso em: 2 fev. 2024.

______. *Decreto-lei n. 3.914, de 9 de dezembro de 1941*. Lei de introdução do Código Penal (Decreto-lei n. 2.848, de 7-12-940) e da Lei das Contravenções Penais (Decreto-lei n. 3.688, de 3 outubro de 1941). Rio de Janeiro: Presidência da República, 1941. Disponível em: https://www.planalto.gov.br/ccivil_03/Decreto-lei/del3914.htm. Acesso em: 5 fev. 2024.

______. *Decreto-lei n. 5.452, de 1º de maio de 1943*. Aprova a Consolidação das Leis do Trabalho. Rio de Janeiro: Presidência da República, 1943. Disponível em: https://www.planalto.gov.br/ccivil_03/Decreto-lei/del5452.htm. Acesso em: 2 fev. 2024.

______. *Decreto n. 423, de 12 de novembro de 1935*. Promulga quatro Projectos de Convenção, approvados pela Organização Internacional do Trabalho, da Liga das Nações, por occasião da Conferencia de Washington, convocada pelo Governo dos Estados Unidos da America a 29 de outubro de 1919, pelo Brasil adoptados, a saber: Convenção relativa ao emprego das mulheres antes e depois do parto; Convenção relativa ao trabalho noctuno das mulheres; Convenção que fixa a idade minima de admissão das crianças nos trabalhos industriaes; Convenção relativa ao trabalho nocturno das crianças na industria. Rio de Janeiro: Presidência da República, 1935. Disponível em: https://www.planalto.gov.br/ccivil_03/decreto/1930-1949/d423.htm#textoimpressao. Acesso em: 5 fev. 2024.

______. *Decreto n. 678, de 6 de novembro de 1992*. Promulga a Convenção Americana sobre Direitos Humanos (Pacto de São José da Costa Rica), de 22 de novembro de 1969. Brasília, DF: Presidência da República, 1992. Disponível em: https://tinyurl.com/2t47d3f5. Acesso em: 5 fev. 2024.

______. *Decreto n. 1.313, de 17 de janeiro de 1891*. Estabelece providencias para regularisar o trabalho dos menores empregados nas fabricas da Capital Federal. Rio de Janeiro: Coleção de Leis do Império do Brasil, 1891. Disponível em: https://tinyurl.com/ycxmucmj. Acesso em: 5 fev. 2024.

______. *Decreto n. 1.331-A, de 17 de fevereiro de 1854*. Approva o Regulamento para a reforma do ensino primario e secundario do Municipio da Côrte. Rio de Janeiro: Coleção de Leis do Império do Brasil, 1854. Disponível em: https://tinyurl.com/5dspubkf. Acesso em: 5 fev. 2024.

______. *Decreto n. 1.397, de 19 de janeiro de 1937*. Promulga a Convenção fixando a idade minima de admissão dos menores no trabalho maritimo, firmada por occasião da 2ª Conferencia Geral da Organização Internacional do Trabalho, reunida em Genova, a 15 de junho de 1920. Rio de Janeiro: Presidência da República, 1937. Disponível em: https://www.planalto.gov.br/ccivil_03/Atos/decretos/1937/D01397.html#textoimpressao. Acesso em: 5 fev. 2024.

______. *Decreto n. 5.007, de 8 de março de 2004.* Promulga o Protocolo Facultativo à Convenção sobre os Direitos da Criança referente à venda de crianças, à prostitução infantil e à pornografia infantil. Brasília, DF: Presidência da República, 2004. Disponível em: https://www.planalto.gov.br/ccivil_03/_ato2004-2006/2004/decreto/d5007.htm. Acesso em: 5 fev. 2024.

______. *Decreto n. 6.481, de 12 de junho de 2008.* Regulamenta os arts. 3º, alínea *"d"*, e 4º da Convenção n. 182 da Organização Internacional do Trabalho (OIT) que trata da proibição das piores formas de trabalho infantil e ação imediata para sua eliminação, aprovada pelo Decreto Legislativo n. 178, de 14 de dezembro de 1999, e promulgada pelo Decreto n. 3.597, de 12 de setembro de 2000, e dá outras providências. Brasília, DF: Presidência da República, 2008. Disponível em: https://www.planalto.gov.br/ccivil_03/_ato2007- 2010/2008/decreto/d6481.htm. Acesso em: 2 fev. 2024.

______. *Decreto n. 16.300, de 31 de dezembro de 1923.* Approva o regulamento do Departamento Nacional de Saude Publica. Rio de Janeiro: Presidência da República, 1923. Disponível em: https://www.planalto.gov.br/ccivil_03/decreto/1910-1929/D16300impressao.htm. Acesso em: 5 fev. 2024.

______. *Decreto n. 17.943-A de 12 de outubro de 1927.* Consolida as leis de assistencia e protecção a menores. Rio de Janeiro: Presidência da República, 1927. Disponível em: https://www.planalto.gov.br/ccivil_03/decreto/1910-1929/D17943Aimpressao.htm. Acesso em: 5 fev. 2024.

______. *Decreto n. 22.042, de 3 de novembro de 1932.* Estabelece as condições do trabalho dos menores na indústria. Rio de Janeiro: Presidência da República, 1932. Disponível em: https://tinyurl.com/3vhsdn93. Acesso em: 5 fev. 2024.

______. *Decreto n. 67.342, de 05 de outubro de 1970.* Promulga a Convenção n. 124, da Organização Internacional do Trabalho, concernente ao exame médico para determinação da aptidão dos adolescentes a emprêgo em trabalhos subterrâneos nas minas. Brasília, DF: Presidência da República, 1970. Disponível em: https://www.planalto.gov.br/ccivil_03/decreto/1970-1979/d67342.htm#textoimpressao. Acesso em: 5 fev. 2024.

______. *Decreto n. 99.710, de 21 de novembro de 1990.* Promulga a Convenção sobre os Direitos da Criança. Brasília, DF: Presidência da República, 1990. Disponível em: https://www.planalto.gov.br/ccivil_03/decreto/1990-1994/d99710.htm. Acesso em: 5 fev. 2024.

______. *Emenda Constitucional n. 20, de 15 de dezembro de 1998.* Modifica o sistema de previdência social, estabelece normas de transição e dá outras providências. Brasília, DF: Presidência da República, 1998. Disponível em: https://www.planalto.gov.br/ccivil_03/constituicao/emendas/emc/emc20.htm. Acesso em: 5 fev. 2024.

______. *Emenda Constitucional n. 28, de 25 de maio de 2000.* Dá nova redação ao inciso XXIX do art. 7o e revoga o art. 233 da Constituição Federal. Brasília, DF: Presidência da República, 2000. Disponível em: https://www.planalto.gov.br/ccivil_03/constituicao/emendas/emc/emc28.htm. Acesso em: 5 fev. 2024.

______. *Emenda Constitucional n. 45, de 30 de dezembro de 2004.* Altera dispositivos dos arts. 5º, 36, 52, 92, 93, 95, 98, 99, 102, 103, 104, 105, 107, 109, 111, 112, 114, 115, 125, 126, 127, 128, 129, 134 e 168 da Constituição Federal, e acrescenta os arts. 103-A, 103B, 111-A e 130-A, e dá outras providências. Brasília, DF: Presidência da República, 2004. Disponível em: https://www.planalto.gov.br/ccivil_03/constituicao/emendas/emc/emc45.htm. Acesso em: 5 fev. 2024.

______. *Emenda Constitucional n. 81, de 5 de junho de 2014.* Dá nova redação ao art. 243 da Constituição Federal. Brasília, DF: Presidência da República, 2014. Disponível em: https://www.planalto.gov.br/ccivil_03/constituicao/emendas/emc/emc81.htm. Acesso em: 5 fev. 2024.

______. *Lei Complementar n. 150, de 1º de junho de 2015.* Dispõe sobre o contrato de trabalho doméstico; altera as Leis ns. 8.212, de 24 de julho de 1991, 8.213, de 24 de julho de 1991, e 11.196, de 21 de novembro de 2005; revoga o inciso I do art. 3º da Lei n. 8.009, de 29 de março de 1990, o art. 36 da Lei n. 8.213, de 24 de julho de 1991, a Lei n. 5.859, de 11 de dezembro de 1972, e o inciso VII do art. 12 da Lei n. 9.250, de 26 de dezembro 1995; e dá outras providências. Brasília, DF: Presidência da República, 2015. Disponível em: https://www.planalto.gov.br/ccivil_03/leis/lcp/lcp150.htm. Acesso em: 5 fev. 2024.

______. *Lei de 7 de novembro de 1831.* Declara livres todos os escravos vindos de fôra do Imperio, e impõe penas aos importadores dos mesmos escravos. Rio de Janeiro: Coleção de Leis do Império do Brasil, 1831. Disponível em: https://tinyurl.com/2esenxtp. Acesso em: 5 fev. 2024.

______. *Lei n. 581, de 4 de setembro de 1850.* Estabelece medidas para a repressão do trafico de africanos neste Imperio. Rio de Janeiro: Coleção de Leis do Império do Brasil, 1850. Disponível em: https://tinyurl.com/vkh6fyav. Acesso em: 5 fev. 2024.

______. *Lei n. 2.040, de 28 de setembro de 1871*. Declara de condição livre os filhos de mulher escrava que nascerem desde a data desta lei, libertos os escravos da Nação e outros, e providencia sobre a criação e tratamento daquelles filhos menores e sobre a libertação annaul de escravos. Rio de Janeiro: Coleção de Leis da República do Brasil, 1871. Disponível em: https://www.planalto.gov.br/ccivil_03/leis/lim/lim2040.htm. Acesso em: 5 fev. 2024.

______. *Lei n. 3.353, de 13 de maio de 1888*. Declara extinta a escravidão no Brasil. Rio de Janeiro: Coleção de Leis do Império do Brasil, 1888. Disponível em: https://tinyurl.com/yx73j42p. Acesso em: 5 fev. 2024.

______. *Lei n. 4.513, de 1º de dezembro de 1964*. Autoriza o Poder Executivo a criar a Fundação Nacional do Bem-Estar do Menor, a ela incorporando o patrimônio e as atribuições do Serviço de Assistência a Menores, e dá outras providências. Brasília, DF: Presidência da República, 1964. Disponível em: https://www.planalto.gov.br/ccivil_03/leis/1950-1969/L4513impressao.htm. Acesso em: 5 fev. 2024.

______. *Lei n. 5.274, de 24 de abril de 1967*. Dispõe sôbre o salário-mínimo de menores, e dá outras providências. Brasília, DF: Presidência da República, 1967. Disponível em: https://www.planalto.gov.br/ccivil_03/leis/L5274.impressao.htm. Acesso em: 5 fev. 2024.

______. *Lei n. 5.889, de 8 de junho de 1973*. Estatui normas reguladoras do trabalho rural. Brasília, DF: Presidência da República, 1973. Disponível em: https://www.planalto.gov.br/ccivil_03/leis/l5889.htm. Acesso em: 5 fev. 2024.

______. *Lei n. 6.086, de 15 de julho de 1974*. Dispõe sobre o salário-mínimo dos menores, e dá outras providências. Brasília, DF: Presidência da República, 1974. Disponível em: https://www.planalto.gov.br/ccivil_03/leis/1970-1979/l6086.htm. Acesso em: 5 fev. 2024.

______. *Lei n. 6.697, de 10 de outubro de 1979*. Institui o Código de Menores. Brasília, DF: Presidência da República, 1979. Disponível em: https://tinyurl.com/4k6v4p84. Acesso em: 5 fev. 2024.

______. *Lei n. 8.036, de 11 de maio de 1990*. Dispõe sobre o Fundo de Garantia do Tempo de Serviço, e dá outras providências. Brasília, DF: Presidência da República, 1990. Disponível em: https://www.planalto.gov.br/ccivil_03/leis/l8036consol.htm. Acesso em: 5 fev. 2024.

______. *Lei n. 8.069, de 13 de julho de 1990*. Dispõe sobre o Estatuto da Criança e do Adolescente e dá outras providências. Brasília, DF: Presidência da República, 1990.

Disponível em: https://www.planalto.gov.br/ccivil_03/leis/L8069.htm. Acesso em: 27 jan. 2024.

______. *Lei n. 8.213, de 24 de julho de 1991.* Dispõe sobre os Planos de Benefícios da Previdência Social e dá outras providências. Brasília, DF: Presidência da República, 1991. Disponível em: https://www.planalto.gov.br/ccivil_03/leis/l8213cons.htm. Acesso em: 5 fev. 2024.

______. *Lei n. 9.615, de 24 de março de 1998.* Institui normas gerais sobre desporto e dá outras providências. Brasília, DF: Presidência da República, 1998. Disponível em: https://www.planalto.gov.br/ccivil_03/leis/l9615consol.htm. Acesso em: 5 fev. 2024.

______. *Lei n. 10.097, de 19 de dezembro de 2000.* Altera dispositivos da Consolidação das Leis do Trabalho – CLT, aprovada pelo Decreto-lei n. 5.452, de 1o de maio de 1943. Brasília, DF: Presidência da República, 2000. Disponível em: https://www.planalto.gov.br/ccivil_03/leis/l10097.htm. Acesso em: 5 fev. 2024.

______. *Lei n. 10.259, de 12 de julho de 2001.* Dispõe sobre a instituição dos Juizados Especiais Cíveis e Criminais no âmbito da Justiça Federal. Brasília, DF: Presidência da República, 2001. Disponível em: https://www.planalto.gov.br/ccivil_03/leis/leis_2001/l10259.htm. Acesso em: 5 fev. 2024.

______. *Lei n. 10.406, de 10 de janeiro de 2002.* Institui o Código Civil. Brasília, DF: Presidência da República, 2002. Disponível em: https://www.planalto.gov.br/ccivil_03/LEIS/2002/L10406compilada.htm. Acesso em: 5 fev. 2024.

______. *Lei n. 11.788, de 25 de setembro de 2008.* Dispõe sobre o estágio de estudantes; altera a redação do art. 428 da Consolidação das Leis do Trabalho — CLT, aprovada pelo Decreto-lei n. 5.452, de 1º de maio de 1943, e a Lei n. 9.394, de 20 de dezembro de 1996; revoga as Leis nos 6.494, de 7 de dezembro de 1977, e 8.859, de 23 de março de 1994, o parágrafo único do art. 82 da Lei n. 9.394, de 20 de dezembro de 1996, e o art. 6o da Medida Provisória no 2.164-41, de 24 de agosto de 2001; e dá outras providências. Brasília, DF: Presidência da República, 2008. Disponível em: https://www.planalto.gov.br/ccivil_03/_ato2007-2010/2008/lei/l11788.htm. Acesso em: 5 fev. 2024.

______. *Lei n. 12.015, de 7 de agosto de 2009.* Altera o Título VI da Parte Especial do Decreto-lei n. 2.848, de 7 de dezembro de 1940 – Código Penal, e o art. 1º da Lei n. 8.072, de 25 de julho de 1990, que dispõe sobre os crimes hediondos, nos termos do inciso XLIII do art. 5o da Constituição Federal e revoga a Lei n. 2.252, de 1o de julho de 1954, que trata de corrupção de menores. Brasília, DF: Presidência da República, 2009. Disponível em: https://www.planalto.gov.br/ccivil_03/_ato2007-2010/2009/lei/l12015.htm. Acesso em: 5 fev. 2024.

______. *Lei n. 13.146, de 6 de julho de 2015.* Institui a Lei Brasileira de Inclusão da Pessoa com Deficiência (Estatuto da Pessoa com Deficiência). Brasília, DF: Presidência da República, 2015. Disponível em: https://www.planalto.gov.br/ccivil_03/_ato2015-2018/2015/lei/l13146.htm. Acesso em: 5 fev. 2024.

______. *Lei n. 13.431, de 4 de abril de 2017.* Estabelece o sistema de garantia de direitos da criança e do adolescente vítima ou testemunha de violência e altera a Lei n. 8.069, de 13 de julho de 1990 (Estatuto da Criança e do Adolescente). Brasília, DF: Presidência da República, 2017. Disponível em: https://www.planalto.gov.br/ccivil_03/_ato2015-2018/2017/lei/l13431.htm. Acesso em: 5 fev. 2024.

______. *Lei n. 13.467, de 13 de julho de 2017.* Altera a Consolidação das Leis do Trabalho (CLT), aprovada pelo Decreto-lei n. 5.452, de 1º de maio de 1943, e as Leis n. 6.019, de 3 de janeiro de 1974, 8.036, de 11 de maio de 1990, e 8.212, de 24 de julho de 1991, a fim de adequar a legislação às novas relações de trabalho. Brasília, DF: Presidência da República, 2017. Disponível em: https://www.planalto.gov.br/ccivil_03/_ato2015-2018/2017/lei/l13467.htm. Acesso em: 5 fev. 2024.

______. *Projeto de Lei do Senado n. 231, de 2015.* Altera o art. 60 do Estatuto da Criança e do Adolescente para dispor sobre a participação artística, desportiva e afim. Brasília, DF: Senado Federal, 2015. Disponível em: https://tinyurl.com/2nwhftbc. Acesso em: 5 fev. 2024.

______. *Proposta de Emenda à Constituição n. 18/2011.* Dá nova redação ao inciso XXXIII do art. 7º da Constituição Federal, para autorizar o trabalho sob o regime de tempo parcial a partir dos quatorze anos de idade. Brasília, DF: Câmara dos Deputados, 2011. Disponível em: https://tinyurl.com/34kxr9za. Acesso em: 5 fev. 2024.

______. Supremo Tribunal Federal. *Ação Direta de Inconstitucionalidade 2.096/DF.* Ação Direta de Inconstitucionalidade – Art. 7º, inciso XXXIII, da Constituição Federal, na redação dada pela EC n. 20/98 – proibição de qualquer trabalho a menores de 16 (dezesseis) anos, salvo na condição de aprendiz, a partir dos 14 (quatorze) anos [...]. Relator: Min. Celso de Mello, 9 out. 2020. Disponível em: https://tinyurl.com/296nxr8j. Acesso em: 13 mar. 2024.

______. Supremo Tribunal Federal. *Ação Direta de Inconstitucionalidade 3.330/DF.* Ações Diretas de Inconstitucionalidade. Medida Provisória n. 213/2004, Convertida na Lei n. 11.096/2005. Programa Universidade Para Todos — Prouni. Ações Afirmativas do Estado. Cumprimento do Princípio Constitucional da Isonomia. Relator: Min. Ayres Britto, 3 maio 2012. Disponível em: https://tinyurl.com/2jn2p3y3. Acesso em: 13 mar. 2024.

______. Supremo Tribunal Federal (2ª Turma). *Agravo de Instrumento n. 529.694/RS.* Agravo de instrumento. 2. Trabalhador rural ou rurícola menor de quatorze anos. Contagem de tempo de serviço. Art. 11, VII, da Lei n.. 8213. Possibilidade. Precedentes. 3. Alegação de violação aos arts. 5º, XXXVI; e 97, da CF/88. Improcedente. Impossibilidade de declaração de efeitos retroativos para o caso de declaração de nulidade de contratos trabalhistas [...]. Relator: Min. Gilmar Mendes, 30 nov. 2004. Disponível em: https://tinyurl.com/34sbvatp. Acesso em: 13 mar. 2024.

______. Supremo Tribunal Federal (2ª Turma). *Agravo Regimental em Agravo de Instrumento n. 476.950/RS.* Agravo regimental em agravo de instrumento. 2. Trabalhador rural ou rurícola menor de quatorze anos. Contagem de tempo de serviço. Art. 11, VII, da Lei n. 8.213. Possibilidade. Precedentes. 3. Alegação de violação aos arts. 5º, XXXVI; e 97, da CF/88. Improcedente. Impossibilidade de declaração de efeitos retroativos para o caso de declaração de nulidade de contratos trabalhistas [...]. Relator: Min. Gilmar Mendes, 30 nov. 2004. Disponível em: https://tinyurl.com/3xfptxuk. Acesso em: 13 mar. 2024.

______. Supremo Tribunal Federal (2ª Turma). *Agravo Regimental em Recurso Extraordinário n. 559.646/PR.* Direito Constitucional. Segurança Pública Agravo Regimental em Recurso Extraordinário. Implementação de Políticas Públicas. Ação Civil Pública. Prosseguimento de Julgamento. Ausência de Ingerência no Poder Discricionário do Poder Executivo. Arts. 2º, 6º e 144 da Constituição Federal. Relator: Min. Ellen Gracie, 24 jun. 2011. Disponível em: https://tinyurl.com/yck3k8nu. Acesso em: 13 mar. 2024.

______. Supremo Tribunal Federal (1ª Turma). *Agravo Regimental em Recurso Extraordinário n. 600.616/RS.* Agravo Regimental em Recurso Extraordinário. Direito Previdenciário. Trabalhadora Rural. Menor de 16 Anos de Idade. Concessão de Saláriomaternidade. Art. 7º, XXXVIII, da Constituição Federal. Norma Protetiva que não pode Privar Direitos. Precedentes. Relator: Min. Roberto Barroso, 26 ago. 2014. Disponível em: https://tinyurl.com/46v8hvu9. Acesso em: 13 mar. 2024.

______. Supremo Tribunal Federal (1ª Turma). *Agravo Regimental em Recurso Extraordinário n. 642.536/PR.* Agravo Regimental no Recurso Extraordinário. Administrativo e Processual Civil. Repercussão Geral Presumida. Sistema Público de Saúde Local. Poder Judiciário. Determinação de Adoção de Medidas para a Melhoria do Sistema. Possibilidade. Princípios da Separação dos Poderes e da

Reserva do Possível. Violação. Inocorrência. Agravo Regimental a que se Nega Provimento. Relator: Min. Luiz Fux, 27 fev. 2013. Disponível em: https://tinyurl.com/4r8pjkrc. Acesso em: 13 mar. 2024.

______. Supremo Tribunal Federal (2ª Turma). *Agravo Regimental em Recurso Extraordinário n. 909.943/SE*. Agravo Regimental em Recurso Extraordinário. Interposição em 29.12.2016. Direito à Segurança e Moradia. Construção em Encostas. Risco de Desabamento. Determinação pelo Poder Judiciário de Medidas Emergenciais para Evitar Desmoronamento. Possibilidade. Relator: Min. Edson Fachin, 2 jun. 2017. Disponível em: https://tinyurl.com/4ks59efe. Acesso em: 13 mar. 2024.

______. Supremo Tribunal Federal (1ª Turma). *Agravo Regimental em Recurso Extraordinário n. 1.061.044/RS*. Agravo Interno no Recurso Extraordinário. Previdenciário. Ação Civil Pública. Salário-Maternidade. Segurada Especial. Genitora Indígena com Idade Inferior a 16 Anos. Art. 7º, XXXIII, da Constituição Federal. Norma Protetiva Que não pode Privar Direitos. Precedentes. [...]. Relator: Min. Luiz Fux, 22 fev. 2019. Disponível em: https://tinyurl.com/5fkvwjr6. Acesso em: 13 mar. 2024.

______. Supremo Tribunal Federal (2ª Turma). *Recurso Extraordinário n. 104.654/SP*. Acidente do Trabalho. Seguro Obrigatório Estabelecido no Art. 165- XVI da Constituição: Alcance. Contrato Laboral com Afronta a Proibição Constitucional do Trabalho do Menor de Doze Anos. Menor de doze anos que prestava serviços a um empregador, sob a dependência deste, e mediante salário [...]. Relator: Min. Franscisco Rezek, 11 mar. 1986. Disponível em: https://tinyurl.com/bkbpr447. Acesso em: 13 mar. 2024.

______. Supremo Tribunal Federal. *Recurso Extraordinário n. 466.343-1/SP*. Prisão Civil. Depósito. Depositário infiel. Alienação fiduciária. Decretação da medida coercitiva. Inadmissibilidade absoluta. Insubsistência da previsão constitucional e das normas subalternas. Interpretação do art. 5º, inc. LXVII e §§ 1º, 2º e 3º, da CF, à luz do art. 7º, § 7, da Convenção Americana de Direitos Humanos (Pacto de San José da Costa Rica). Recurso improvido. Julgamento conjunto do RE n. 349.703 e dos HCs n. 87.585 e n. 92.566. E ilícita a prisão civil de depositário infiel, qualquer que seja a modalidade do depósito. Recorrente: Banco Bradesco S/A. Recorrido: Luciano Cardoso Santos. Relator: Min. Cezar Peluso, 3 dez. 2008. Disponível em: https://tinyurl.com/52p9zds8. Acesso em: 13 mar. 2024.

______. Supremo Tribunal Federal. *Recurso Extraordinário n. 592.581/RS*. Relator: Min. Ricardo Lewandowski, 13 ago. 2015. Disponível em: https://tinyurl.com/yc7hsypf. Acesso em: 13 mar. 2024.

______. Supremo Tribunal Federal. *Recurso Extraordinário n. 1.250.595/RS*. Ação Civil Pública – Políticas Públicas – Educação – Judiciário – Intervenção – Excepcionalidade. Ante excepcionalidade, verificada pelas instâncias ordinárias a partir da apreciação do quadro fático, é possível a intervenção do Judiciário na implantação de políticas públicas direcionadas a concretização de direitos fundamentais. Relator: Min. Marco Aurélio, 3 jul. 2020. Disponível em: https://tinyurl.com/mpmv9fbs. Acesso em: 13 mar. 2024.

______. Supremo Tribunal Federal. *Tema 698*. Limites do Poder Judiciário para determinar obrigações de fazer ao Estado, consistentes na realização de concursos públicos, contratação de servidores e execução de obras que atendam o direito social da saúde, ao qual a Constituição da República garante especial proteção. Relator: Min. Luís Roberto Barroso, 3 jul. 2023. Disponível em: https://tinyurl.com/bdz2n5h8. Acesso em: 13 mar. 2024.

______. Tribunal Superior do Trabalho (2ª Turma). *Recurso de Revista com Agravo n. 1000612-76.2020.5.02.0053*. Recorrente(s): Mariah Corazza Barreto Ustundag e outros, Recorrido: Ministerio Publico do Trabalho; Defensoria Pública da União. Relatora: Minª. Liana Chaib, 18 out. 2023. Disponível em: https://tinyurl.com/5n752zya. Acesso em: 13 mar. 2024.

______. Tribunal Superior do Trabalho (8ª Turma). *Recurso de Revista n. 88100-71.2007.5.15.0153*. Recurso de Revista – Prescrição – Herdeiro Menor O art. 198, inciso I, do Código Civil disciplina que não corre prescrição contra os incapazes de que trata o art. 3º do mesmo Diploma (os menores de 16 anos). Esse dispositivo é plenamente aplicável no âmbito trabalhista. Precedentes. Recurso de Revista não conhecido. Relatora: Min. Maria Cristina Irigoyen Peduzzi, 20 ago. 2010. Disponível em: https://www.jusbrasil.com.br/jurisprudencia/tst/931927716. Acesso em: 13 mar. 2024.

______. Tribunal Superior do Trabalho. *Orientação Jurisprudencial n. 26*. Salário Normativo. Menor Empregado. Art. 7º, XXX, da CF/88. Violação. Brasília, DF: TST, 1998.

______. Tribunal Superior do Trabalho. *Orientação Jurisprudencial n. 199*. Jogo do Bicho. Contrato de Trabalho. Nulidade. Objeto Ilícito. Brasília, DF: TST, 2010.

______. Tribunal Superior do Trabalho. *Súmula n. 134*. Salário. Menor não aprendiz. Ao menor não aprendiz é devido o salário mínimo integral (ex-Prejulgado n. 5). Brasília, DF: TST, 2003.

______. Tribunal Superior do Trabalho. *Súmula n. 308*. Respeitado o biênio subsequente à cessação contratual, a prescrição da ação trabalhista concerne às pretensões imediatamente anteriores a cinco anos, contados da data do ajuizamento da reclamação e, não, às anteriores ao qüinqüênio da data da extinção do contrato. Brasília, DF: TST, 2005.

______. Tribunal Superior do Trabalho. *Súmula n. 378.* Estabilidade Provisória. Acidente do Trabalho. Art. 118 da Lei n. 8.213/1991. Brasília, DF: TST, 2012.

CARVALHO, Margaret Matos de. A exploração sexual comercial de crianças e adolescentes como uma das piores formas de trabalho infantil. In: RAMOS, Ana Maria Villa Real Ferreira *et al.* (Orgs.). *Coordinfância:* 20 anos de luta pela efetivação dos direitos das crianças e dos adolescentes. Brasília, DF: Ministério Público do Trabalho, 2020. p. 307-324.

CAVALCANTE, Otávio Bruno da Silva Ferreira; KOURY, Suzy Elizabeth Cavalcante. *O açaí na Amazônia e o trabalho infantil:* diálogo intercultural, hipervulnerabilidade e desenvolvimento regional. Rio de Janeiro: Lumen Juris, 2020.

CAVALCANTE, Sandra Regina. *Trabalho Artístico Infantil:* do deslumbramento à ilegalidade. São Paulo: Livraria dos Tribunais, 2011.

COELHO, Bernardo Leôncio Moura. A realidade do trabalho educativo no Brasil. *Revista de Informação Legislativa*, Brasília, DF, v. 42, n. 167, p. 39-52, 2005. Disponível em: https://www2.senado.leg.br/bdsf/bitstream/handle/id/496899/RIL167.pdf?sequence=1&isAllowed=y. Acesso em: 9 jan. 2024.

CONSELHO NACIONAL DOS DIREITOS DA CRIANÇA E DO ADOLESCENTE (Brasil). *Resolução n. 113, de 19 de abril de 2006.* Dispõe sobre os parâmetros para a institucionalização e fortalecimento do Sistema de Garantia dos Direitos da Criança e do Adolescente. Brasília, DF: Conanda, 2006. Disponível em: https://www.gov.br/participamaisbrasil/blob/baixar/7737. Acesso em: 5 fev. 2024.

CORRÊA, Lélio Bentes. A Convençãon. 182 da OIT, sobre as piores formas de trabalho infantil: uma jornada memorável e desafiadora. In: RAMOS, Ana Maria Villa Real Ferreira *et al.* (Orgs.). *Coordinfância:* 20 anos de luta pela efetivação dos direitos das crianças e dos adolescentes. Brasília, DF: Ministério Público do Trabalho, 2020. p. 235-247.

COUTINHO, Luciana Marques; NEVES, Virgínia de Azevedo. A exploração sexual de crianças e adolescentes: responsabilização na esfera trabalhista pela prática de trabalho infantil. *Boletim Científico da Escola Superior do Ministério Público da União*, Belo Horizonte, ano 21, n. 58, 2022. Disponível em: https://tinyurl.com/52u4ja7u. Acesso em: 1º fev. 2024.

CUEVA, Mario de la. *Derecho Mexicano del Trabalho:* t. 1. México: Porrúa, 1969.

CUNHA, Felipe Caetano da; PEREIRA, Wilson Guilherme Dias. A participação política e social de crianças e adolescentes no combate ao trabalho infantil. In: RAMOS, Ana Maria Villa Real Ferreira *et al.* (Orgs.). *Coordinfância:* 20 anos de luta pela efetivação dos direitos das crianças e dos adolescentes. Brasília, DF: Ministério Público do Trabalho, 2020. p. 157-174.

CUNHA, Rogério Sanches. *Manual de Direito Penal:* parte especial: volume único. 16. ed., rev., atual. e ampl. São Paulo: JusPodivm, 2023. (Manuais; volume único).

DECLARAÇÃO de Genebra, 28 de setembro de 1924. Disponível em: https://www.unicef.org/brazil/media/22021/file/Declaracao-de-Genebra-1924.pdf. Acesso em: 10 mar. 2024.

DELGADO, Mauricio Godinho. *Curso de direito do trabalho:* obra revista e atualizada conforme a lei da reforma trabalhista e inovações normativas e jurisprudenciais posteriores. 18. ed. São Paulo: LTr, 2019.

______. *Princípios de direito individual e coletivo do trabalho.* São Paulo: LTr, 2001.

DINIZ, Maria Helena. *Curso de Direito Civil Brasileiro:* teoria geral do direito civil: v. 1. 40. ed. São Paulo: SaraivaJur, 2023.

DORNELLES, João Ricardo. Direitos humanos e infância no Brasil hoje: reflexões sobre o Estatuto da Criança e do Adolescente. In: PEREIRA, Tânia da Silva (Coord.). *Estatuto da Criança e do Adolescente:* estudos sociojurídicos. Rio de Janeiro: Renovar, 1992. p. 117-131.

DUTRA, Maria Zuíla Lima. *Meninas domésticas, infâncias destruídas:* legislação e realidade social. São Paulo: LTr, 2007.

FAGUNDES, Maurício Krepsky; CASTRO, Rafael Lopes de. Trabalho escravo infantil: invisibilidade e a realidade brasileira. *Laborare*, São Paulo, Brasil, v. 5, n. 9, p. 210–229, 2022. DOI: https://doi.org/10.33637/2595-847x.2022-140.

FARIAS, Cristiano Chaves de; ROSENVALD, Nelson. *Curso de Direito Civil:* parte geral e LINDB. São Paulo: Atlas, 2015.

FAVA, Marcos Neves. Trabalho Infantil e a Justiça do Trabalho. *Revista do Tribunal Superior do Trabalho*, São Paulo, v. 81, n. 1, p. 142-151, 2015.

FURTADO, Emmanuel Teófilo. Dignidade da pessoa humana e direitos humanos. In: LEAL, César Barros; TRINDADE, Antônio Augusto Cançado (Coords.). O respeito à dignidade da pessoa humana. Fortaleza: IV Curso Brasileiro Interdiscilplinar em Direitos Humanos, 2015, p. 281-315.

FURTADO, Emmanuel Teófilo. *Preconceito no trabalho e a discriminação por idade*. São Paulo: LTr, 2004.

GARCIA, Gustavo Filipe Barbosa. *Curso de Direito do Trabalho*. 16. ed. São Paulo: Saraiva Jur, 2021.

______. *Curso de Direito Processual do Trabalho*. 9. ed. São Paulo: Saraiva Educação, 2020.

GONÇALVES, Carlos Roberto. *Contratos e atos unilaterais*. 14. ed. São Paulo: Saraiva, 2017.

HENNINGTON, Élida Azevedo; REZENDE, Flávio Astolpho Vieira Souto. Perfil dos acidentes de trabalho com crianças e adolescentes no Brasil, de 2011 a 2020. *Revista Brasileira de Saúde Ocupacional*, Florianópolis, v. 48, p. 1-16, 2023. DOI: https://doi.org/10.1590/2317-6369/20622pt2023v48edepi4.

KÜMMEL, Marcelo Barbosa. Direitos humanos de crianças e adolescentes: o Brasil e a erradicação do trabalho infantil. In: PES, João Hélio Ferreira (Coord.). *Direitos humanos:* crianças e adolescentes. Curitiba: Juruá, 2012. p. 69-90.

MARQUES JÚNIOR, William Paiva. *A integração, o meio ambiente e a democracia na América do Sul:* o significado do novo constitucionalismo democrático latino-americano e da democracia participativa para a construção da UNASUL. 2016. 403 f. Tese (Doutorado em Direito) – Programa de Pós-Graduação em Direito, Faculdade de Direito, Universidade Federal do Ceará, Fortaleza, 2016.

______. A sentença da Corte Interamericana de Direitos Humanos no Caso Vladimir Herzog e outros versus Brasil: responsabilidade internacional do Estado e controle de convencionalidade. In: BEDIN, Gilmar Antonio; MACEDO FILHA, Maurides Batista de. (Orgs.). *Direito internacional dos direitos humanos II*. Florianópolis: CONPEDI, 2019. v. 1, p. 27-47.

______. O reconhecimento da hipervulnerabilidade como mecanismo de equilíbrio negocial no Direito do Consumidor. In: GONÇALVES, Everton das Neves *et al.* (Orgs.). *Direito, globalização e responsabilidade nas relações de consumo*. Florianópolis: CONPEDI, 2018. v. 1, p. 297-314.

MARTINS, Adalberto. *Manual didático de Direito do Trabalho*. 4. ed. São Paulo: Malheiros, 2011.

MAZZUOLI, Valério de Oliveira. *Curso de direito internacional público*. 13. ed. Rio de Janeiro: Forense, 2020.

MEDEIROS NETO, Xisto Tiago de. O direito fundamental da criança ao não trabalho. In: RAMOS, Ana Maria Villa Real Ferreira *et al.* (Orgs.). *Coordinfância:* 20 anos de luta pela efetivação dos direitos das crianças e dos adolescentes. Brasília, DF: Ministério Público do Trabalho, 2020, p. 543-568.

______. *Dano moral coletivo.* 2. ed. São Paulo: LTr, 2007.

MENDES, Gilmar Ferreira. *Curso de direito constitucional.* Gilmar Ferreira Mendes; Paulo Gustavo Gonet Branco. 16. ed. São Paulo: Saraiva Educação, 2021.

MINAYO-GOMEZ, Carlos; MEIRELLES, Zilah Vieira. Crianças e adolescentes trabalhadores: um compromisso para a saúde coletiva. *Cadernos de Saúde Pública*, Rio de Janeiro, v. 13, supl. 2, p. 135-140, 1997. DOI: https://doi.org/10.1590/S0102-311X1997000600012.

MINHARRO, Erotilde Ribeiro dos Santos. *A criança e o adolescente no Direito do Trabalho.* São Paulo: LTr, 2003.

MIRANDA, Humberto Silva. A Febem, o Código de Menores e a "pedagogia do trabalho" (Pernambuco, 1964-1985). *Projeto História: Revista do Programa de Estudos Pós-Graduados de História*, São Paulo, v. 55, p. 45-77, 2016. Disponível em: https://revistas.pucsp.br/index.php/revph/article/view/25316/19524. Acesso em: 10 jan. 2024.

MORR, Maria Lúcia Barros. Ser mãe: a escrava em face do aborto e do infanticídio. *Revista de História*, São Paulo, n. 120, p. 85–96, 1989. DOI: https://doi.org/10.11606/issn.2316-9141.v0i120p85-96.

NASCIMENTO, Edmilson; COSTA, Renilda. Indígenas e trabalho infantil: da fronteira étnico-cultural à perspectiva de uma ação institucional diferenciada no Brasil. *Argumenta Journal Law*, Jacarezinho, PR, n. 23, p. 129-158, 2016. DOI: https://doi.org/10.35356/argumenta.v0i23.672.

NERY, Carmen; CABRAL, Umberlândia. De 2019 para 2022, trabalho infantil aumentou no país. *Agência IBGE*, 20 dez. 2023. Disponível em: https://tinyurl.com/4swu432a. Acesso em: 12 jan. 2024.

OLIVEIRA, Oris de. *Trabalho e profissionalização do adolescente.* São Paulo: LTr, 2009.

OLIVEIRA, Oris de. Trabalho infantil. *Revista da Faculdade de Direito Padre Anchieta*, São Paulo, v. 5, n. 9, p. 121-126, 2004. Disponível em: https://revistas.anchieta.br/index.php/RevistaDireito/article/view/186/131. Acesso em: 29 mar. 2024.

OEA — Organização dos Estados Americanos. *Convenção Americana sobre Direitos Humanos*. San José, Costa Rica: Conferência Especializada Interamericana sobre Direitos Humanos, 1969. Disponível em: https://www.cidh.oas.org/basicos/portugues/c.convencao_americana.htm. Acesso em: 8 mar. 2024.

ONU — Organização das Nações Unidas. *Convenção Sobre os Direitos das Crianças*. [S. l.], Assembleia Geral da ONU, 1989. Disponível em: https://www.unicef.org/brazil/convencao-sobre-os-direitos- da-crianca. Acesso em: 8 mar. 2024.

______. *Declaração Universal dos Direitos das Crianças*. [S. l.], Assembleia Geral da ONU, 1959. Disponível em: https://www.unicef.org/brazil/media/22026/file/declaracao- dos-direitos-da-crianca-1959.pdf. Acesso em: 8 e mar. 2024.

______. *Declaração Universal dos Direitos Humanos*. [S. l.], Assembleia Geral da ONU, 1948. Disponível em: https://www.unicef.org/brazil/declaracao-universal-dos- direitos-humanos. Acesso em: 2 fev. 2024.

OIT — Organização Internacional do Trabalho. *Constituição da Organização Internacional do Trabalho (OIT) e seu anexo (Declaração de Filadélfia)*. Constituição da Organização Internacional do Trabalho e seu anexo (Declaração de Filadélfia). Montreal, 1946. Disponível em: https://tinyurl.com/3x8me98b. Acesso em: 23 fev. 2024.

______. *Convenção n. 5*. Sobre a idade mínima (indústria). Genebra, 1919. Disponível em: https://tinyurl.com/24epmzb3. Acesso em: 10 mar. 2024.

______. *Convenção n. 6*. Sobre trabalho noturno de jovens (indústria). Genebra, 1919. Disponível em: https://tinyurl.com/4prdj2af. Acesso em: 10 mar. 2024.

______. *Convenção n. 7*. Sobre a idade mínima (mar). Genebra, 1920. Disponível em: https://tinyurl.com/35nw8x35. Acesso em: 10 mar. 2024.

______. *Convenção n. 10*. Sobre a idade mínima (agricultura). Genebra, 1921. Disponível em: https://tinyurl.com/2te965vz. Acesso em: 10 mar. 2024.

______. *Convenção n. 15*. Sobre a idade mínima (armazéns e caldeirarias). Genebra, 1921. Disponível em: https://tinyurl.com/3zmpaewe. Acesso em: 10 mar. 2024.

______. *Convenção n. 16*. Relativa ao exame médico de jovens (mar). Genebra, 1921. Disponível em: https://tinyurl.com/52nm73b9. Acesso em: 10 mar. 2024.

______. *Convenção n. 33*. Sobre a idade mínima (emprego não industrial). Genebra, 1932. Disponível em: https://tinyurl.com/yeykuy5f. Acesso em: 10 mar. 2024.

______. *Convenção n. 58*. Sobre a idade mínima (mar – revisada). Genebra, 1936. Disponível em: https://tinyurl.com/2dp529z5. Acesso em: 10 mar. 2024.

______. *Convenção n. 59*. Sobre a idade mínima (indústria – revisada). Genebra, 1937. Disponível em: https://tinyurl.com/2s3k539w. Acesso em: 10 mar. 2024.

______. *Convenção n. 60*. Sobre a idade mínima (emprego não industrial — revisada). Genebra, 1937. Disponível em: https://tinyurl.com/52nm73b9. Acesso em: 10 mar. 2024.

______. *Convenção n. 77*. Convenção Relativa ao Exame Médico de Aptidão para o Emprego na Indústria das Crianças e dos Adolescentes. Genebra, 1946. Disponível em: https://tinyurl.com/4wz5pau9. Acesso em: 10 mar. 2024.

______. *Convenção n. 78*. Convenção relativa ao exame médico de aptidão de crianças e adolescentes para o emprego em trabalhos não industriais. Genebra, 1946. Disponível em: https://tinyurl.com/2t3t7pdn. Acesso em: 10 mar. 2024.

______. *Convenção n. 79*. Sobre trabalho noturno de jovens (profissões não industriais). Genebra, 1946. Disponível em: https://tinyurl.com/ycy2n3jp. Acesso em: 10 mar. 2024.

______. *Convenção n. 93*. Sobre salários, horas de trabalho e tripulação (marítima – revisada). Genebra, 1949. Disponível em: https://tinyurl.com/52nm73b9. Acesso em: 10 mar. 2024.

______. *Convenção n. 112*. Sobre a idade mínima (pescadores). Genebra, 1959. Disponível em: https://tinyurl.com/p6mp3wn3. Acesso em: 10 mar. 2024.

______. *Convenção n. 123*. Sobre a idade mínima (trabalho subterrâneo). Genebra, 1965. Disponível em: https://tinyurl.com/2vxupeba. Acesso em: 10 mar. 2024.

______. *Convenção n. 124*. Relativa ao exame médico de aptidão dos adolescentes para o emprego nos trabalhos subterrâneos nas minas. Genebra, 1965. Disponível em: https://tinyurl.com/4e5wtyuk. Acesso em: 10 mar. 2024.

______. *Convenção n. 138*. Sobre a idade mínima para admissão de emprego. Genebra, 1973. Disponível em: https://tinyurl.com/54s7ushh. Acesso em: 10 mar. 2024.

______. *Convenção n. 182*. Relativa à Interdição das Piores Formas de Trabalho das Crianças e à Acção Imediata com vista à Sua Eliminação. Genebra, 1999. Disponível em: https://tinyurl.com/4c4kmj6h. Acesso em:10 mar. 2024.

______. *Trabalho infantil:* Estimativas globais 2020, tendências e o caminho a seguir. [S. l.], 2020. Disponível em: https://tinyurl.com/ynfhsa74. Acesso em: 10 mar. 2024.

PEREIRA, Caio Mário da Silva. *Instituições de Direito Civil:* introdução ao Direito Civil: teoria geral de Direito Civil. 34. ed. Rio de Janeiro: Forense, 2022. (Instituições de Direito Civil; 1).

PERES LUÑO, Antônio. *Derechos humanos, estado de derecho y constituición*. 5. ed. Madri: Tecnos, 1995.

PIOVESAN, Flávia. *Temas de direitos humanos*. 11. ed. São Paulo: Saraiva, 2018.

RAMOS, André de Carvalho. *Curso de direitos humanos*. 5. ed. São Paulo: Saraiva Educação, 2018. (Direito internacional).

RIZZINI, Irma. Pequenos trabalhadores no Brasil. In: PRIORE, Mary Del (Org.). *Histórias das crianças no Brasil*. São Paulo: Contexto, 2004. p. 376-406.

______. Pequenos trabalhadores do Brasil. In: PRIORE, Mary Del (Org.). *História das crianças no Brasil*. 7. ed. São Paulo: Contexto, 2010. p. 376-406.

SANTOS, Elisiane dos. *Crianças invisíveis:* trabalho infantil nas ruas e racismo no Brasil. Veranópolis: Diálogo Freiriano, 2020.

______. *Trabalho infantil nas ruas, pobreza e discriminação:* crianças invisíveis nos faróis da cidade de São Paulo. 2017. Dissertação (Mestrado) – Universidade de São Paulo, São Paulo, 2017. Disponível em: http://www.teses.usp.br/teses/disponiveis/31/31131/tde-01032018-123114/. Acesso em: 02 fev. 2024.

______. Trabalho infantil nas ruas e racismo estrutural: desafios na atuação do Ministério Público do Trabalho. In: RAMOS, Ana Maria Villa Real Ferreira *et al.* (Orgs.). *Coordinfância:* 20 anos de luta pela efetivação dos direitos das crianças e dos adolescentes. Brasília, DF: Ministério Público do Trabalho, 2020, p. 141-156.

SCHMITT, Cristiano Heineck. *Consumidores hipervulneráveis:* a proteção do idoso no mercado de consumo. São Paulo: Atlas, 2014.

SILVA, José Afonso. *Aplicabilidade das normas constitucionais*. São Paulo: Revista dos Tribunais, 1968.

SÜSSEKIND, Arnaldo Lopes *et al. Instituições do Direito do Trabalho*. 21. ed. São Paulo: LTr, 2003.

VAZ, Dâmares. Auditores-Fiscais do Trabalho afastaram 2.564 crianças e adolescentes do trabalho infantil em 2023. *Sinait*, Brasília, DF, 26 jan. 2024. Disponível em: https://tinyurl.com/4u66jwpn. Acesso em: 4 abr. 2024.

Posfácio

Ao receber, para leitura, os originais do livro **"O trabalho infantil na jurisprudência dos Tribunais Superiores"**, de Felipe Caetano da Cunha, eu fiquei muito curiosa, pois logo percebi tratar-se de um tema profundo, abordado por um jovem iniciante nas letras jurídicas. Ao mesmo tempo, tive certeza de que se tratava de um trabalho de fôlego por conhecer de perto a sua luta em favor da vida plena de crianças e adolescentes, que tem por suporte a sua experiência vivida como trabalhador infantil nas belas praias do Ceará.

E foi com esse sentimento que fiz a leitura deste livro, que começa tratando do item 8.7 dos Objetivos de Desenvolvimento Sustentável da ONU e conclui apresentando relevantes sugestões para superação do quadro de exploração laboral infantojuvenil no Brasil.

Trata-se de um texto denso, mas que leva o leitor à curiosidade de saber o que vem a seguir, tamanha é a concatenação das ideias que expressam a realidade do trabalho infantil no Brasil comparativamente à visão dos operadores do direito sobre as normas protetoras da população infantojuvenil.

A obra do Felipe permite que, mesmo quem não está envolvido com esse tema, entenda a essência do trabalho precoce e suas consequências, pois mostra o perverso tratamentro dispensado à infância. Lamentavelmente, o surgimento de normas reconhecendo que crianças e adolescentes são também sujeitos de direito ainda não conseguiu exterminar os mitos do trabalho infantil no Brasil.

Outro ponto fundamental foi a abordagem da Declaração Universal dos Direitos Humanos, de 1948, da ONU, bem como das variadas normas internacionais sobre os direitos humanos, que exigem da sociedade um novo olhar sobre a necessidade de proteger a infância, por ser nesta fase da vida que se desenvolvem as potencialiddes que permitirão uma vida digna no futuro, em benefício de toda a sociedade.

O livro também trata dos tipos de atividades caracterizadas como trabalho infantil, bem como das normas jurídicas de proteção da infância, com destaque para a hiperproteção que deve contrapor à hipervulnerabilidade de crianças e adolescentes no mundo do trabalho.

Em arremate e de forma muito contundente, o autor destaca o papel do judiciário brasileiro no combate ao trabalho infantil, sobretudo dos Tribunais Superiores e Supremo Tribunal Federal, que passaram a admitir alguns direitos trabalhistas quando comprovado esse tipo de exploração, a exemplo de auxílio-doença, dano moral e reconhecimento do tempo de serviço para fins de aposentadoria, além da competência da Justiça do Trabalho para julgar demandas de políticas públicas sobre o trabalho infantil.

Ao final da leitura, fiquei convencida de que o Felipe será um dos grandes escritores do Direito nas próximas décadas, o que me fez lembrar de uma estrofe do belo poema Espumas Flutuantes, de Castro Alves, que diz: "Oh, bendito o que semeia livros, livros à mão cheia, e manda o povo pensar! O livro, caindo n'alma, é germe que faz a palma. É chuva que faz o mar!".

Que o livro de Felipe Caetano seja esta chuva capaz de fazer um mar de conscientização na luta contra o trabalho infantil!

Belém (PA), setembro de 2024.

Maria Zuíla Lima Dutra
Desembargadora do Tribunal Regional
do Trabalho da 8ª Região (PA/AP).

Sobre o Autor

Felipe Caetano da Cunha é servidor público do Tribunal de Justiça do Estado do Ceará (TJCE). Graduado em Direito pela Universidade Federal do Ceará (UFC), atualmente é membro da Comissão de Direito do Trabalho da Ordem dos Advogados do Brasil Secção Ceará (OAB/CE). Também atuou como assessor legislativo na Assembleia Legislativa do Estado do Ceará (2023-2024).

Dentre as premiações recebidas, destacam-se o "Prêmio Inspiração 2021", concedido pelo programa Caldeirão do Huck, da TV Globo, a Comenda do Mérito Judiciário *Jus et Labor*, do Tribunal Regional do Trabalho da 8ª Região, e o "Prêmio Gente que Inspira-Jovens", concedido pelo Tribunal Superior do Trabalho.

Cofundador dos comitês de adolescentes e jovens pela prevenção e erradicação do trabalho infantil, foi representante dos adolescentes no Conselho Nacional dos Direitos das Crianças e dos Adolescentes (2017-2019) e membro do Conselho Jovem do Fundo das Nações Unidas para a Infância (UNICEF) no Brasil (2019-2022).

Com militância no Sistema de Garantia de Direitos da Criança e do Adolescente (SGDCA) desde os treze anos de idade, também atuou como moderador do Núcleo de Cidadania dos Adolescentes (NUCA) e como mobilizador de adolescentes no Selo Unicef de Aquiraz (CE) entre os anos de 2014 e 2021.

No âmbito da Faculdade de Direito da Univeridade Federal do Ceará, integra o Núcleo de Estudos Aplicados Direito, Infância e Justiça (Nudijus), o Grupo de Estudos em Direito e Assuntos Internacionais (GEDAI) e o Grupo de Estudos e Defesa do Direito e do Processo do Trabalho (GRUPE).

Possui artigos publicados em livros, revistas e periódicos com enfoque nos Direitos Humanos de Crianças e Adolescentes, Direito e Processo do Trabalho e Direito Internacional.